贾康谈
中国经济力量之二

成长力

贾 康◎著

机械工业出版社
CHINA MACHINE PRESS

中国经济经过多年的持续高速增长，取得了一系列令人瞩目的成就，近年来，我国经济发展进入"新常态"。新形势下，推动我国经济增长的主要因素有哪些？未来，我国经济增长将主要集中在哪些领域？本书从可持续成长和高质量增长的源泉、房地产经济走向何处、民营经济创新发展、收入分配与跨越"中等收入陷阱"4个方面，分析和阐述我国经济增长和发展过程中的规律、存在的问题及政策建议，为读者提供有益指导。

图书在版编目（CIP）数据

贾康谈中国经济力量之二：成长力/贾康著 . —北京：机械工业出版社，2020.3

ISBN 978-7-111-64701-0

Ⅰ.①贾… Ⅱ.①贾… Ⅲ.①中国经济–经济增长–研究 Ⅳ.①F124.1

中国版本图书馆 CIP 数据核字（2020）第 021143 号

机械工业出版社（北京市西城区百万庄大街 22 号　邮政编码 100037）
策划编辑：王　涛　陈小慧
责任编辑：王　涛　陈小慧　李　前
责任校对：金梦媛　责任印制：刘晓宇
封面设计：鹏　博
北京宝昌彩色印刷有限公司印刷
2020 年 4 月第 1 版·第 1 次印刷
155mm×230mm·20.75 印张·243 千字
标准书号：ISBN 978-7-111-64701-0
定价：69.00 元

电话服务　　　　　　　　　网络服务
客服电话：010-88361066　机 工 官 网：www.cmpbook.com
　　　　　010-88379833　机 工 官 博：weibo.com/cmp1952
　　　　　010-68326294　金 书 网：www.golden-book.com
封底无防伪标均为盗版　机工教育服务网：www.cmpedu.com

自 序

"周虽旧邦,其命维新。"《诗经·大雅》中的这句话,不断被后世所援引。

创新是一个民族进步的灵魂。近些年,中国的改革进入"深水区",攻坚克难的创新发展,作为实现现代化内含的历史使命,被国家领导层明确表述为"第一动力"。

在长期从事财经理论与政策研究的学术生涯中,我深感以理论密切联系实际的思考和研究,服务于实践中的创新发展,是颇具挑战性的艰难事业,但内心深处的科研情结,总驱使自己全身心努力地投入调研与学习、思考,以求有所发现,有所领悟,有推崇创新思维而后的尽可能高水准的研究成果、政策建议、思想贡献。我曾有少年时期随父母从北京到湖北沙洋农村的生活体验,后来又得到在江西赣东北的军旅经历的锻炼,再后来于北京门头沟矿务局产业工人岗位上的 5 年工作中,更全面地接触和了解社会:我们生于斯、长于斯的祖国,为人们所乐道的"灿烂的古代文明"传演至今,我们既能感受历史中人文积淀的厚重,又可认知现实生活中的种种落后乃至沉闷与愚昧。终于,国家迎来了改革开放的新时代,在解放思想、实事求是方针引导下,贯彻以经济建设为中心的党的基本路线，使全国城乡面貌，于数十年间发生了改天换地般的巨变，中国成长为经济总量全球第二的新兴市场经济体。我个人，也借邓小平 1977 年夏果断决定恢复高考之历史机遇，圆了自己的大学梦，又在研究路径上努力探索，孜孜以求几十载，形成了财政学、新供给经济学和现实重大财经问题研究的一系列成果。近几年，在 60 岁后脱开管理岗位，使我有更多时间参加各种调研和学术交流研讨活动，又形成了不少论文、文章、讲稿。自以为，我的这些文字材料，是体现了创新精神和专业领域的创新水准的。

陆续有自己和合作者的多本专著与文集问世之后，要特别感谢机械工业出版社财经媒体中心李鸿主任，王涛、陈小慧、赵晓晨等编辑同志，提出了很好的出版框架设计，把我自 2016 年以来以讲稿、发言整理稿为主的文字材料进行梳理归纳，并打磨合集，编成"贾康谈中国力量系列图书"3 册出版物，分别冠名为"改革力""成长力"和"创新力"，内在逻辑正是紧扣以改革创新释放中国走向现代化的活力和成长力，并突出地强调创新发展这个"第一动力"。

哲学大家冯友兰先生晚年写了一副对联："阐旧邦以辅新命，极高明而道中庸。"此两句如用于表明我研究生涯的诉求，以及 3 本结集文论的内容，也非常贴切。此 3 本文集中，对中国现实问题的讨论，都是在努力认知历史悠久的"旧邦"中国的实证情况，并在分析考察后，努力做出恰当的表述，引出应有的"创新使命"的具体化；文集中体现的认识、建议，都在力求站到"前沿"位置、看清穷极"高明"义理而又中肯、理性地去探求对规律的正确把握和带出研究者的"建设性"与"知识价值"。我在研究理论、政策时，哪怕置身"庙堂之高"的环境，头脑中往往也会浮现出在社会基层"江湖之远"的场景中，所深刻记忆的那个现实世界；于是会特别地戒惧空泛、飘浮的"书生腔"，提醒自己为实际工作，努力提供有洞见、有权衡、可对接操作的意见和建议；经历过不可计数的种种观点交锋、思路辩论，我早已悟到，一般不同见解各执一端的时候，要特别小心极端化的偏颇，真理往往是在两个"极致"见解中间的某个位置上，需要以理性精神认真细致、戒除偏执地去探索，去寻找最高明的"中庸认识"状态。

"嘤其鸣矣，求其友声。"在 3 卷本文集问世之际，写此自序，希望得到读者朋友们可能的共鸣和宝贵的批评指正。

贾　康
2019 年 12 月

目　录

自序 / Ⅲ

第一章　可持续成长和高质量增长的源泉 / 1

中国经济面临的主要问题与突破方向 / 2

经济高质量发展需直面的问题 / 9

去杠杆、稳杠杆与经济高质量增长 / 14

韧性、压力与对策 / 21

用好中国巨大潜力中的有效投资空间 / 47

扩大内需，应对不确定性 / 50

底线思维之上对防风险、抓发展的探讨 / 55

以高水平定制化解决方案，实现高质量发展 / 61

谈论产业政策时到底应该谈什么？ / 64

对我国基础设施与基本公共服务供给条件前瞻性的分析认识 / 69

第二章　房地产经济走向何处 / 77

宏观经济企稳与楼市展望 / 78

房地产市场主要问题与基础性制度建设的出路 / 88

新时代包容性房地产经济制度构建研究 / 98

破解住房市场调控困境与地方财税制度创新 / 120

三线城市房地产市场变化趋势与房地产税改革 / 137

对中国楼市发展的基本看法 / 145

房产税：似近还远？似远还近？ / 153

吴晓求和贾康答辩房地产税 / 159

房地产税应承担更多调节功能 / 166

从治标到治本：房地产业政策调控与房产税制度创新 / 169

第三章　民营经济创新发展 / 183

世界复杂变局下的中国经济与浙商发展 / 184

政企联动助推"凤凰计划" / 195

民营经济发展：认清大势，勇抓机遇，创新升级 / 210

综合考虑减税降负，推动民营企业高质量发展 / 223

财税改革给中小企业带来的机遇和挑战 / 229

金融如何支持民营企业发展 / 238

第四章　收入分配与跨越"中等收入陷阱" / 245

中国收入分配格局基本认知和代表性问题分析 / 246

创新管理机制，降低社会保险费率 / 286

中国养老保障体系的制度建设框架和当下的现实问题 / 291

个税快速增长，到底为什么？ / 297

新时代如何跨越"中等收入陷阱" / 300

参考文献 / 320

第一章

可持续成长和高质量增长的源泉

中国经济面临的主要问题与突破方向

时间： 2018 年 12 月 28 日

地点： 北京

会议：《证券日报》 高峰论坛

改革开放以来，中国发生了翻天覆地的变化。当下，中国经济面临的最直接的挑战，是不期而至的外部冲击和内部矛盾凸显交织而成的不确定性。我接触到很多地方政府的工作人员，以及企业界、金融界的朋友，他们都感受到了这种不确定性。从市场预期来看，中央明确提出必须要在 "稳预期" 方面把握好相关要领。我们自己能选择的是什么？在讨论中，很多人提到，要把握好 "我们应该选择、应该做好的 '自己的事情'"。我的理解是，自己能够选择、自己要努力做好的事情，就是我们的确定性。

中国经济还有相当可观的发展纵深空间。就工业化水平而言，不能简单照搬国内外一些学者的判断，即人均国民收入接近 1 万美元，就可以认为到了工业化后期。其实，中国沿海地区已经具备了一些工业化中后期的特征，而中部地区和西部地区仍处于工业化初期或中期的水平。总体来看，中国工业化正在经历一个从中期向后期转变的过程。中国经济后面的纵深发展，对应了将近 14 亿人口这样一个世界最大人口规模的市场，以及与工业化相伴的城镇化所形成的成长空间。

把户籍人口的城镇化率（43%）与常住人口的城镇化率

（59%）结合起来看，中国真实的城镇化率可能只有50%左右。国际经验表明，真实城镇化率到了70%左右，才会从高速发展阶段转入低速发展阶段。由此可见，中国城镇化率至少还有20个百分点的空间。如果每年提高1个百分点，那么我国城镇化还将有20年的高速发展期。一轮一轮建成区的扩大，一轮一轮基础设施的升级换代，一轮一轮产业互动和产业升级，一轮一轮人力资本的培育，就是中国经济所具有的韧性、空间和回旋余地。这些都是中国自己可以确定的发展空间。无论风云如何变幻，我们自己要知道，只要沿着改革开放这个现代化的道路走，坚定不移地在改革方面攻坚克难，坚定不移地通过扩大开放进行全球多边博弈，我们就一定有可选择的空间，而且也完全可以把握好确定性。如果能把握好自己的确定性，就一定能支撑我们在新的挑战和考验面前，维系中国作为世界人口规模最大的经济体6%左右的超常规发展速度。

按照以上的理解，从当下的不确定性说到我们要把握的确定性，就要落到最关键的改革问题上。中央反复强调，改革开放是决定当代中国命运的"关键一招"，改革是中国"最大的红利"。

实际上，如果说改革进展中有以党的十八届三中全会《中共中央关于全面深化改革若干重大问题的决定》文件为代表的通盘部署的话，那么我们可以注意到，中央那时要求的时间表——事关"关键一招"和"最大红利"的牢牢把握，其进度上是到2020年改革应该"取得决定性成果"。这个时间表的要求告诉我们，中国已经到了改革的深水区，我们必须攻坚克难。就如在金融市场上，我们取得了一定的成绩，也遇到了一些困难，尤其是改革深化期遇到了一些困惑和阻力。

如何真正按照中央时间表的要求把"硬骨头"啃下来，这是一个不容回避的问题。只有通过改革取得决定性成果，来推进中国的现代化事业，我们才能如愿地真正把握好供给侧结构性改革这个构建现代化经济体系的主线。在深化改革过程中，供给侧结构性改革，实际上就是当年邓小平所说的改革开放之市场取向改革，在改革深水区加上中国特色社会主义政治经济学学理色彩的一个表述，也是我们一直在努力推进的改革的承前启后和继往开来。只有按照中央的要求，把供给侧结构性改革作为主线牢牢把握住，把深化改革的事情做好，才能在2035年基本实现社会主义现代化、到21世纪中叶建设成为社会主义现代化强国。

这是一个大问题，我们需要厘清各个领域、各个行业、各个具体的机构和单位如何把握好本职工作和配合全局要求来深化改革这样一条基本线索。我们需要把自己可能的作为融入中国以改革为"龙头"的现代化事业。这其实就是整个中国在经济社会转轨的过程中，要在中央全局部署和指导之下，冲过"历史三峡"的瓶颈期，经受住决定性的考验。我们希望在2020年全面建成小康社会之后，有继续发展的后劲儿，支持中国跨越"中等收入陷阱"，进一步通过"新的两步走"，实现中国梦。

当下最突出的是中央要求的"取得决定性成果"的进程问题。我们别无选择，只有进一步凝聚共识。比如，在财政和税收领域，按照中央原来的要求，财税体制改革要在2016年基本完成重点工作和任务，2020年基本建立现代财政制度。虽然前期财税体制改革付出了很多努力，取得了不少进展，但到2018年年底，在通往既定目标的道路上仍然有很多"硬骨头"要啃。对此，我们要做到心中有数，哪怕时间拖后一些，也一定要锲而不舍地寻求"决定性成果"的突破。

当下，我们应该进一步形成关于正确的方向感的共识，因为这是实质性推进改革过程有必要加以强调的一个关键点。党的十九大已给出了很好的指导精神，但社会公众仍有不少的纠结和困惑。那些违背中央大政方针的错误思潮，比如消灭私有制、民营经济离场、公私合营、改革开放不是旗帜等，动辄就可以在舆论界掀起轩然大波。而与此同时，一些持不同意见、想与之商榷的研究者，或者工作在一线有责任心、有担当的同志，要想发表不同的声音，却有种种顾虑。这个现象非常值得我们深思。其实，中央在十九大之前就已经把"股份制是公有制的主要实现形式"这个关键性的认识写入文件并解释得非常清楚了。但是很遗憾，整个社会的氛围使我们在改革的重大方向上，真正要去打开创新局面时，容易畏首畏尾。反而另外一些违背中央大政方针的思潮容易兴风作浪。

所以，我们要根据中央领导一系列明确的讲话、重要的指示精神及国家文件，来凝聚改革攻坚更明晰的共识，更好地把握、坚持和发展马克思主义基本原理，来推进马克思主义中国化的实践。我们要结合丰富的实践，真正体现马克思主义的生机和活力。在这个取向之下，我们应进一步强调树立正气担当、弘扬创新的精神。在配套改革期间，如何力求逼近"决定性成果"，中央早已经给出了方向，即创新是第一动力。在实际生活中，我们就要结合突破方向，进一步讨论如何去解决创新方面的阻碍和困惑。

不过，在实际生活中，创新面临重重约束。1992年，邓小平在"南方谈话"中说："要大胆地试，大胆地闯。"而大胆地试该怎么试？如何能够保证试了以后不出纰漏？这是一线人员普遍的心态。如果实际生活中大家只是表态、贴标签，那么创新从何而来？没有创新作为第一动力，"决定性成果"显然是不可能如愿取得的。

一方面，我们应该尽量减少贴标签式的争吵和辩不清楚的争论。邓小平说："不争论是我的一大发明。"那个时候，正是因为避开了谁也说服不了谁、永远吵不出结果的很多争论，才实质性地推进了"闯"和"试"的进程。另一方面，我们当然也意识到，当下有些争论已经无法回避。就如"消灭私有制"的观点，堂而皇之地摆在那儿，我们该怎么认识它？这就需要争论。有时，应该采取不争论、少争论的态度；有时，应该在理论联系实际的情况下，鼓励进行百家争鸣式的严肃的学理商榷。

在实际生活中，"形势比人强"——现在有外部不期而至的压力，我们别无选择，只能变压力为动力。在中国和平发展过程中并不是只有中美关系。一方面中国和美国之间的博弈是不可回避的，我们要尽可能斗而不破，继续通过双边博弈，在斗而不破的过程中，争取走出一条继续推进中国和平发展的道路；另一方面，我们应更开阔地发展多边博弈，积极地与日本、欧洲、东南亚、非洲、拉丁美洲及大洋洲等开展广泛地交流，进行多边互动。坚定不移地扩大开放，实际上会倒逼我们推进实质性的改革。

2001 年，中国成功加入世界贸易组织（WTO）。当时，杜润生老前辈评论说，入世"清理文件柜"，这就是中国的"变法"。原来很多白纸黑字写明的法规都是要严格执行的，在法治社会这是毋庸置疑的，但加入世界贸易组织之后，就要"清理文件柜"——不能跟国际规则接轨的法规，通通都要取消。这实际上就是在倒逼中国"变法"，而"变法"就是求新、就是图强。在进一步扩大开放的过程中，中央明确提出，要进一步大幅度降低关税、放宽金融领域的准入。这些都会改变原来的法规。在创新事项上，我们应该紧紧抓住扩大开放倒逼所形成的正面效应。

此外，还有另一个角度：处理国内矛盾，要特别注重各方面相对容易达成的共识，即加强管理。比如财税领域，中央现在强调全面绩效管理。这在实际生活中离不开预算透明度的提高和公众参与。《中共中央关于全面深化改革若干重大问题的决定》之后，中共中央政治局首先审批通过了财税配套改革方案，即《深化财税体制改革总体方案》。其预算改革的第一条就是要进一步透明、公开，以利于加强管理，优化全社会的监督。从中央到地方，除了少数需要信息保密的部门，其余部门预算信息都要放到网络上，接受全社会的监督。这实际是给予公众对政府履职相关信息的知情权，知情权后面就是质询权、建议权和监督权。这种从加强管理切入的制度建设，实际上就是要解决现在中国政治体制改革要面临的民主化和法治化的融合问题。对于这些方面，我们要抓住不放，要做好实事。扩大开放和加强管理都能潜移默化地推进配套改革。此外，我们还要继续鼓励必要的基层创新。

2018 年年初，大家都在展望如何庆祝改革开放 40 周年之时，习近平总书记主持召开中央全面深化改革领导小组第二次会议，给出了明确的指导精神：思想再解放，改革再深化，工作再抓实。这就是要从思想解放到改革的深化、攻坚克难，都落到抓实上。我们看到，中央庆祝改革开放 40 周年前后的一些明确的指导精神，就是一定要落到抓实上。我理解的"抓实"，要援引中央强调的一个精神，即"允许改革有失误，但不允许不改革"。

而实际生活中，该如何贯彻这个精神？毋庸讳言，在执行过程中确实存在一定的偏差，就是大家都在讲创新，但不讲如何创新，特别是不讲在我们自己的辖区、行业及特定的领域中，该如何允许试错。当下形式主义的一大表现，就是只表态、不行动，因为这样最安全。如果有人改革意识比较强，愿意做这种创新实验的话，一旦行动起来，那么，他实际将面临"1个人做事，N个人监督"的压力。实际生活中有那么多错综复杂的矛盾，他的一举一动若稍有偏差，会不会被人抓住"小辫子"？现实问题随之而来。所以，一些一线同志不敢动，动辄得咎。这绝不是中央所要求的氛围，也不是我们现在面对中国经济主要问题寻找突破方向时应该形成的社会环境。

所以，我们在总体上把握规范性、注重合规的同时，要为创新留出试错的弹性空间；要在凝聚改革共识的过程中，贯彻落实中央所说的"允许改革有失误，但不允许不改革"的精神，使之真正成为实际工作中推动改革取得决定性成果的一种动力、一种配套条件。与大家共勉：为改革创新鼓与呼！

经济高质量发展需直面的问题

原发表媒体:《中国招标》 2018 年第 11 期

围绕高质量发展经济的议题,在此从 3 个方面与同仁作探讨:第一,如何建立社会经济发展新的指标体系;第二,如何防范系统性风险;第三,什么才是"有效投资"。

一、 如何建立经济发展新的指标体系

紧扣高质量发展要求,实现经济有质量、有效益地增长,特别需要研讨一个很现实的问题,那就是现在各界已达成的共识——新的发展阶段不应以 GDP 论英雄。

不以 GDP 论英雄,那以什么论英雄? 这是一个很现实的问题。

在宏观经济可用的各种指标中,虽然 GDP 有明显的缺陷、局限性,但它仍是一个非常简洁的"龙头"指标,表现宏观经济运行态势、景气水平。继之而起的问题就表现为:强调了几年的不以 GDP 论英雄之后,有关的权威评价指标体系并没有实际确立起来。

在很多地方政府、管理部门层面,如何论英雄,它们自己的理解就显得非常重要了。比如,高层领导强调环保非常重要,在有些地方,就要以推行"环保风暴"的形式来追求政绩。地方政府、管理部门追求政绩无可厚非,"为官一任,造福一方"的内在道理是

对的，公权在手，具备社会管理者的身份，当然应该出政绩，但是要把环保搞成"风暴"，那是不是就变成了搞"运动"？或者主观上并不想如此，客观上非常容易陷入以搞"运动"来解决问题的方式，往往很容易产生副作用。

再比如，风险防范非常重要，紧跟着高质量发展就得考虑如何才能防范风险。而风险控制如果成为一个论英雄的指标，那现在看到的将是各地纷纷在此方面有所表现：政绩要体现在如何加强管理、如何防范风险因素上。任何一个可能的风险之处，都非常严格地予以种种限制，似乎这就是政绩了。

以这种"运动"式的形式达到某一个方面突出的表现而论英雄，并不是真正高质量发展的正路。因此，应尽快构建一个尽量简洁可用的考核指标体系，即把 GDP 和其他一些可选择的主要指标综合起来，形成一个可操作的政绩评价指标体系，把实际问题解决好。这是几年来我们反复体验到的一个重大现实问题。

二、 如何防范系统性风险

金融领域的系统性带有系统性、全局性的特点。"风起于青萍之末"，在防患于未然的角度上，当然要高度警惕，但是不能说哪个地方稍有风险的苗头，就不惜一切代价把它按住，"一刀切"地来严防死守。

不管是有意，还是无意，"一刀切"是违背供给侧结构性改革的内在逻辑要求的。要真正防范系统性风险，包括系统性金融风险，所能奏效的不是过去驾轻就熟、做起来很顺手的"一刀切"——什么都防范、都控制、都加强管理，而应区别对待、优化结构，让市场发挥资源配置的决定性作用，同时政府更好地发挥自身的作用。

现实中存在"两难"：一方面要去杠杆，这是一个总量指标，宏观杠杆可以用广义货币供应量（M2）衡量，某一个行业或企业的杠杆可以看其负债率；另一方面，还要稳增长。如果去杠杆效果明显，那么稳增长所要求的优化结构、区别对待该怎么处理？防范系统性风险要与深化供给侧结构性改革紧密结合。也就是说，处理好供给侧结构性改革，必然要把优化结构作为矛盾的主要方面，在需求管理处理总量问题时，更多地聚焦如何找到合理、有效、可持续的区别对待机制。这种区别对待的机制才是优化结构的机制，它配合总量上的需求管理，更多地通过创新解决供给管理面临的挑战型任务。

供给管理、优化结构最根本的是要顺应优胜劣汰的市场规律，由市场规律搭配必要的产业政策、技术经济政策等。政府要让创新的不确定性在弹性空间中有"自调节"机制，而且特别重要的是，政府在其中应做好产权保护工作，并在方向上加以引导，在一些情况下，可以采取事前、事中、事后区别对待的鼓励措施，看不太准的东西放在事后作鼓励。这是供给侧结构性改革中的"守正出奇"。

既要遵循市场规律，还要出奇制胜。政策性金融与产业政策是配套的，但要想处理好它，让它真正达到目标，是一个充满挑战的难题，也是供给侧结构性改革的系统性工程问题。因而不同领域、不同行业、不同企业绝不能"一刀切"地解决问题。否则，名为控风险，实际上会适得其反，不仅不能优化结构、消解风险，而且可能制造新的风险。

三、 什么才是"有效投资"

中央前几年曾经专门强调过"有效投资"的概念，我所在的研究群体也特别关注"选择性的聪明投资"。如何以机制形成有效供给是最关键的。

投资空间客观存在，如中国 100 多个百万人口以上的城市，规模还在不断扩大，基础设施升级换代的需求也很清楚：今后几十年是做不完的。北京这些年在努力发展地铁、建机场，在做其他很多方面的基础设施建设。北京如此，全国其他很多城市的情况大同小异。北京机动车中签率不断创新低，从侧面反映了发展潜力和投资空间之大。

如何才能使有效投资可持续？基础设施投资的特点是周期长，一旦资金链断裂，可能全局皆毁。但如果处理得好，也可能实现超常规创新发展。中国在此方面一定要做好文章。举个例子，有关部门说全中国缺少大概 5000 万个停车位，按 1 个停车位投入 10 万元计算，就需要 5 万亿元的投资。这件事情肯定要做，但政府没那么多资金，同时还要控制自己的负债率，该怎么解决呢？可以引入PPP（政府与社会资本合作）机制。只要把机制问题处理好，投资空间还是非常可观的。

推进政策性金融、开发性金融、小微金融、普惠金融等事项，都要政府在更好地发挥作用方面"出奇"。若处理不好，就会一塌糊涂；若处理得好，以法治化、规范化的方式并不断总结经验往前推进，高质量发展这条路就可能越走越宽。所以，现在国家在努力推进 PPP 机制的过程中是要刹车稳一稳，要控制风险，继续让它健康发展，而绝不是要叫停。

PPP 方面的当务之急，是要尽快推出更高层次的法律依据，尽快提供法治化、规范化的依据。PPP 必然会遇到资产负债方面风险处理的问题。地方政府与 PPP 负债不可能完全撇清关系。地方政府与企业合作来做公共工程，怎么可能所有的负债都由企业来背？

把这个事情处理好、规范化，不是由此阻碍 PPP 发展，而恰恰能更好地引导其发展。也就是说，在大家对防范风险机制更有信心的情况下，来激励 PPP 的长期健康、可持续发展。

去杠杆、 稳杠杆与经济高质量增长

时间： 2018 年

地点： 北京

会议： 华夏新供给经济学研究院宏观研讨会

关于去杠杆已经有很多讨论，决策层高度重视，市场人士、业界也在反复探索如何把握去杠杆的要领。延续这一视角，各方新近又在进一步重点研讨"稳杠杆"和"防风险"。在此，我简要勾画自己的认识框架，并提出相关基本观点。

一、 从不同角度明确去杠杆的定义

首先是宏观层面。宏观去杠杆最具代表性的指标应该是广义货币供应量——很多人注意到，这些年中国 M2 和 GDP 之比直线上升，已经高达两倍多。同期与美国及其他经济体相比，中国该指标所体现的杠杆率显得太高了。从这个角度作分析，我认为，需要在防范风险的同时考虑到中国特殊的地方。比如，拿中国和美国相比，美国整个金融领域是一个以直接金融为主的体系，中国正好反过来，是一个以间接金融为主的金融运行体系。数据显示，美国直接金融所占的比重在 70% 以上，而中国则是间接金融占 70% 以上。所以，这是两种明显不同的结构特征。在实际生活中就要注意到，在间接金融为主的情况下，大量的广义货币供应量是通过银行系统发放贷款、再回收贷款这个主要的融资机制实现的，资金不断地出去进来、进来再出去，都要被计入广义货币供应量。是不是这个因素促使了中国物价现在看起来还相当令人满意，但 M2 指标却在高位？这要作具体的量化分析。我们过去在具体量化分析方面曾经有所尝试，即不光要看货币供应量，还得看货币流通速度。所有我们对于流动性、广义货币供应量及杠杆率的调控都要服务于实际生活，而与实际生活相关的金融环境的合意度，直观的表现就是物价。如果货币供应量既定，而货币流通速度高，那么整个经济生活中的流动性就比较高，这意味着要适当更多地防范购买力下降和物价走高。如果货币流通速度趋缓，这个时候仍一味地控制杠杆率，反而会使实际生活中的货币供应量不足，这是最基本的货币流通公式里的一个重要参数。但是，掌握好中国实际生活中的货币流通速度的变化，其实又不容易。前些年我们做过一个框架性的研究，发现在货币供应量起伏之间，货币流通速度会突然加速或降速。在亚洲金融危机、世界金融危机的大环境下，宏观层面演进到某个临界点以后，态势和预期一下都变了。

如果从这个视角上考虑问题，那么在中国实际生活中，我们应一方面看 M2，另一方面要盯着物价，借助可以得到的货币流通速度数据进行综合分析。通过这几年的观察，简单地说，我不认为现在中国就 M2 所言的去杠杆概念之下，可以把它与 GDP 的相对数压下来，顶多使其不再陡峭地往上走。这是从未雨绸缪、防范风险的宏观视角可把握的要领。

另外，从市场主体的角度来说，不同行业、不同企业的杠杆率是不是偏高、是不是要去杠杆？我认为，在此方面也要注意防范风险。特别是我们消化了一些世界金融危机的冲击以后，由于贸易摩擦的出现，最近一段时间整个市场预期又不好了，不只是短期预期，中长期预期现在都在变差。在这种情况下，要强调从企业集团或某一个行业得到的杠杆率（直观的指标就是负债率），在防控风险的同时，还要注意不能简单地"一刀切"。因为据我观察，经济生活中如果市场主体的杠杆率，即负债率到了100%，那就说明没有净资产了，一旦超过100%，就等于资不抵债，必须走破产程序。当然，必须特别小心不能走到破产的状态。但如果以负债率作为衡量杠杆率的具体指标，那是60%好，还是70%好？这并没有定论。未必现在70%负债率的企业，其状态和发展前景就比60%负债率的企业更坏。它可能已经做了很多努力，正要以相对较高的负债率冲过发展瓶颈期，之后其市场份额可能扩大，成长表现也变得更好。相反，60%负债率的企业可能连自己的生产经营战略、策略应有的调整都没有完成，不要看它现在负债率低一些，未来发展的前景未必乐观。所以，微观市场主体去杠杆，又要具体问题具体分析，切忌"一刀切"式的做法——谁负债率高，谁就要强行去杠杆。

二、 去杠杆、 稳杠杆中的结构优化问题

这里可援引供给侧结构性改革概念，结合基础理论创新加以分析与领会。现在只讲一般的总量指标、杠杆率指标，并不足以回答现实生活中出现的挑战性问题。在亚洲金融危机和世界金融危机冲击之后，大家越来越多地在讨论中所强调的一个认识，是要突破过去主流经济学认为把需求管理处理好以后基本问题就都解决了，结构问题跟着市场要素流动自然而然地得以解决，不用我们再费心思的思维框架。因为我们现在认识到，市场的真实情景是非完全竞争的。在完全竞争假设的情况下，研究者确实不用更多考虑结构问题，在总量的调节上政府尽责以后，结构问题由完全竞争市场自己去解决。但是在实际生活的图景中，即使是美国，也不是完全竞争的市场，也必须要解决供给侧管理的一系列挑战性问题。应该说，

美国在应对世界金融危机的很多实践方面是可圈可点的，只是它在经济学理论的提升方面明显滞后了。而中国新供给经济学研究群体试图在供给侧方面更多地讨论如何推进经济学理论创新，服务于现实生活，服务于我们现在所说的构建现代化经济体系的主线——供给侧结构性改革的推进与深化。在供给侧结构性改革去杠杆中，一方面我们要"守正"，就是要知道在市场经济总量调控中，防范杠杆率风险是必须要做的；另一方面要"出奇"，就是不能简单地说美国与其他经济体的杠杆率平均数如何，我们就以它们的指标为准。若按照它们的经验做，在实践中根本解决不好中国自己的问题。我们必须在中国特定的约束条件之下考虑问题，根据自己的特点具体问题具体分析，找出差异化的解决办法，尽可能优化结构，合理地"结构性去杠杆"。靠什么机制实现结构优化是一个关键问题。虽然"守正"之后的"出奇"要承担风险，但是我们必须追求出奇制胜，因为这是希望之所在。

所以，对于"去杠杆、稳杠杆"来说，可做一个简单的小结：它显然要我们特别注意防范风险。实际上，从金融角度来说，防范风险要落到服务于实体经济可持续发展、经济增长质量能够尽可能合意上。而经济可持续发展和我们所追求的增长质量的提高，在现在这个阶段，特别要抓住的就是超越需求管理的局限性，提升供给管理方面的机制，在市场发挥总体决定性作用的同时，政府更好地发挥"有为"和"有限"的作用。非完全竞争中的结构优化、升级发展机制，是一个总体的系统工程。

三、 高质量发展与防范系统性风险

关于高质量发展，从国家层面到管理部门，再到学界和实际工作层面，近些年已经达成了一个共识：新的发展阶段不能以 GDP

论英雄。那么，该以什么论英雄呢？这是一个很现实的问题。政府和管理部门追求政绩无可厚非，公权在手，当然应该出政绩，应该在政府尽责方面有所作为。由于 GDP 指标有明显的缺陷和局限，很显然新的发展阶段不能只看 GDP 指标，但也不能走向另一个极端，即完全不看 GDP。一个经济体自己和自己比，以及自己和别人比，是不能不运用 GDP 指标的。关键所在，是综合考虑 GDP 和其他有必要考核的指标，形成一套合理的政绩考核指标体系。虽然中央已经强调不以 GDP 论英雄，但是有关的权威评价指标体系还迟迟未能确定。我们追求高质量发展，须尽快解决好此问题，才能防范偏差，有效打造以结构优化为支撑的经济升级版。

与此同时，在努力实现质量第一、效率优先的"升级版"中，一个已被称为"攻坚战"的重要方面是"防范风险"。那么，该如何加强风险管理？这需要领会到，中央精神的实质是防范系统性风险。其实，在经济生活、投融资领域内，风险无所不在，我们要共同努力，尽快形成尽量简洁可用、可操作的风控评价体系，这是一个很现实的问题。

那么，该如何防范系统性风险？中央防范风险的实质要求，是防范带有系统性和全局性特征的风险，实际工作中并不能采用"一刀切"的方法来严防死守，因为这是违背经济生活内在规律要求的。真正成功地防范系统性风险，所能奏效的绝对不是"一刀切"的方法，"一刀切"恰恰违背了供给侧结构性改革内在的"区别对待、优化结构"的要求，反而可能引出"防风险造成的风险"，给高质量发展帮倒忙。系统性风险的防范，需要紧密结合供给侧结构性改革如何深化的问题，把结构问题作为矛盾的主要方面，更多地聚焦在如何找到合理、有效和可持续的区别对待机制；更多地注重依靠创新来解决供给管理方面的挑战。创新就要首先考虑给出一定的"试错"弹性空间，允许"在发展中规范"。在"一心一意谋发展"中，政府监管部门要有"审慎包容"的心态，掌握好"允许试、允许闯"的改革智慧与要领，"允许改革中犯错误，但不允许不改革"；其后对新事物发展中可能出现的风险有了"八九不离十"的判断之后，再跟进风险控制措施，建立必要的规则，强调"规范中发展"。

在供给管理中优化结构，最根本的是要顺应优胜劣汰的市场规律，政府再合理地加以必要的政策引导。政府首先要保护产权，维护公平竞争，再施以方向性的引导，很多时候可以采取事前、事中、事后区别对待的有关措施；在风控方面，看得不太准的事后再做，看得特别准的可以事前去做。在遵循市场规律的同时，还要追求"守正出奇"，争取能够出奇制胜、有所作为。不同领域、不同行业、不同企业面临的不同问题，绝不是靠"一刀切"方法能解决好的。如果把所有的"风险点"都堵死，那也就排除了一切创新的可能性，谈何"创新是引领发展的第一动力"？

比如，在外部贸易摩擦带来负面冲击和不确定性的形势下，亟应扩大内需，而我国"有效投资"的潜力空间仍然非常可观，关键是应强调通过选择性的"聪明投资"来有效地优化结构，增加后劲，支持全局，一大创新重点是要匹配 PPP 等创新机制。关键是大规模、长周期投资中如何把资金链接好，如何将绩效提升的机制创新处理好。处理不好，局面就会一塌糊涂；处理得好，不断总结法治化、规范化轨道上的经验，路就会越走越宽。PPP 方面的当务之急，决不是出于防风险的考虑而"叫停"，而是需尽快推出更高层次的法规，有关 PPP 项目的法治化依据尽快提供到位。在 PPP

项目建设中，必然有资产负债视角处理风险的问题，地方政府不可能在此领域完全撇清负债关系。政府和企业成为伙伴关系，怎么可能所有负债都在企业这边呢？PPP 项目的负债认知规范化，不是要阻碍 PPP 的发展，恰恰是有利于更好地引导、激励其健康、可持续地发展。

韧性、 压力与对策

韧性、压力与对策（一）

时间： 2019 年 4 月

媒体名称： 凤凰卫视

问：本期节目主题是"中国经济的韧性"，正好看到您近来有一些关于这方面的阐述，所以，想对这个话题再深入探讨一下。第一个问题是，您认为城镇化和工业化体现了中国经济发展的韧性，做出这个判断的依据是什么？

贾康： 我强调的是中国的工业化和城镇化还有相当可观的发展纵深空间。这个纵深空间在未来相当长的时间段内还会支持中国经济体现出超常规的成长性。在经济成长的过程中，它自然伴随的就是韧性、回旋余地。我们现在的工业化发展水平，有些学者认为已经到了从中后期向后期转变的阶段。这个判断只是简单照搬了西方学者研究欧洲、美国等国家和地区经济的一些基本指标。看工业化水平，不能仅看工业产值在总产值中的比重和人均国民收入接近 1 万美元，而要特别注意中国的实际情况，即现在仍然具有明显的二元经济特征，东部、中部、西部的差异依旧明显。在东部沿海的一些增长极区域，可以说现在到了工业化从中后期向后期转变的阶段，但中部、西部的不少区域，以及沿海的一些"洼地"，工业化充其量仍然处在从中期向中后期转变的阶段，其中很多地方的工业化处于中期阶段，还有一些地方甚至还在初期阶段。综合来看，整个中国的工业化应该正从中期向中后期转变，将来会再延续从中后期向后期转变的过程。

这个判断还有一个非常重要的佐证，就是中国的城镇化真实水平。国际经验表明，真正到了工业化的后期，匹配的真实城镇化率应该在70%以上，并已经走过了城镇化的高速发展阶段。从中国常住人口的城镇化率来看，达到了59%以上，但这个城镇化率是有严重"欠账"的，不能把它看作中国真实城镇化的水平。还有一个比较低的没有"欠账"的中国城镇化水平，是以户籍人口为标准的城镇化率，只有43%出头。两者中和一下，城镇化率也仅有50%左右。即使是50%的城镇化率，也还是有一定"欠账"的，因为常住人口城镇化中覆盖的前面几十年进城的差不多3亿人口，他们中的很多人没有取得户籍，没有得到基本公共服务均等化、一视同仁的市民化待遇，必须补上这个"欠账"。按照一般的发展经济学的经验，这一城镇化水平匹配的必然是工业化的中期和中期向中后期转变的阶段，而不可能已经支撑工业化走到了后期。这些也可以从理论联系实际的视角来解释：到中国各地区看看，不管是大城市、中小城市，还是农村的新区，都像"大工地"，塔吊林立，"土木钢铁经济时代"的特征仍然明显。这一方面表明中国确实还是世界上最大的发展中国家；另一方面也意味着发展纵深空间还相当可观。按照城镇化率每年提高1个百分点来算，我们还需要20年才能完成城镇化的高速发展阶段，总体而言才能迎来工业化从中后期向后期的转变。在这种情况下，我们对于中国经济发展的韧性和回旋余地当然要有信心，这是一个经过理论联系实际、实事求是地分析判断得出的比较中肯的看法。

问：您刚才给我们介绍了无论是从工业化水平，还是从城镇化

的数字与实际发展过程的差距来讲，我们都有很大的空间和回旋余地。您认为，中国经济发展的这些韧性如何才能转化为经济发展的优势，或者成为我们今后发展的动力？

贾康：这个问题非常重要。具有韧性、回旋余地、未来发展空间等，并不意味着我们必然就能成长起来，我们一定要做好自己的事情。而中国做好自己的事情，现在面临一个前所未有的复杂局面，外部的压力与内部矛盾凸显特征上升交织，正在考验着我们。外部很多压力的出现和以后可能产生的博弈，都是不确定的。不确定性已在那里，我们在参与博弈的过程中，当然要注意不只考虑双边博弈，还要考虑多边博弈，要通过多边博弈制约双边博弈。不确定性之外的确定性何在？它依托于中国弥合二元经济的过程还要走相当长的成长道路的韧性，依托于我们的发展潜力和回旋余地。我们要坚定不移地深化改革，进一步解放生产力，推进国家治理的现代化，坚定不移地拥抱全球化，从而于和平发展中，在弥合中国二元经济的过程中，获得全球有效供给的回应，来支撑我们很长时间段内超常规的经济发展态势。全球有效供给回应中国本土弥合二元经济不断释放的巨大需求——这一经济循环就是我们所说的供给侧要挖掘发展潜力的非常重要的引擎和动力源。新的动力源一定要靠中国坚定不移地推进经济社会转轨、深化改革，才能推动现代化进程。

问：中国 2019 年第一季度的经济增速和 2018 年第四季度经济的增速基本持平，超出了一般人的预期。接下来中国经济会有怎样的表现？除此之外，还存在哪些不确定的因素？

贾康：现在来看，中国经济下行压力不可忽视，虽然 2019 年第一季度经济增速与 2018 年第四季度持平，但不排除未来一段时间内经济仍有继续下行的表现。这还是要回到中国的基本选择上：做好自己的事。如果能做好自己的事情，抵御外部压力冲击和内部矛盾交织带来的下行压力方面，我们就可有一个比较理性的预测。这一预测虽然不可能很精确，但是粗线条地说，不会出现有人担心的不可收拾的局面。看到经济下行情况以后，中国宏观政策已经进行了相机抉择式的调整，有必要的话还会继续调整，在调动本土市场潜力和争取外部多边博弈中的各种助力因素的情况下，形成对冲下行压力的正面因素。将各种因素综合起来，按照现在一般研究主体的判断，中国经济下行不会超过 1 个百分点；如果处理得好，也有可能下行 0.5 个百分点以内。总体来说，中国要坚定不移地通过改革开放引领新常态，争取抗御外部冲击，实现一个以结构优化为支撑的高质量发展的中高速平台运行状态。本来这一平台运行状态很有希望稳住，2015 年下半年至 2018 年上半年，经济增速连续 12 个季度在 6.7%～6.9%的平台上运行，但现在往下突破了。我们希望在消化了下行因素以后，经济能完成"L 型"转换，走向"由'新'入'常'"平台运行的过程。

问：有观点说，美国对我国出口商品加增关税对贸易造成的影响属于一个极限压力。正好您刚才也提到我国经济韧性的特点，那么在应对极限外部压力的情况下，我国的经济韧性能够发挥怎样的优势？

贾康：韧性的表现就是弹性，做出反应以后，能够消化很多不利因素。我们现在已经看到，中国在货币政策方面更加强调保持流动性合理充裕，去杠杆调整为稳杠杆，财政政策强调加力提效，更好地扩大内需，应对下行压力，这些都会起作用。而且这些都是与中国自己的潜力空间和韧性概念相关联的客观上可以调动的正面因素。政策调节还必须紧密结合改革在有效供给方面要带动的潜力释放。中国潜力的释放过程，换一种表述就是韧性。我们对压力做出反应时，很多是从本体内部的潜力出发，把它变为实实在在的上行因素，去对冲下行压力，消除不利于经济可持续发展的负面因素。

问：中国社会科学院副院长蔡昉在一次论坛上说，过去支撑中国经济发展的条件已经发生变化，潜在的增长率也在发生变化，而且很难测算。所以，不应该再用经济增长速度判断宏观经济形势，应该以失业率为标准。对此，您怎么看？

贾康：蔡昉强调经济增长率和失业率这两个指标中更实质的是失业率，有一定的道理。更全面地说，经济增速表现的是经济景气程度，而经济景气程度必然与失业率有关联，在更看重实质性失业率是我们可接受的底线的主要指标的同时，也要考虑经济景气程度直观表现的经济增速。因为实质影响经济运行底线的是，老百姓正常过日子能通过就业获得必要的、基本的支撑，所以，更实质的、更关键的，要看就业。蔡昉可能强调的也是这个意思。我们认为，就业更多地还要调动除了景气托举因素之外的其他一些因素，其中结构优化调整就很重要，比如推动小微企业和民营企业发展，在调整经济结构中合乎逻辑地增加服务业轻资产型经济成分的比重并促使其进一步发展，都会有助于在保持一定的经济增速的同时，更好地提供城镇新增就业岗位。

韧性、压力与对策（二）

时间： 2019 年 3 月

媒体名称： CCTV《焦点访谈》

问：有一种说法是，我们的制度具有集中力量办大事的优势，这方面您怎么看？

贾康：提到制度优势，我们"集中力量办大事"的组织能力和动员能力过去受到了全世界的关注 。在过去特定的时期，我们曾经在人均收入很低的情况下研制出了"两弹一星"，那是很典型的"集中力量办大事"。现在到了改革开放新时期，一方面比较优势的经济学原理可以解释资源配置，使市场互通有无，并且这一原理已得到积极的发展，我们高举的是贸易自由化的旗帜，是拥抱全球化；另一方面，我们已经清醒地认识到，比较优势原理能解释的互通有无，也会碰到"天花板"。当你想用高价去购买某些国外高端科技成果，对方决不卖给你的时候，比较优势原理就失灵了。

那么，靠什么去突破这个"天花板"？这就要回到我们原来的基本概念——举国体制的特色上。它是我们经济韧性的一个非常重要的组成部分，也是我们自己相对优势里一个不可丧失的部分。但关键是要在继续推进社会主义市场经济和全面开放的新时代，实现举国体制的升级。我们要以举国之力来攻关，补上关键核心技术的短板，别人不卖给我们，我们就自己来突破——这个举国体制和过去我们所说的举国体制是有共性的，是一脉相承的，但绝对不能限于这样一个框架，因为现在我们要解决的很多攻关问题有别于"两弹一星"。比如芯片、大型集成电路，实际上落在具体形态上可能是很袖珍的，我们不光要能研制出样品，还要能在市场竞争中实现产业化批量生产，高质量、稳定地提供成品，并获得全球市场的认可。那么，这就一定要使举国体制从过去的 1.0 版升级到 2.0 版，去拥抱市场，在市场竞争中形成大量的生产工艺诀窍。积累了这些经验，才可能支撑起一个开始比较小、以后逐渐扩大的市场份额。而我们自己的韧性，真正的表现应是这种市场验证的成功。举国体制 2.0 版仍然是要"集中力量办大事"，但同时要拥抱全球化和全球市场，在调动潜力、自力更生的同时，又不拒绝向外部学习，努力扩大对外开放。在不断扩大开放的多边互动过程中，我们最后要达到的目标是，中国有利于市场经济充分发挥作用的资源配置机制与"集中力量办大事"的中国特色制度相对优势能够相得益彰。这两方面都不可或缺。所以，我们要努力推动举国体制升级到 2.0 版，甚至 3.0 版。

问：能不能这么理解，虽然说举国体制是我们国内的事情，但实际上无论从技术研发的角度看，还是从市场的角度看，都不可能是我们自己闷头在那儿做就可以。

贾康： 对的，您说的这个认识非常重要。可注意一下华为创始人任正非的说法，现在华为推进自主研发是必然选择，必须要有"备胎"，要设想遇到别人对我们断供技术产品的极端情况时，该如何靠自己的生产能力提供出来，使我们可以继续发展。这不光要投入资金，还需要数学家、物理学家等高端专家的支持。这些高端专家并不限于中国本土，而是面向全球。前面提到的拥抱全球化，就包括积极引进全球的高端人才。举国体制 2.0 版或者 3.0 版，一定要在这方面有新的特色。

问：**虽然有的国家在逆全球化而走，但是我们国家在今后的发展中还是希望有更多的全球合作的。**

贾康：对，我们一定要积极努力，不拒绝向别人学习。我们承认在很多地方还有短板，还技不如人。如果人家愿意把技术卖给我们，我们当然愿意以做生意的方式互通有无，但现在的实质问题是，有些东西人家不卖给我们了，出再高的价格也不卖，这时候该怎么办。

问：**其实在"两弹一星"研究的过程中，也曾经出现过一些外部的冲击，我们也是靠着自己的拼搏创新精神一点一点把事情做成了。现在遇到贸易摩擦，可能中国人也有这样一种精气神儿。**

贾康：对。我认为还是要综合来说。我们过去这种志气，这种横下一条心干大事的精神，当然是一定要继续发扬的。除此之外，还要以科学的态度调动一切相关主体的潜力和创造力，让各种可能的参与主体的聪明才智在符合科研规律的情况下充分地调动和发挥出来。这就需要我们坚持科研制度和教育制度的改革创新。"于敏构型"的主导发明人于敏是没有海外学习经历的。只有充分激发了人才的潜力和活力，才会有这样的效果。既有钱学森这样的"海归"，又有于敏这样的本土人才，大家在举国体制中共同努力实现创新成果。

问：**接下来我们要做的事情还很多，中国还有很多短板需要不断弥补，但是现在毕竟已经开始面对贸易摩擦的挑战了。您认为我们哪些方面的"肌肉"比较强健，有一定的能力应对挑战？**

贾康：在这个视角上，我们可以看一些基本的事实：改革开放走到现在 40 多年，中国总体而言经济总量已位居全球第 2 位，人均国民收入（这是有非常规范的统计数据可以表明的）已经在

9000 美元水平上，到达了世界银行量化对比的中等收入经济体的上半区。这些条件对应的是中国总体综合国力的提升，确实已经今非昔比。中央有一个判断，"站起来"和"富起来"的时代特征，在这个递进过程中我们都走过了，现在要进一步追求的是"强起来"。在既有的"富起来"特征支撑之下，我们又要注意到，再往前走经济的成长性空间还相当可观。中国为了进一步弥合二元经济，不断扩大建成区，于城乡接合部继续建设基础设施，推进各个区域之间交通干道连通，涉及大量架桥修路、连片开发、不动产的形成。从这些公共工程、基础设施、产业新城建设和运营等方面看，我们的经验、可以调动的资源，以及继续推动开发过程所面对的未来空间，都是非常可观的。

在此过程中，有两个指标需要强调。一个是整个中国现代化推进过程中的工业化水平。有学者说，我们已经从工业化的中后期要进入后期了。依我的观察，从整个中国来判断，只有沿海发达区域（不包括沿海的发展"洼地"）带有工业化中后期特征，广大的中部、西部地区仍处于工业化中期，甚至只是初期，所以，全国工业化水平体现为从中期向中后期转变的主要特征。要理解这个主要特征，就不能拘泥于国外学者所说的工业产值占生产总值的比重，以及人均国民收入到了哪一个数量级这两个数据。另一个重要指标是中国的城镇化水平。城镇化和工业化具有内在联系. 国际经验表明，真正到了工业化后期，城镇化应该已完成了高速发展阶段，走到了 70% 以上的相对低速阶段，在更高的阶段上体现为工业化的后期和城镇化率的相对稳定（但是城镇化水平仍会继续提高）。

中国现在的城镇化还有相当可观的高速发展空间。我们要特别注意到，没有"欠账"的真实城镇化水平，首先要看的是户籍人口的城镇化率，现在只有43%；其次要看常住人口的城镇化率，虽然现在到了59%，但是其中的"欠账"是一目了然的。前面几十年约有3亿人进城，但大多数人没有取得户籍，也没有获得一视同仁的基本公共服务均等化待遇。为什么不能给他们户籍？很重要的原因是城镇化水平还没有相应到位，教育、医疗、基础设施、公共服务能力还不足以支撑他们取得户籍。这个"欠账"的城镇化率不足为凭，应看户籍人口的城镇化率。如果拿常住人口的城镇化率与户籍人口的城镇化率中和一下，中国真实城镇化率只有50%左右。按照国际经验，中国城镇化还有20%的高速成长空间。如果每年提高1个百分点，那么，我们还要经历20年的高速成长期。在弥合二元经济的过程中，中国要借鉴国际经验，并总结自己的经验，避免出现一些比较大的偏差，比如严重的污染、进城人口的贫民化等。我们要尽量少走先污染、后治理的弯路，特别注重推行绿色低碳发展。把这个过程组织好，中国会不断释放支持超常规发展的需求，而得到的是由"巨国模型"才能解释的，世界上从国土来说相当大、人口数量全球居首的经济体国内需求引出的国内供给的回应。同时，我们坚定不移地拥抱全球化，还会得到全世界有效供给的回应。这样一个经济循环，就是我们有希望继续维持超常规发展态势而实现和平崛起的客观基础。

问：下一步可能还需要我们不断通过改革释放制度红利。

贾康：这又是一个非常重要的认识。改革解决什么问题呢？中央所说的构建现代化经济体系的主线是供给侧结构性改革，就是要以有效制度供给为"龙头"，进一步解放生产力，推进国家治理的现代化，来调动一切潜力和活力，带动整个供给体系质量和效率的提高。供给侧结构性改革的主线，其内涵就是必须完成经济社会的转轨，必须以制度创新充分打开科技创新、管理创新的空间。中国人确实很聪明、很勤劳，要充分调动他们的科技创新潜力和活力，必须进行科技管理体制改革，以及教育体制改革，从而带来释放潜力空间的制度效应。改造制度环境，必须开启破解"钱学森之问"和"李约瑟之谜"的新境界，这是非常重要的。

问：近些年来，国家一直在调整产业结构，包括外贸的依存度一直在下降，消费方面的潜力也非常大。

贾康：从指标来看，从 2010 年经济下行到 2018 年上半年，差不多 8 年的时间里，我国经济增长速度从 10% 以上一直落到了 7% 以下；但是看居民消费方面，社会消费品零售总额的增长一直保持两位数，在 10% 左右的水平上波动运行。总体来说，中国老百姓在收入增长、经济发展过程中更敢花钱了，而更敢花钱的主流表现是消费升级。从原来的温饱到现在的享受，典型的表现就是"文化旅游"概念之下的消费升级非常明显。中日关系稍微缓和以后，大量的中国人到日本旅游，而且购买了很多当地的高端消费品，这叫消费升级。这种消费潜力的释放非常明显。2018 年，在贸易压力加大、预期不好的形势下，消费指标有所回调，但一直到现在，社会消费品零售总额指标始终高于 8%：既高于 GDP 增长速度，又高于居民收入增长速度。应该肯定，老百姓在预防性储蓄方面的动机是弱化的，总体来说，对于家庭成员最关心的教育、医疗、住房等方面，减少了顾虑，进而减少了预防性储蓄。这解释了为什么社会消费品零售总额可以保持 8% 以上的增长速度。消化了贸易摩擦的一些不良影响之后，居民消费方面的指标很可能还会略有抬头。因为中国的发展阶段到了"富起来"的时代，中产阶层的比重越来越大。由此表现出来的消费托举经济繁荣、支持经济景气的作用，也是我们发展的韧性，是我们自己客观支持条件中的一个非常重要的方面。

问：大家也在说中国的工业体系齐全，联合国设定的所有工业门类我们都有，这也是我们的一个抗压能力。

贾康：这是"巨国"的发展到了中等收入阶段的特征，过去缺少的一些门类，我们逐渐都补足了，但是传统产业并没有大量离开中国本土，这些产能也还在。所以，从整个供应链的完整性来说，中国国内市场的产业链完整程度在国际上都是名列前茅的，既有"世界工厂"的特征，又有"世界工厂"将升级发展、更多地强化高端制造业的特征。"中国制造"要往"中国创造"升级，要往"智慧""智造"升级，不排除以后有些产能也会往外转移——现在已看到了一些迹象，"大路货"的一些产能可能要转到境外去，但现在这个过程还远远没有完成。国内产业链的完整性使我们的回旋余地和韧性较大，又成为一个客观支持中国抗压的相对优势。

问：有些国外投资并没有撤出中国。虽然中国的人工成本比越南高，但是我们的产业链齐全，使整体的配套能够比较好地完成，这可能是一个原因。

贾康：对的，这个方面已经有调研结果来证明。日本贸易振兴机构做了一个抽样调查，到中国本土投资的日方企业前段时间有向外转移的一些具体案例。他们追踪这些案例发现，很多日资转移出去之后，比如去了越南、缅甸等地，又出现回流中国之势。为什么会回流呢？因为办企业不能仅考虑劳动力成本一项指标，还需考虑产业链和综合环境，需要得到上游、下游各种资源的合理配置，形成最合适的上下游关联，而这在中国国内的成本仍然是较低的。所以，日资体会到外面的短板以后，又有所回流，回到中国利用上下游产业链完整、综合成本仍低于外部的相对优势。

问：综合成本低，尤其这些年中国不断地改善营商环境，也在鼓励和吸引外资进来。

贾康：是的，我们还会在这方面继续打造高标准的法治化营商环境。外资特别看重这一方面，而不会只看一两项要素成本的变化，它们一定会综合考量。如果政策更稳定，法治化对它们的保障更全面，那么很多外商投资企业一定更看重中国市场潜力与产业链的匹配。在未来很长一段时间内，中国市场综合成本的相对优势还会一直存在，只要这个前提不改变，外资企业就不会大批向外转移。我们不排除一些特定的行业、特定的门类可能存在向外转移的情况，但是应该看到，现在还有相当可观的空间供中国本土企业和中国已经吸收的外商投资企业共享成长性。有些案例也可以对此加以说明：2018 年，特斯拉公司首席执行官（CEO）马斯克到上海签约，投资 500 亿元人民币要建全球规模最大的外商投资单体工厂。这说明了什么？说明中国市场的潜力足以吸引他进行大手笔投资。

问：其实在 2018 年贸易摩擦刚出现时，民间也有一些声音，说我们是不是对此有误判，我们之前没有做好准备。但现在回过头去想，从党的十八大开始，我们实际上已经在推进全面深化改革，包括供给侧结构性改革、走高质量发展之路等。是不是可以说我们已经提前做了一些准备？

贾康：据我所知，确实如此。比如芯片，多年前就有这方面的前瞻性的战略考虑，包括华为这次披露"备胎"计划。但实话实说，贸易摩擦不期而至对我们的冲击确实来得偏快了一些。好在我们在很多重要的领域确实已经有所预见并做了准备。现在贸易摩擦来了以后，我们面对的不是简单的措手不及的问题，而是原来所做的那些准备能不能抗住压力和加快升级步伐的考验。比如华为有了准备，但它所做的准备充分吗？未必。它一定还要经历一个磨合的过程。感受到压力以后，任正非说华为的业务量可能要收缩。但是扛过了这样一个压力期以后，它仍然有可能恢复更高水平的增长。

在过去的波动中，中国总体 GDP 增长速度曾经由于种种主客观原因回调到了 4% 以下（比如 20 世纪 90 年代初期），但是我们坚定不移地推进改革开放，打开了新的局面。现在我们仍应积极努力，已做的准备进一步加码，将压力变为动力，最大限度地提升实力，保证平稳渡过"阵痛期"，对冲和化解下行压力。我们不必讳言不确定性带来的种种困扰，以及外部压力与内部矛盾交织带来的一些复杂问题。但是总体来说，中国经济发展的韧性、弹性加上我们的主观努力（这个主观努力是更重要的），再以改革为"龙头"带动供给体系质量和效率的提高，坚定不移地走全面开放之下的高质量发展之路，就能抓住确定性。这个确定性伴随的是中国的成长性。时间是我们最好的朋友，我们要争取在与外部世界有摩擦的情况下，"斗而不破"地继续推进中国和平发展的现代化进程。

问：能不能点评一下党的十八大以来我们在全面深化改革方面做得比较好的地方，以及做这些事情对我们今天遇到贸易摩擦可能会起到什么样的作用？是否可以举例说明一下，比如我们不断进行产业结构升级，哪个领域的升级转变会对应对贸易摩擦有帮助？

贾康：如果选最重要的说，首先要高度肯定党的十八届三中全会通过的《中共中央关于全面深化改革若干重大问题的决定》（以下简称《决定》）。这个公布以后好评如潮的文件，对我们在新时期如何全面深化改革给出了带有顶层规划性质的通盘部署。其中，从理念角度看，最值得肯定的是要推进"国家治理的现代化"。这个"治理"与过去所说的管理调控中的"管理"只有一字之差，但内涵有重大的区别。"管理"强调政府自上而下的掌控，"治理"强调政府和其他非政府多元主体充分互动，更多地把管理和自管理、组织和自组织、调控和自调控熔于一炉，来最大限度地调动积极性、释放潜力和活力，解放生产力。该理念的提升落到了《决定》中另外一个非常重要的突破上：市场决定论。这一论述明确了在资源配置中市场要发挥决定性的作用，把原来已经认识到的基础性作用进一步提升到了市场决定论，这对于我们现在在改革深水区攻坚克难具有非常重要的引领作用。在让市场充分起作用，优胜劣汰，优化结构，支持高质量发展后面，紧跟着"更好发挥政府作用"这句话。也就是说，体现"守正出奇"中"守正"的市场决定论，还要匹配后面的出奇制胜，有效市场加上"有为、有限政府"，在承担一定风险的同时支持超常规发展，追求一系列中国特色的出奇制胜的创造。这需要能支撑我们实现超常规赶超的战略，突破比较优势战略绕不过去的"天花板"。

这在实际生活中已经可以观察到，比如企业混改一直在坚定不移地往前推进。实践中还有一个"守正出奇"的案例：中国现在积极鼓励运用 PPP 模式。这又跨越了过去已经获得肯定的思维框架：政府和市场主体（企业）各行其道，各自做好自己的事情。现在，在公共工程、基础设施、产业新城建设和运营乃至国土连片开发这些举足轻重的大规模建设事项上，政府和企业可以走到一起，成为伙伴关系，你中有我，我中有你，一起来推进由比较优势支撑的超常规发展。PPP 项目往往都有很长的生命周期。在项目建设运营的整个生命周期中，一定要配备一个标准的股权、结构清晰的 SPV

(特殊项目公司)。而这样的公司天然就是混合所有制企业,有政府方面的国有股权,也有企业股权,而且政府方面的国有股权并不想一股独大,而是通过 PPP 赢得政绩,追求政府有限资金的放大乘数。这样一来,在混合所有制发展的舞台上,PPP 大有可为。借助它,全社会能观察到,混合所有制是不是能实现共赢,是不是可以超常规地支持国家的发展,是不是可以使老百姓更好地改善生活质量,使人民对美好生活的需要得到更好的有效供给的回应。这是中国现在还在努力规范、推进的创新机制,它很好体现了"市场决定论"与"更好发挥政府作用"的结合在实际生活中是如何形成生动的案例的。我们作为研究者,从供给侧结构性改革方面也特别强调,不能仅限于概念,一定要落到鲜活且具有创新性的案例上,要让中国的潜力充分发挥出来。

问:近些年产业结构的升级,以及不断地调结构、转方式,会不会对我们今天应对贸易摩擦有一定的帮助?

贾康:近些年我们一直在强调产业结构升级。它既表现在一些高科技产业上,在政策支持之下现在有了更好的发展环境,也表现在传统产业方面,积极顺应"互联网+"等升级发展的大势。国家列出了战略性新兴产业的清单,从总体方向的认定上来说,应该是比较清晰的,但确定了产业政策、技术经济政策的方向之后,最关键的是该如何使之后的实施机制真正有效避免出现偏差。如果产业政策执行机制不适合,是很容易出现偏差的。我们现在要特别注意,在产业政策、技术经济政策贯彻实施过程中,仍然要让市场充分起作用,政府在"有为"的同时,一定要紧紧把握"有限"。政府提供产业引导基金、政策性信用担保、财政贴息等,并不是要替代一线的市场主体做选择和判断。生产经营的决策权仍然在市场主体手中，它们在承担一定的风险、受到自负盈亏财务约束的情况下，自主地去创新。政府的作用是为它们提供更充分的信息，并以适当的经济手段作为政策工具为它们加劲儿。两者结合在一起，就有希望减少产业政策在实施过程中可能出现的偏差和失误，从而"守正出奇"地取得超常规发展的成果。

问：已做的所有这些事，以及这几年全面深化改革的努力，在应对外部冲击时能起到什么作用？

贾康：在外部冲击之下，我们经过前些年的改革发展之后，仍存在的短板可能会浮出水面。贸易摩擦会首先暴露我们相对薄弱的一些短板，这正好能使市场主体在产业政策、技术经济政策的指引之下，敏锐地捕捉到自己升级发展要把握的重点领域。我们前面所谈到的"有效市场"＋"有为、有限政府"，以及举国体制的 2.0 版、3.0 版，应抓住哪些重点来突破？贸易摩擦对我们来说是一种教育，是一种市场验证与促进，营造了一个"坏事变好事"的压力环境。这些年的全面深化改革努力，使我们在"变坏事为好事、变压力为动力、变被动为主动"方面更有底气了。

韧性、风险与对策（三）

时间：　2019 年 5 月 20 日

地点：　北京

会议：　国务院发展研究中心座谈会

我从三大层次来谈谈自己的看法：第一是如何解读中国的"韧性"；第二是在问题导向之下，要注意哪些"黑天鹅""灰犀牛"等风险问题；第三是提出建设性的意见建议。

一、　中国的韧性表现在哪里？

关于韧性，似乎可从 3 个视角加以理解：第一个是禀赋与潜力，这是一个与韧性必然有关的视角；第二个是未来的发展空间，这与韧性相关的"回旋余地"可以紧密结合在一起来认识；第三个是抗压能力问题。

经过了这么多年的发展，从禀赋和潜力方面看，一般的大国概念其实已无法覆盖中国的具体情况——仅说中国是大国，似乎还不够。对此，前些年有一些讨论。从人口规模来说，美国也算是人口大国了，但它的人口总数与中国不可相提并论；尽管从幅员（地域）角度看，中国与美国相差不多，但人口总数完全不在一个水平上。印度人口总数与中国越来越接近，但它的地域面积相对要小一些，在一些禀赋和发展潜力的相关因素上还必须有基本的支撑条件，要有国土开发中处于前端的基础设施——在此方面印度是被中国远远甩在后面的。综合来看这几个因素，确实还没有一个经济体能与中国相比。在"巨国模型"之下，中国是非常独特的经济体。虽然现在"巨国模型"还没有很清晰的、大家达成共识的框架，但至少可以先讨论概念。与人口规模紧密相关的就是市场潜力及其发挥作用的基本条件。

这可以延伸到第二个视角：如果中国是一个由"巨国模型"才能讨论的独特对象，那它今后的发展空间如何？我并不同意"中国工业化已经走到后期，或正从中后期向后期转变"的观点。

有些学者说，国际上判断工业化程度的一般指标，一个是工业产值在生产总值中的比重，另一个是人均国民收入或人均国内生产总值（GDP）。中国现在人均 GDP 已接近 1 万美元，而且从工业产值所占生产总值的比重看，似乎也与西方所说的工业化后期水平相差不大。但我不认同简单地按照这两个指标就认定中国已到了工业化后期。只能说中国沿海的增长极区域工业化到了中后期，但其实沿海地区也有一些发展洼地，再加上中部、西部地区工业化尚处于中期，甚至很多地方还表现为工业化初期的特征，所以，总体来看，中国的工业化处于从中期向中后期转变的过程中。这种判断如果再加上另一个指标，就更加容易理解了。在发展经济学视角上有一个很重要的、必须连带考虑的指标，即与工业化相伴的城镇化水平。一般认为，城镇化完成了高速发展阶段以后，工业化也就进入了后期阶段。中国现在的真实城镇化水平只有 50% 左右。以常住人口来计算的城镇化率"欠账"严重，它会误导人们的判断。现在约59% 的常住人口城镇化率，包含了前几十年进城的约 3 亿人，他们中的很多人没有拿到城市户口，自然也就享受不到基本公共服务方面均等化、一视同仁的待遇。为什么不能给他们这种待遇？一个很重要的原因是城镇化有"欠账"，尚不具备足够的支撑能力。例如，北京有大量常住人口拿不到户口，在家庭成员的教育、医疗、住房等方面实际上是受到"歧视"的。而如果北京对户籍稍有松动，大量人口的涌入又会让它无法承受。不少有条件的地方正在积极放宽户籍政策，但是北京、上海、广州、深圳等地方仍然要实行严格的户籍管理制度，就是这个道理。近几年，中央已经特别注意到，以户籍人口计算的城镇化率现在仅为43%多一点。将它与59%的常住人口城镇化率综合考虑，中国真实城镇化水平只有50%左右。按照国际经验，我们的城镇化还有20%的高速发展空间。如果城镇化率每年提高1个百分点，那么我们至少还能走20年的高速发展期，一直到"2035年基本实现社会主义现代化"以后了。反过来说，目前的城镇化水平怎么可能匹配的是中国的工业化进入了从中后期向后期的转变？所以，说工业化正从中期向中后期转变，更符合中国国情。我们对自己的发展程度的这种认识，也合乎逻辑地对应了党的十九大的一个重要判断：中国仍然是世界上最大的发展中国家。发展中国家的定位，意味着中国还有相当可观的发展空间。

中国工业化和城镇化的发展纵深空间，是实实在在可以感受到的。不论是大城市，还是中小城市，甚至一些农村的新区，仍然到处都是"大工地"，依旧表现为"土木钢铁经济时代"的景象和特点。这种景象在过去被称为欣欣向荣，换成现在的说法，就是"向荣"再往后还有很长一段成长期，"有效投资"项目可以说"俯拾皆是"，发展空间巨大。

另外，这也可以从以科技为主的"后发优势"概念来理解。中国确实是发展中国家，不得不承认，在多项关键前沿技术方面仍然技不如人，但同时这也意味着我们在利用以科技为主的"后发优势"方面有相当大的空间。例如，中国有几家"一飞冲天"的互联网公司，它们的原始技术来自国外，但这些技术到了中国，发展速度超乎想象，正是"后发优势"支撑了这种成长性。

第三个视角是中国的抗压能力。看尼克松的回忆录了解到，1972 年尼克松访华以后，他特别明确地说，中国一定有伟大的前程。那时候，尼克松在中国感受到了别的经济体不具备的动员和组织能力，以及行动效率。从这个视角上，他对中国的理解多多少少涉及了"巨国模型"的概念。尼克松认定中国未来会成为一个全球地位举足轻重的经济体。

现在，中国在组织能力方面的特定优势还存在吗？客观地说，目前中国的组织性、纪律性带来的抗压能力，仍然是中国特色之一。当然，由于发展阶段变了，现在所说的组织能力又不可与 20 世纪六七十年代同日而语。正如经济学家杨小凯的观点：获得"后发优势"的同时，还面临制度性的"后发劣势"。他强调制度建设的重要性，非常有警醒意义。我们的经济社会转轨取得了很多进展，但同时改革又面临重重困难，在实质性推进过程中遇到了明显的阻碍，甚至步履维艰。所以，当前的组织性和纪律性又不可与过去的情形相提并论。对此，我们要有清醒的认识。

二、 关注"黑天鹅""灰犀牛" 风险

前面 3 个视角上的因素构成了中国经济特定的韧性、回旋余地，但更应该考虑制约因素和矛盾是什么。中央也意识到了"黑天鹅""灰犀牛"等风险因素，这些都是值得从大局、战略角度考虑的问题。对此，中央还专门召开工作会议，甚至提到，在抗风险方面，要"准备应对意料不到的惊涛骇浪"。关于这种"惊涛骇浪"，我更愿意把"黑天鹅"和"灰犀牛"结合起来加以理解。"黑天鹅"是意料之外的状况，而"灰犀牛"是知道它必然要到来。中国虽然有韧性、回旋余地、市场潜力、成长空间等值得肯定的正面因素，但现在也面临一些制约性的、矛盾的、负面的因素，可表述

为"经济问题社会化和政治化"的风险。中国最需要担心的,不是市场潜力、发展中的回旋余地和韧性问题,而是转轨过程中出现的这个所谓的"经济问题的社会化和政治化"风险。从具体的可对比事件上看,1984 年农业农村改革已取得诸多成绩,城市改革也准备拉开序幕,在这一年中央正式通过了第一个经济体制改革文件。1984 年下半年,中央决策层明确提出进行金融机构改革,中国人民银行脱离金融业务,成为中央银行,下管工行、农行、中行、建行(当时叫专业银行)四大银行。具体运行模式是,这 4 家银行以1994 年当年形成的贷款规模作为基数,在下一年从贷款总盘子中切块处理各自的业务规模(贷款额度)问题,结果就直接引发了"突击放贷",紧接着出现了货币超发。

1984 年年底和 1985 年年初,经济表现出超高速增长特征,经济过热逼着我们在 1985 年不得不动用外汇储备,通过进口各种散件、家用电器等来回笼货币,使外汇储备见底,通货膨胀态势也就明显地表现出来了——这叫经济问题。这在 1986—1987 年曾是国家反复强调要解决的问题,比如当时提出的"压缩空气""三保三压""吃冷饮"等,至今依旧让人记忆犹新。到 1988 年,这一经济问题仍然未获得很好地解决,通货膨胀因素依旧在积累,国家下决心要"价格闯关"。不过,当年实施"价格闯关",虽方向正确,但时机不对。

意识到这一问题后,中央很快做出改变,由原来讨论如何完成"价格闯关"任务,转为如何实行全面的治理整顿。虽然控制住了经济局面,但仍有两三年经济陷入低谷。1990—1991 年,国内生产总值回落到了 4% 以下,工商登记的个体户数量也明显减少。同时,我国面临的国际形势也十分严峻。在这种情况下,邓小平的"南方

谈话"打开了局面，才有了后来所取得的令全世界瞩目的发展
成就。

现在回顾起来，当时的经济问题社会化、政治化表现出的特点
值得我们警醒和反思：既有"黑天鹅"的特征，又有"灰犀牛"
的特征。

现在，我们说要准备应对意料不到的"惊涛骇浪"，但是"黑
天鹅"具体将从哪儿飞出来，谁也不知道。这确实是一个非常值得
我们讨论和琢磨的问题。在发展态势上，中国这些年来黄金发展特
征仍然存在，但是内部矛盾也日益凸显，比如民众比较关注的分配
不公问题。

现在，我们要最大限度地防止出现"黑天鹅"和"灰犀牛"
共同造成的不良局面，就要居安思危，有忧患意识。

三、 居安思危， 防患于未然

如果要建设性地提出居安思危、防患于未然的措施建议，珍惜
改革开放带来的难得的发展成果，进一步向前推进中国现代化，那
么至少有 3 点需要加以强调。

第一，要紧紧抓住以经济建设为中心的党的基本路线 100 年不
动摇。100 年不是一个很精确的数字，就是要几代人贯彻这一基本
路线不能动摇。

这个党的基本路线意味着，关于时代的判断是"和平与发展"。
实践检验真理，我们现在推行的供给侧结构性改革就是要通过供给
侧创新所带来的共享经济，使全社会、全世界成为一个完整的产业
链。如今，中国和美国就处于同一个产业链上，这与美国和苏联当
年的冷战局面不可同日而语，那时候它们各有各的产业链。现在，
共享经济加上信息革命，使高科技越来越成为一种主导力量。人类

社会越来越有可能通过和平和发展去寻求共赢。在这样的基本理念之下，才有可能紧紧抓住以经济建设为中心的基本路线 100 年不动摇，才有可能不错失战略机遇期。

第二，坚持以经济建设为中心，坚持社会主义市场经济，必然要坚持全面开放。在实际中，如何使自力更生与全面开放实现有机结合，又是值得讨论的问题。总体来说，首先要明确的是，要继续推进全面开放，在全面开放中涉及"比较优势原理"不能解释的那一部分——不管花多少钱都买不到别人的高端技术，我们就要自力更生。举国体制 2.0 版就是要解决这个问题。新阶段的举国体制一定要对接全球市场，比如芯片的攻关，真正的考验不是如何把芯片研发出来，而是能否实现产业化、大批量、高质量生产，并让全球市场接受。这才会带来我们未来发展空间潜力的释放和现代化升级发展。

第三，关注社会成员的希望感。过去，希望感促使我们改天换地，达到了组织性、纪律性的保障。现在，我们也要凝聚基本共识，尽可能万众一心地推进现代化，这是与我们的抗压能力、韧性真正变成现实中的可持续发展联系在一起的。中央提出"不忘初心、牢记使命"，真正的内涵是什么？有人说，是为人民服务。但是放眼全球，哪个经济体不提倡为人民服务？这是大家都接受的基本共识。中国比它们更高明的地方是，"初心"应该是在对社会发展规律有了更深刻地洞察和认识以后，真正按照为人民服务的理念去提升社会进步水平。"不忘初心、牢记使命"，让人真正发挥潜力和活力，敢担当、有作为。所以，坚持以经济建设为中心的党的基本路线 100 年不动摇，应该落实到理论密切联系实际上，进而推动潜力释放，形成韧性。

在实际生活中，人民群众对美好生活的愿望应该得到满足。物质文明、精神文明、政治文明、人的全面发展，一样都不能少。

首先，在新的阶段，世界经济"老大"美国开始遏制中国。在这个新阶段，要靠自力更生弥补比较优势原理解释不了的部分，要以学理上已经有所探讨的理性的赶超战略去解决问题，就要有赖举国体制 2.0 版，其最基本的特点是必须对接全球化的市场。现在我们没有别的选择，只有把与市场对接的、综合考虑各种要素的竞争能力，与自力更生结合起来。通过自力更生推出的产品，一定要接受全球市场的检验，形成可持续的、规模化的产业能力。

这个认识与产业政策之争有直接的关系。产业政策无疑是必要的。产业政策方向好认定，但后面的执行机制如何，却是重大的考验。如果产业政策、技术经济政策的运行机制不能与市场对接，那么好的愿望也会带来事与愿违的结果。举国体制 2.0 版一定要在现实生活中把对接全球市场这条路走通，做到"守正出奇"。既要有有效市场，又要有"有为、有限"政府，将两者结合起来是希望之所在。只有走通了这条路，才能冲破中国现代化的瓶颈期。

其次，尊重科研创新规律。这在中国是一个一定要有所作为、不可忽视的方面。以多年的经济发展为基础，近些年我们对于科技和教育增加了大量投入，比如各地学校的硬件基本已经到位，硬件水平甚至不逊于欧洲、美国等国家和地区。但是，我们仍然没有底气说已经真正破解了"钱学森之问""李约瑟之谜"，现在依然存在攻关、破解的客观必要性。这么大的人口基数，这么多勤劳、聪明的中国人，该如何将科研创新推到世界前沿？在此方面，现在受到的主要制约是制度供给不足。

最后，在实际生活中，真正把局面盘活，就要抓住攻坚克难的改革，比如坚定不移地推进混合所有制改革。PPP 方面的 SPV（特殊项目公司）就是典型的混合所有制，而且在混改时，政府方面天然就不想一股独大，这应该是让全社会观察、认识混改的一个非常好的切入点。所以，我们对混合所有制改革要及时进行经验总结。另外，政府方面对大部制、扁平化的部署也值得肯定，从大部制切入，合乎逻辑地带出了扁平化，整个政府架构要进行脱胎换骨式的改造。在此方面，我们也要乘势追击，把它落实好。户籍改革方面现在有了新的进展，到了必须扩大内需，必须更多地依靠我们自己的韧性的时候，因此，要尽快调整人口政策。人口因素是"巨国模型"之下经济韧性的一个重要组成部分，一定要用足这个因素。

用好中国巨大潜力中的有效投资空间

时间： 2019 年 1 月 5 日
地点： 北京
会议： 中国投资 50 人论坛

2018 年过后，我国经济面临着不确定性。那么，我们自己的确定性在哪里？这是认识的关键。在外部压力与内部矛盾凸显交织制约之下，经济承受较大的压力，必须对这个势态予以对冲。基于中国经济确有自己的市场潜力、回旋余地、成长性与韧性等，我们当然必须加力扩大内需。如果处理得好，2020 年还是很有希望使经济增长速度保持在 6% 以上的——这是全面建成小康的保证速度，也是经过努力完全可以实现的速度。

2020 年全面建成小康社会以后的中长期考验，是能不能使全面深化改革取得决定性成果，形成后劲，支撑我们跨越"中等收入陷阱"。现在能够把握的确定性方面，就是要用足投资潜力。这是必然选择，关键是形成有效投资。那么，形成有效投资的相关机制靠什么？当然要靠配套改革。这不是原来那种由主要决策人拍脑袋做投资项目的决策机制，而是创新型的投资机制 PPP。该模式强调过程阳光化，可研以后，还要经过物有所值评价、财政承受能力论证，最后政府、企业在专业机构支持之下自愿签字，按照协议来实施投资项目建设，比如公共工程、基础设施、产业园区建设和运营、连片开发等。这些会源源不断地释放国内推进现代化过程中的发展潜力。而与投资相关的决策、约束、监督、绩效等方面的机制将取得前所未有的进步：不仅有融资模式的创新，还有管理模式、治理模式的创新。现在，我们应借着不期而至的经济增长压力，把确定性方面的事情做好，把机会充分发掘出来。

举例来说，北京公交体系建设颇有代表性。与北京类似，中国100多万人口规模以上的城市有100多个，总体来说，除了极少数城市例外，其余城市都必须考虑尽快建设四通八达、密度足够的轨道交通网，而这需要大量的资源投入。北京在公交体系建设方面的教训较多，地铁建设"起了个大早"，很遗憾后来却"赶了个晚集"。最直观的现象是北京机动车摇号中签率非常低。"适当充裕的流动性"要适应有效投资的选择。只有配上好的投资机制，才能用好有效投资空间，比如PPP模式，这是新形势倒逼出来的扩大内需、优化结构、增强后劲的好机制。如果能把投资机制问题处理好，中国其他城市或可以避免走北京公交体系建设所走的弯路。

另一个相关例子是，与轨道交通网相匹配，必须有机动车的停车位。有关部门表示，现在全国缺少5000万个停车位。虽然这一数字不会很精确，但大致如此。如果按照1个停车位需要投入10万元计算，那么总计会释放5万亿元的投资需求。这件事该不该做？未来20年内肯定应该做，并可以通过调动供给潜力来推进。

机制创新非常重要，它能保证投资的有效性。当然，规范发展也非常重要。有人说PPP要被叫停，其实不可能被叫停，只是暂时稳一稳，引导、鼓励其继续规范发展，走向阳光化、法治化、专业化和规范化。这些因素叠加在一起，实际上还会带动公众参与度及其对知情权的追求。从中长期来看，PPP非常值得大家作进一步探讨，而且能给有关决策部门提供一些积极的意见。用好中国巨大潜力中的有效投资空间，可使预期得到改善，以活力和增收支撑消费潜力释放。这是寻求稳定大局、扩大内需时，我们应该好好考虑的一个要领。

扩大内需，应对不确定性

时间：2018 年 12 月 6 日
地点：北京
会议：中国政策专家库专家委员会宏观经济座谈会

当下，宏观经济运行面临着不确定性。关键是在这种变化中，为应对不确定性，我们要赶快着手组织扩大内需。

一、 释放有效投资能量

关于扩大内需，首先要有支撑消费的有效投资。有效投资的空间还是相当可观的。基于这一判断，我不赞同有些学者所说的：中国城镇化过程中的基础设施投资高峰期已过。通过考察就会发现，中国现在真实城镇化水平被高估了，以户籍人口来计算的城镇化率只有 43% 出头，还处于相当低的水平。以城镇常住人口来计算的城镇化率约为 59%，所反映的更多的是实际矛盾：这么多人在城里已经成为常住人口，但是他们就是拿不到户籍。为什么？因为支撑他们享受一视同仁的市民化待遇的那些基础设施还远远不够。如果把以上两个指标中和一下，中国真实的城镇化水平约 50%。国际经验表明，后面还有 20% 的城镇化高速增长区间。对于拥有近 14 亿人口、经济总量排在世界第 2 位的经济体来说，这一潜力空间的能量释放非同小可。

具体观察现实生活，以北京为代表的一系列中心区域（不仅是一线城市，还包括中国 100 多个百万人口规模以上的城市），迫切需要尽快建成高水平的网状轨道交通系统。这条公交基础设施建设之路的重要性与必要性是很清楚的，必须及早动手来规划和实施。通盘考虑并合理规划，将对我们未来经济的发展形成强劲的支撑。

与城镇化匹配，还要做什么事呢？很重要的一项是建设综合管廊（地下城市管道综合走廊）。我认为，首先要对新区建设提出要求：如果不按照综合管廊模式实施，就不许建设。新区建设关乎以后的百年大计，甚至数百年大计，必须加以重视。另外，老区的综合管廊改造只能逐步推进。海绵城市建设（即新一代城市雨洪管理概念，指城市能够像海绵一样，在适应环境变化和应对雨水带来的自然灾害等方面具有良好的弹性）也非做不可，这又意味着天文数字的资金投入。而且这些城市中心区域还要匹配停车场、停车位。这还只是千头万绪的事情中的一件，我们会遇到更多的实际投资需求。抓住这些机会去扩大有效投资、扩大内需，是有长期支撑空间的。

从投资机制来看，现在已经探索和积累了一些模式和经验，比如交通线路、停车位等，一旦建成马上就有现金流，则完全可以对接 PPP 模式。当然，以后还要调动民间的智慧。

除了中心区域建设在有效投资方面有很多事情可做，考虑到农村、城乡一体化、新农村建设等，则又有大量可做之事，当然，这要循序渐进地推进。对接 PPP，是一项非抓不可的机制创新工作。

有发展空间，有机制创新，还有风生水起的连片开发、产业新城建设和运营，再把准公共产品、产业导入的一些要素与纯公共产品打包一起来做，就可以支持我们超常规推进现代化。如果这些事情做得好，有效抓住了投资空间，那么，由有效投资支撑的"预期向好"的有效消费就可能跟进。这是必须强调的一个认识逻辑。

二、 包容民营经济

2018 年 11 月，习近平总书记在民营企业家座谈会上发表重要讲话，从大政方针层面一直说到支持民营企业发展的坚定不移的态度，再具体落到 6 个方面必须抓住的举措。对接到操作层面，包括金融机构如何为民营企业提供融资服务、支持民营企业发展等。有关管理部门领导的表态和一些具体操作层面的要求随后跟进。

在进一步理论联系实际、深化认识的同时，还应特别注重抓好技术和专业方面问题的解决。从融资系统来说，金融机构对民营企业的贷款支持等，在业绩考核上要进行量化，而同时又没有改变"责任终身追索"，也没有改变融资中所必须实施的风控，那么具体到贷款一线的业务工作人员，他们就会被夹在中间，显得手足无措。一方面考核业绩，贷款要放出去；另一方面，若风控不过关，又没有人敢承担终身追索的责任。要解决这个问题，不能只讲觉悟、表态，而要在已经探索多年的商业性金融中加入政策性金融的支持因素，匹配政策性融资机制。从财政贴息、政策性信用担保、产业引导基金到现在的开发性金融、绿色金融、普惠金融、小微金融、金融的精准扶贫支持等，都涉及在政策性金融这个大概念之下我们必须进行的机制创新。一定要乘势解决商业性金融和政策性金融如何协调支持的问题。进一步说，在实际中，中小微企业、民营企业等应该得到可持续的"雪中送炭"的金融支持机制。这对于中国来说是战略层面的问题，也是在供给侧结构性改革中必须要走通的"守正出奇"之路。

"守正"，是承认整个市场经济中它的共性规律。构造商业性金融体系，一定要有"锦上添花"的机制进行资源优化配置。但是仅强调商业性金融规避风险、"锦上添花"的功能，它的局限性就会表现出来。我们现在要在市场决定性机制后，更好地发挥政府的作用，走通"守正"之后要"出奇"、"出奇"之后要"制胜"的这条中国特色之路。把这种"双轨制"的框架放在金融领域来考虑和认识，其实与我们的住房制度一样，是在可以预见的很长历史时期内不可回避的问题。在住房领域，必须把"保障轨"和"市场轨"协调处理好，"双轨统筹"；在金融领域，在可以预见的将来，也一定是要把商业金融和政策性金融这"两轨"放在一起统筹协调，让它们尽可能地各自兴利除弊并相互呼应。这也是从当下到中长期要重视的一个"守正出奇"的解决问题的方向。

三、 充分认识和肯定改革成绩

我们要充分认识和肯定改革所取得的成绩。比如，2018 年大部制改革迈出了值得肯定的步伐；个人所得税改革取得了"综合"机制建设的进展，成绩可圈可点。在肯定这些改革进展的同时，我们还要有一个认识：改革这一现代化的"关键一招"和"最大红利"，其进展与中央时间表的要求不匹配，并且这一问题正在表现出来。中央要求到 2020 年改革要"取得决定性成果"，在剩下的这段时间里，可对一些具体的改革攻坚任务进行考察。比如，从房地产市场来看，目前改革进展与中央所要求的构建基础性制度和打造长效机制这一目标，尚有明显的距离。现在房地产市场还在做"治标"的事。要真正解决这个问题，延续只"治标"、不"治本"的老路是行不通的，这也不是高水平的改革。在当下讨论房地产市场调控时，还是要把调控与改革、啃基础性制度建设这块"硬骨头"及中长期的追求结合在一起，努力去接近中央所说的到 2020 年配套改革"取得决定性成果"的节点目标。这样，往后才有后劲去跨越"中等收入陷阱"。

四、 鼓励科研创新

中央已出台多个文件，强调抓好全要素生产率，鼓励科研创新。而具体到产、学、研一线的团队，现在碰到的问题是什么？能促使他们进一步放开手脚的细则迟迟没有推出。对于科研人员积极性的激励方面，有一个说法是，取消了职务发明概念的界限，科研人员一边拿着工资，一边做科研创新，科研创新成果可以取得专利，而专利又可以对接股权，使科研人员以持股的方式长久受益。但我们了解到，在实际执行过程中，很多高校、研究机构等都划有一条线：这一激烈措施只适用于非领导职务，系主任以上、研究室主任以上的人员都无法受益。而恰恰我们现在培养出来的科技骨干很多都担任着一官半职，让他们辞掉官职去享受这个政策，往往是不现实的。所以，大多数高水平的科研骨干还是享受不到中央所说的政策激励措施。这一问题有待加以研究并解决，让中国更多宝贵的创新人才发挥作用。

底线思维之上对防风险、抓发展的探讨

时间：2018 年 3 月 8 日

地点：北京

会议：辽宁省政协专家、委员座谈会

我注意到，这次会议的主题是首先从贯彻落实习近平总书记关于坚持底线思维、着力防范化解重大风险的重要讲话精神切入，要结合辽宁的实际，来为今后进一步做好工作建言献策。我作为研究者的看法，就是领会最高决策层这种底线思维、防范风险的重要精神，需要先看一下全球、全国的大局。显然，在整个全球化的演变中，在中国改革开放 40 年之后的超常规发展中，现在中央又认为要正视"百年未有之变局"，直接的感受是"不确定性"，这在2018 年以中美贸易摩擦为代表，前所未有地凸显出来。这种不确定性其实已经带来了整个经济运行中市场层面预期的下调，并且从经济层面潜移默化地影响到了社会。

一、经得住"百年未有之变局"的考验

谈不确定性，就意味着做预测有极大的困难，很难清晰地在预测概念上描绘未来可能发生的风险的具体样式、程度、所涉领域、特征。在不确定之下，我们需进一步密切跟踪和防范这些风险。但是在指导思想上来说，就是要有底线思维，防患于未然，甚至要有思想准备应对难以预料的"惊涛骇浪"。在这个大背景之下，显然还要做很多的分析。我基本的思路是，一定要把国际上的变化和中

国国内矛盾凸显放在一起来认识这种"百年未有之变局"。而我们自己在基本认识的主线上应该看清楚，不论有多少不确定性，不论有多少风险因素的积累及演变，对于整个人类社会文明提升的主潮流应该有充分的信心；把握大势上的"确定性"，继续紧紧地抓住"构建人类命运共同体"这条主线，在推进全球化、工业化、城镇化、市场化、新经济的信息化，以及全面提升现代化中的法治化、民主化等努力之下，继续坚定不移地推进中国的和平发展，追求中国在和平发展中以超常规发展过程来引出和平崛起。也就是中央已经明确给出的"新的两步走"：2035 年基本实现现代化，21 世纪中叶建成现代化强国。

简要地说，就是"百年未有之变局"正在考验我们，但我们要在不确定性中把握可选择、可做而且必须做好的应做之事。这是保持我们的战略定力，于前进中将动力与潜力不断释放而必须选择和必须做好的事情。说到底，还是"改革开放"四个大字：坚定不移地在改革的深水区攻坚克难，坚定不移地以开放来和全球各个经济体互动，在和平发展的总基调上，以开放倒逼改革，来啃下"硬骨头"，做好中国自己的事情。从全局来看，这是防范风险最重要的一种支撑力量。如果我们能够在改革开放已经开辟的超常规发展大道上，继续以中高速升级版高质量发展这个态势往前走，那么应对"惊涛骇浪"时，我们就有更充分的内在实力，就能更好地运用我们的潜力、回旋余地和弹性空间。

二、 调动潜力和活力， 打开新局面

在这个认识之下，我试着谈一谈辽宁。从近 5 年来看，辽宁经济在 2017—2018 年已经实现正增长，而且 2018 年的增幅又比 2017 年有所提升，就经济态势特征来说有可能进一步接近全国的平均发

展速度。更重要的是，辽宁已经在积极总结这个波浪式发展过程中的经验教训。底线思维确立以后，在已经认识到的经验教训基础之上，显然辽宁的决策层和各个部门，以及在政府部门和企业方面的互动过程中，大家的共识也在进一步凝聚。

关键问题是如何调动辽宁可能的潜力和活力，打开新局面。在底线思维之上，我更想强调，要有一种尽可能高水平的动态向前延伸的供给侧结构性改革定制化解决方案。党的十九大指出，我国社会主要矛盾已经转化为人民日益增长的美好生活需要和不平衡不充分的发展之间的矛盾。这个不平衡是结构问题，党的十九大之前就把不平衡归结为结构失衡——这是矛盾的主要方面；党的十九大之后，进一步指出要把解决不平衡、不充分问题，落到以供给侧结构性改革作为打造现代经济体系的主线这个认识上。

辽宁应该坚定不移地贯彻、把握这条主线。原来的一些可以总结的经验方面，已经给人们留下了比较深刻的印象。老工业基地曾经创造辉煌，为中国经济做出了重要的历史贡献；但在经济社会转轨过程中，曾经以铁西区，还有辽宁一些资源枯竭城市、老工业基地为代表，出现一波低潮的表现；然后又出现了振兴东北以后令人鼓舞的局面；再往后又有一波新的考验和不利局面的出现。但是，我们毕竟已经触底反弹。在风云变幻中掌握好定力和底线方面，最关键的或许可以归结为以下两层认识。

第一，辽宁要在底线思维之上防范、化解风险，进一步实现超常规发展应摆在第一位的，是坚定不移地抓住发展这个硬道理。这是一个非常朴素但应该反复强调的符合历史唯物主义的基本原则和方针。像珠江三角洲、长江三角洲等地区都有这样的认识，它们强调"发展才是硬道理"，实际的感受是：小发展大困难；大发展小困难；要是不发展，那是最困难的，是最容易产生风险的状态。那么，在实际生活中把握好"发展才是硬道理"，其实还有其复杂性。某些时候，在工作一线很容易出现这种情况：防范风险是"攻坚战"，于是在执行上对所有的风险点都堵死。有些人以为这就是真正贯彻了中央的精神，但这恰恰可能会出现偏颇。中央的精神实质是防范系统性风险，而经济生活中运行的风险点几乎无处不在，金融领域更是各种风险因素汇集的运行体系。把看到的每一个风险点都摁住不动，以为这就是防范风险，那么整个发展实际上也就没有创新的弹性空间了。而且以这种方式防范风险，会带来新的风险，致使创新发展成为空谈。所以，一定要先坚定不移地抓住发展这个硬道理，再考虑在发展的最基本的支撑力之上，去防范风险，打开新局面。

第二，辽宁要坚定不移地抓住升级发展的战略机遇期，落实到高质量发展上。高质量发展实际上就是要特别强调不能一条腿长一条腿短，必须掌握好结构优化，而结构优化如果走极端——完全靠市场或者主要靠政府，其实都是不可行的，一定是有效市场加上"有为、有限"政府的一种优化组合。真正把握好战略机遇期，实际的考验是如何形成定制化、高水平的解决方案。另外一定要在高水平顶层规划之下，给基层和市场主体创新发展的弹性空间。而对有效制度供给的拿捏并不容易。在实际生活中，我们必须把握确定性，以基本面来支撑动态中的矛盾化解，消化原来累积的隐患和风险，不断推动发展上新台阶。波浪式发展过程是不可避免的特征，但是我们可以争取在每一波发展中都能够升级。

在实际生活中，对升级发展的几个重点已经有所讨论：东北在新一轮的振兴中，要继续优化国有经济的支撑力量，同时要注重民营经济的发展。民营经济、国有经济共同发展，是共赢的发展，不是简单地谁进谁退的问题。具体到操作层面，现代企业制度下的股份制已经充分打开了混合所有制共赢发展这一创新空间。PPP方面更是如此，一个又一个SPV天然就是标准的股份制公司，而且在其中，政府方面并不想一股独大，并已经把舞台上主角的位置让给了社会资本。国有企业和民营企业不论谁牵头拿到了项目，在长期滚动开发过程中，不会只是国有企业在做，或只是民营企业在做，一定是国有企业和民营企业有机会一起推进。这是在包括辽宁在内的东北地区，我们寻求共赢发展应该树立的理念。

另外，在创新发展方面，要配套一系列不可回避的产业政策和技术经济政策。对于这个问题，经济学界的讨论还不到位。其实绝不是简单地说要不要产业政策的问题，即使是抨击产业政策的学者，也提供了非常宝贵的思想要素，就是产业政策确实抱着好的愿望，但是它容易导致扭曲的结果。我们一方面要坚持必须有产业政策、技术经济政策；另一方面，又要能够防止错误理解产业政策贯彻落实机制。产业政策上最关键的不是方向选择，谁都知道要支持高科技，关键是大数据、云计算、区块链等领域到底该如何带来一旦成功就能使局面豁然开朗的成果。辽宁可以进一步争取真正把有效市场与"有为、有限"政府结合这件事情做好，在创新发展过程中，以高标准的法治化营商环境为新经济、高科技和创新等方面提供普惠性的包容性空间，并提供能让创新者得到成长的产业政策环境。在具体运行中，未来在辽宁，不论是沈阳，还是大连，或者其他区域，有没有可能也形成创新发展？这需要政府营造一个润物细无声的创业创新环境。

三、"蓄之既久，其发必速"

应对贸易摩擦，可从以下三点着手。

第一，变坏事为好事。贸易摩擦暴露了一些矛盾，反而使我们把过去一些难以形成共识、推不动的事情，现在一下子推动了。中美之间产业链的"你中有我、我中有你"的特征，已经完全不同于冷战时代。2018年，特斯拉公司首席执行官马斯克到上海签订了建设全球最大的外商投资单体工厂的合同。本来大家认为的坏事，一下子可能变成了双方都认为有共赢前景的好事。我们要充分运用开放倒逼改革变坏事为好事的机制。

第二，变压力为动力。我们不否认确实有压力，但压力是可以变成动力的。我们会更加坚定不移地做好自己的事情，即以排除法把握更清晰的作为空间。

第三，变被动为主动。在中国，无论是辽宁所在的东北地区，还是东部、中部、西部地区，工业化和城镇化都还有相当可观的发展空间。进一步打开未来发展空间的过程，是一个走上坡路的态势：工业革命以后，我们落伍了，现在"蓄之既久，其发必速"，是继续表现后劲的一个历史过程。未来几十年，要变被动为主动，从中美关系全局来说，就是要使美国和平接受中国与它的差距越越小的事实。在追赶过程中，辽宁要有雄心壮志，争取与长三角地区、珠三角地区一样，率先实现现代化。在中国和平崛起的过程中，辽宁绝对不落人后，波浪式的发展过程还可能会演化出更加有声有色的超常规发展进程——但这还是要回到前面所说的高水平定制供给侧结构性改革发展解决方案上。

以高水平定制化解决方案，实现高质量发展

时间： 2019 年
地点： 深圳
会议： 房地产企业投资策略会

　　1998 年亚洲金融危机之后，国家扩大内需、增加投资、发展经济的一大重点，就是振兴房地产。房地产改革激活了巨大的潜能，房地产业迎来爆发式增长，很多房地产企业就是在这股浪潮中成长起来的。接着，我们需要不断探索——房地产作为国民经济的支柱产业，应该如何健康、长效发展。即便到了现在，我们仍然处在探索期，仍然面临打造基础性制度体系的挑战。当然，整个大环境已经发生了很大的变化。面对新时代，大家都在努力寻求高质量升级发展。作为一名经济理论和政策研究者，我非常乐见一些房地产企业能在新时代的创业创新浪潮中乘势发展。

　　基于宏观背景分析，中国城镇化的高速发展期还远未完成。真实的城镇化率并不是大家现在所熟悉的口径——常住人口城镇化率达 59%，而是要更注重户籍人口城镇化率（目前约为 43%），将两者中和，目前城镇化率只有 50% 左右。实打实的城镇化率应该是没有"欠账"的，但目前仍有 2 亿多未能落户的常住人口尚未享受到城镇基本公共服务的市民化待遇。要补上这些"欠账"，并迎接后续入城人口，未来还需要建设大量基础设施和进一步升级公用事业的硬件、软件。据此判断，我国城镇化的高速发展期应该还有 20

年左右的时间，才能达到真实城镇化 70% 左右的水平。

由此看来，房地产企业仍有相当可观的发展空间纵深。那么，企业具体应如何做呢？基于多年来的观察和理解，我认为宏观经济和微观主体的发展是有一条共同主线的。放眼当下，这条主线就是中央所强调的构建现代化经济体系和深化供给侧结构性改革。房地产企业作为微观主体，要寻求高质量的升级发展，必须融入"现代化"这条主线。至于具体要怎么推进现代化发展，最关键的是投身供给侧结构性改革，持续优化经济结构，实现升级版的高质量发展。

在供给侧结构性改革过程中，宏观层面政府要做的主要是推动制度创新，即做好体制架构、制度安排的攻坚克难。制度结构的优化进入改革深水区涉及整个利益格局，注定会是一个攻坚克难、啃硬骨头的过程。此外，微观层面的企业要积极顺应、参与经济社会的转轨，以及体制机制的创新，针对自身的经营发展形成定制化的解决方案。这是一个极富挑战性的任务，并没有可以直接套用的通用药方。每个主体面临的复杂问题该怎样解决？一定要匹配供给侧的规划创新、制度创新、政策创新、投融资创新、科技创新、人才创新、物流创新、环境创新、思想观念突破的文化提升创新等，合成一套尽可能高水平的定制化解决方案。这是企业要抓住的硬道理，也是企业有所作为的重要抓手。

另外，值得关注的一点是，随着《粤港澳大湾区发展规划纲要》在 2019 年正式出炉，我国又增加了一个区域发展战略。基于过去的发展，粤港澳大湾区在国内的增长极地位已牢固确立。而未来，为寻求进一步的升级发展，粤港澳大湾区的发展规划将上升到更为侧重境外战略层面，其内在逻辑是要进一步推动广东、深圳对标港澳国际规则，打造最高标准的法治化营商环境。其实，这就是要以更有力度的全面开放倒逼改革深化，即实施前所未有的"放管服"改革。希望粤港澳大湾区能突破过去珠三角、泛珠三角等概念，成为能媲美纽约湾区、旧金山湾区和东京湾区等全球一流湾区的世界级增长极区域。

目前，不动产开发在深圳及整个粤港澳大湾区已经打下了良好的基础，但还要针对已表现出的一些问题推进基础性制度建设。未来，随着粤港澳大湾区规划的逐步推进，区域和企业将迎来进一步发展的大好时机。我深信，房地产企业依据已形成的独特的企业文化、结合在供给侧结构性改革方面力求高水平的定制化解决方案，一定能迎来新的高质量发展。

谈论产业政策时到底应该谈什么？

原发表媒体：《新京报》2019 年 6 月 5 日

　　南阳"水氢发动机"曾引发热议，涉事企业青年汽车被曝曾试图骗取政府 7000 余万元补贴。不可否认，包括南阳青年汽车在内的"新能源汽车神话"屡屡上演，直指当下我国新能源汽车行业中的产业政策存在诸多弊端。

　　自 1987 年中国引进产业政策（作者注：学界的一种观点），中国式产业政策在支撑中国经济成长中发挥了重要的作用，但近年来产业政策的弊端也不断暴露。

　　从 2016 年 11 月张维迎和林毅夫的"世纪大辩论"开始，产业政策的争议成为学界和媒体的关注焦点。据《新京报》当时的统计，2016 年 11 月，至少有 5 场论坛提及"产业政策"，参与讨论者有吴敬琏、陈清泰、许小年等知名经济学者。

　　那么，如何看待过去 30 余年的产业政策？究竟什么样的产业政策是有效的？当下的中国需要怎样的产业政策？

　　基于这样的出发点，《新京报》邀请中国人民大学国家发展与战略研究所副院长聂辉华、财政部财政科学研究院原所长贾康、北京大学国家发展研究院讲席教授张晓波共同探讨这一议题，希望争鸣出有公共价值的意见。以下是贾康研究员的观点。

《新京报》：从 2016 年林毅夫和张维迎的"世纪之辩"至今，经济学界对产业政策的认知似乎各执一词，并未形成共识。如何看待学界的争议？

贾康： 通俗地讲，产业政策就是某些产业在发展成长过程中要吃"偏饭"，需要政府动用手上掌握的公共资源及政策工具给予支持。

此前，在产业政策的争议中，张维迎教授否定了产业政策的必要性，这显然有失偏颇，但他对产业政策会出现偏差的批判很具有启发性，值得深思。林毅夫教授强调产业政策是各个国家实践中的基本选项之一，是符合事实的，但他在指出产业政策必要性的同时，强调有效市场加有为政府，却对政府的有限性讨论不足。我愿特别强调，林毅夫教授并未明确指出的是：产业政策的方向容易认定，但产业政策具体运行的机制如何合理化，非常具有挑战性。如果掌握不好这一机制，往往会造成事与愿违的结果。

《新京报》：在你看来，产业政策应该关注的核心问题是什么？

贾康： 产业政策做得好，会成为"追赶-赶超"的利器；做得不好，它就很容易出现失误。大家已经对"市场失灵"之后的"政府失灵"有所认识，还有与政府作为密切相关、处理不当就会产生"设租寻租""违背客观规律"等扭曲现象的警惕——政策倾斜处理得好，它会加分；处理不好，就是扭曲，就会减分。因此，我最想强调的是，产业政策的方向好认定，但产业政策运用机制得当与否，是最具有挑战性的真问题，而且往往是"牵一发动全身"的复杂大系统的问题。

以光伏产业为例，前些年政府鼓励发展新能源，支持光伏电池的生产，但在很多政策加码之后，行业却随世界金融危机爆发而一度进入了"寒冬"。对此，很多人批评大力发展光伏产业是政府和企业头脑发热的一个典型，但实际上并非如此简单。中国大力发展光伏等清洁能源的初衷，是把清洁可再生能源运用于中国本土。这就需要配套解决光电入网等关键性问题，但电力部门改革步履维艰、进展迟缓，既得利益主体以种种借口拖延智能电网的攻关升级和分布式能源的发展，致使国内市场迟迟未发展起来。国内光伏产业的产品依赖国外市场，"98%以上只有出口一条道"，而欧洲等国外市场一旦受瘪，很多光伏企业可能就会一落千丈，甚至出现了崩盘式破产清算。

本来，在中国本土消耗资源而生产出可以提供清洁能源的光伏电池，却基本上都卖给了外国人，就已带有荒唐意味，而市场一旦陡变卖不成了，又说是自己"头脑发热"了事，就更没有把话说到点子上。光伏产业当年的挫折案例，决非可以否定支持光伏产能发展的政府产业政策的方向，但很好地说明了这种正确方向下系统化的配套改革、技术攻关和机制合理化，是更加重大的考验。因此，产业政策在创新事项上如何系统配套、兴利抑弊才是真问题。对于中国和类似的后发经济体要追赶、赶超——能不能真的实现赶超谁也不能打保票，但至少要树立和追求赶超的战略目标，必须考虑"守正出奇"的供给侧结构性管理与改革，在理性供给管理下掌握好产业政策优化，这是一种历史性的考验。换句话说，不能因为政策设计可能失误、贯彻机制可能走偏，就对产业政策、供给管理完全否定、弃而不用，那是一种极端化思维，在历史机遇期会落入无所作为的状态。应该积极谨慎，有所作为，力求理性，力争做好。这又涉及需要理论创新支撑的科学决策、政策实施方案优化设计、防范风险、有效纠偏等配套机制，特别是在中国推进现代化取向的经济社会转轨中，这种产业政策的运用，是注定要和攻坚克难的配套改革紧密结合在一起的。

《新京报》：1987 年中国引进产业政策，如何评价过去 30 余年产业政策的效果？

贾康：总体来说，首先在理论上不能对产业政策全盘否定。其次也应看到，中国的产业政策已产生了实践中的一些值得肯定的正面效应，当前和今后仍需要产业政策。但必须同时客观地指出，一些产业政策存在令人痛心的失误，带来了资金的低效、无效，甚至浪费。

所以需要反复强调的是，产业政策的方向可能容易认定，但在很多时候，政府的强势介入容易引起偏颇。为尽可能防止偏颇，一是要肯定产业政策的贯彻实施必须以经济手段为主；二是要在运用经济手段（如财政资金支持、政策性融资支持）时与市场主体的"自负盈亏、优胜劣汰"机制紧密结合，以阳光化的集体决策机制遴选支持对象，并匹配多重监督、审计机制；三是在经济手段运用中要积极发展"四两拨千斤"式的机制，如财政贴息、政策性信用担保、产业引导基金等，财政补贴则需要特别做好"防止弄虚作假"的信息和制度保证；四是形成全程跟踪的动态优化、纠错、止损机制。总之，产业政策把握得好，会利大于弊，把握得不好，会弊大于利。因此，在设计、执行产业政策时，要努力借鉴经验教训，兴利抑弊，关键还是机制。

《新京报》：2019 年世界贸易组织改革的一个焦点是关于中国的产业补贴政策。未来补贴政策还可行吗？

贾康：要客观看待补贴政策。其实美国一直也有补贴，只不过补贴比较谨慎和相对成熟。比如美国农业领域的政府补贴，有多年的实践经验。又如特斯拉公司的重点产品之一是电动汽车，在开发面临瓶颈期的时候，获得了一笔为数可观的美国能源部的优惠低息贷款（可理解为对融资的补贴支持）。

当然，补贴政策的管理成本较高，很容易滋生弄虚作假的行为，扭曲市场。因此，中国在产业政策手段的应用上要十分谨慎。如果要使用补贴手段，一定要考虑如何把有效市场和"有为、有限"政府结合在一起，在市场充分发挥作用前提下，加上政府理性的、必要的政策组合。补贴还要动态优化，一般应随着行业的发展，逐渐减少对该行业的补贴力度。其实，在价格补贴、亏损补贴之外，还有其他手段可以权衡运用，比如政策性融资信用担保与贴息、产业引导基金、PPP 项目中的财政"可行性缺口补贴"等。

《新京报》：从当前中国经济发展阶段看，中国还需要产业政策吗？需要怎样的产业政策？

贾康：中国当前有使用产业政策的必要性，但必须纳入供给侧结构性改革、理性的供给管理视野之下的系统工程。显然，产业政策的设计和优化必须跟转轨、改革配套，它不是一个简单的技术性和管理性问题，一定要与改革中"冲破利益固化的藩篱"结合在一起，通盘考虑形成动态优化的产业政策和技术经济政策的合理化、可持续机制。产业政策的决策、实施、监督、信息支撑的绩效考评、纠偏、问责、动态的优化机制等，是多个视角组合而成的系统化配套机制。

对我国基础设施与基本公共服务供给条件前瞻性的分析认识

原发表媒体：《财会研究》2013 年第 1 期

作者： 贾康 苏京春

中国作为刚进入中等收入发展阶段不久的发展中经济体，城镇化既有形成长期经济、社会成长动力源的"引擎"作用，又在基础设施和基本公共服务供给条件等方面提出了严峻的挑战。站在新的历史起点上，在弥合二元经济的长期发展进程中，我们需及时总结改革开放的经验教训，对今后几十年内势必展开的若干轮次、若干阶段的基础设施建设与基本公共服务供给条件升级换代做前瞻性考虑，尽量提升供给绩效而减少和避免失误举措。

一、 对于存在问题的简要考察

基础设施和基本公共服务供给条件建设方面的一大特征，是对总体建设规划的水平具有相当高的要求，因为不论是交通、上下水、供电、供暖，还是通信、通邮、涵管等，都必须合理形成一种网络系统，而桥梁、隧道、学校、医院、商场等，则应作为这种网络上的节点而合理布局（俗称"网点"）。一个城镇区域的"顶层规划"，至少应有 100 年以上的眼界，否则便是不合水准的低劣方案。因此，各地"顶层规划"下的基础设施和基本公共服务条件建设，应当与规划配套地具有较充分的前瞻性，要适当打好"提前量"。我国这方面的条件建设，在前面几十年的主要教训是缺乏前瞻性，体现在以下 3 个方面。

（一）因"顶层规划"统筹不到位而不得不在短期内重复施工

作为基本公共服务设施的重要组成部分之一，上下水管道系统和类似涵管、光纤等方面的建设及翻修窘境，近几十年来在全国多个城市为人所熟知。这些多埋藏在地下而与城市道路交通系统并行、共存，一旦涉及建设或翻修，就需要对城市道路"开膛破腹"。在统筹规划不到位的情况下，各地被老百姓称为"马路应装拉链"的现象屡见不鲜，每多做一次路面的挖开和复原，必多一次为数可观的固定成本的投入，同时每一次整修所带来的停水、停电、交通堵塞、环境污染等问题又必给公众生活带来诸多不便，引发不满和抱怨。我国与城市道路交通系统并行的地下管道系统通常有自来水、污水、供暖、地热、光纤、光缆等，种种系统在地下盘根错节、错综复杂，且分别归属于不同的专业管理部门，哪一个系统出了问题，都扯动别家，避免不了大动干戈。规划与建设的前瞻性不到位，某一个系统内的问题往往在一次排查、处理后又于短期内重复出现（比如由于下水管道直径较窄所导致的排水堵塞等），而不同系统内出现的问题通常需要分别施工解决，从而表现为"今日为你开膛破腹，明日为他大动干戈"的熙攘景象。至于某处立交桥因净高不足在建成使用不到 10 年就不得不炸掉重建，某个地标建筑因设计不周在短短几年内经历"热闹非凡的剪彩，颇费周章的拆除"过程的折腾案例，与上述情况实属同类。每次建、每次拆和每次再建，都创造统计上表现"政绩"的 GDP，但总合起来决不是人民之福，实成民生之痛。

除以上的市内中心区典型问题案例外，随着我国道路交通的发展，高速公路建设中也明显存在某些前瞻性不足的问题。北京最长、最繁忙的干道线路之一——八达岭高速，于 1999 年动工，2001 年全线正式通车，总投资 48.85 亿元，全线一期为四车道、二期为六车道。然而，建成没几年光景，便开始出现经常性的堵车局面。时至今日，八达岭高速公路似乎已经不适合称之为"高速"，"一堵九天"的例子使公众视之为畏途而又无可奈何。随着人口、经济、旅游活动和上路机动车数量的激增，八达岭高速显然已无法满足公众需求。当年沈阳—大连间的沈大高速，刚建成时还有人批评"超前了"，没几年却面对拥堵而不得不全线封闭，让施工力量重新进场，全程增建一条车道，历时 1 年有余，百姓怨声不绝。江苏—上海的沪宁高速，建成没几年就塞车严重，因不敢再用沈大路封闭施工的加宽模式，改为逐段单边双向行驶、在另一边加宽的施工方案，同样怨声如沸。有了这么多的教训，应反向思考：若在修建当初，能够将建设的前瞻性与财力预算安排更多地体现"提前量"，总账算下来要合理得多！随着我国城镇化水平的持续提升，相关建设事项中若继续忽视公共服务设施供给前瞻性的问题，那么同类困扰将有可能继续在各地凸显。实践已反复证明：在基础设施和公共服务条件建设中，既要注意防止过度超前、大而无当，又要防止"提前量"不足、反复折腾。但这几十年最主要的教训还是来自于"提前量"不足方面，原想可以紧打紧用节省一些，结果很快落伍，不得不折腾，反倒劳民伤财。

（二）轮次间供给满足需求的区间较短而不得不频繁升级

基本公共服务设施"需求供给双方达到均衡"，意味着该基本公共服务设施恰好能满足公众真正所需。如按照时间序列在一定时期内连贯观察，基本公共服务设施的供给相对于需求，大体上呈现这样的轨迹：伊始表现为需求高涨，政府着手组织供给，总规模适度大于需求，或至少使供给与需求达到均衡，其后需求又高涨，下一轮供给的条件建设不得不再度开始。若前瞻性较高，从"供给大于需求"过渡到"需求供给双方均衡"的区间持续时间较长，下一轮供给开始的时点可以较晚，在全周期内公众满意度较高，从长期看其综合性绩效水平也较高，但对于每一轮次的集中投入规模要求亦较高。任何供给主体的投入能力都是有限的，所以这种设施条件建设只能分轮次逐步"升级换代"地进行。由于规划水准和前瞻性不足是主要问题，我国目前基本公共服务设施建设项目施工后供给满足需求的时间段较短，这在一定程度上表现了初级阶段国力支撑较弱，而同时也往往反映出前瞻性不到位，从现象上表现为短期内便需要扩建或重建，并造成公众满意度的损失等社会代价。首都机场扩张工程十几年内不得不上马三次，是典型案例之一。

（三）部分地域配套事项明显滞后，使综合效益无法如愿发挥

转轨时期基本公共服务设施前瞻性欠缺的另一个突出表现是配套要素到位相对滞后。例如，某些城市近年目标规定下的棚户区改造和保障房建设能够按时竣工，但部分地区供暖、燃气等配套系统并未随之落实。在廉租房、公租房小区内，群众子女入托和入学、老人赡养及就近就医等问题，也未得到配套解决。再如，在一些边远县、乡镇和欠发达地区，"金"字号工程既已落实，各项补贴转入"人头卡"内，但群众因缺乏金融网点而难以取现的情况也时有发生。所以在基本公共服务设施落实的概念内，要有关于必需配套事项的长远打算和足够的前瞻性分析与安排，才能因地制宜、发挥建设项目的正面效应，真正满足民生所需。

二、　对前瞻性不足负面影响的简要总结

基础设施和基本公共服务条件建设缺乏前瞻性带来的主要问

题，至少表现在如下 3 个方面。

第一，重复建设造成的资金浪费。在同一时点下，提升前瞻性的基本公共服务设施供给与不提升相比，是需要更多的资金予以支持的。不过，若将较长时期作为比较区间，提升前瞻性后的供给，可避免重复建设带来的固定成本费用叠加，且有助于提升公众满意度，从综合绩效的角度考虑应更具明显优势。

第二，对社会公众生活带来的不便与不满。主要表现为：反复施工对公众生活带来的负面影响；供给滞后使公众满意度降低，不满情绪上升。

第三，为"寻租"增加机会。在基本公共服务设施的供给中，如高速公路、市政建设、保障性住房工程等，往往需引入工程承包、PPP 模式或采取产品和服务外包的方式，在广纳社会资金为公共服务建设所用的过程中，也于一定程度上带来了"设租""寻租"的风险。虽然我国在加强监管、优化招投标管理方式等方面已做出不少努力，但透明化、规范化程度方面仍有改善空间，非规范的不良行为问题与每一轮供给环节仍存在"设租""寻租"空间相关而处于高发状态，加之已形成的利益集团存在强大的关系网，资金绩效管理体系往往难以有效形成，还有可能引致前瞻性不足与寻租机制相互激励、"越寻租-前瞻性越差-越不规范-越易寻租"的恶性循环。

三、 4 条对策建议

我国现阶段正值提高城镇化水平、全面推进基本公共服务均等化、逐步扩大社会福利覆盖范围及稳步提高各项福利水平的历史进程中，在基础设施和基本公共服务条件建设方面应特别注重从以下4 个方面考虑，提升供给的前瞻性与绩效水平。

（一）以全口径预算约束为财力后盾，创新投融资乘数机制，支撑建设的前瞻性

提升前瞻性决不意味着盲目提升基本公共服务设施的供给水平，而是力争在较长的时间段内、在可预见的前提下，以可供支配的全口径预算财力作为约束条件和财力后盾来提升建设的前瞻性，量力而行、尽力而为。考虑可用财力规模的同时，特别应当积极考虑投融资中如何提升"四两拨千斤"式乘数、放大效应、拉动民间资本、社会资金跟进，打开机制创新的潜力与放大能力空间。

（二）以高水平战略规划指导顶层设计，预留长期发展的动态优化空间

提升前瞻性要以目光长远的科学预测为基础，以高水平的全局顶层规划为依据。作为转轨时期的发展中国家，我国需要以各政府辖区动态优化的发展战略目标为方向，以科学合理、有远见卓识的顶层规划方案覆盖建设全局，避免动辄挥金如土、大动干戈地反复折腾，尽可能地为长期发展预留动态优化空间。应主推"打出适当'提前量'的优化建设"，实质性地减轻中长期的财政压力，同时减少公众不便和不满。要切实利用供给前瞻性，在落实民生改善工程中提升公众满意度。

（三）以统筹为原则，提升配套前瞻性的实现手段

以统筹为基调和原则，意在强调在基础设施和基本公共服务条件建设中注重矩阵型组织管理，在财力为预算约束的前提下通盘安排全面供给的框架和内容，力求科学细化、因地制宜。一些已有进展的实现手段，如城镇建成区的全覆盖"共同沟"方式（所有地下管网、线路等均入此沟），应充分予以重视，加快推广。

（四）以公开透明为前提，发展"参与式预算"，提升资金使用的前瞻性和有效性

为逐步提高我国基本公共服务设施供给的资金利用率，应注重政务和预算信息公开制度建设的推进，鼓励浙江温岭等地"参与式预算"形式的理财民主化机制构建和发展，探索更多地依公众诉求进行建设项目优化等级划分和轻重缓急安排，并丰富和发展多种具体的资金监管方式。资金使用的透明度是提升资金利用前瞻性的重要相关因素。以北京机场高速为例，根据 2008 年 2 月审计署公布的数据，该高速路从 1993 年建成首次通车到 2005 年年底，收费累计达到 32 亿元，且剩余收费期内收费还将达到 90 亿元，而机场高速的总投资额仅为 11.65 亿元，公众对于这种既已还清贷款还要强制收费之事非议颇多。这一事例虽直观地表现了首都机场高速路收费定额前瞻性的缺乏，但更为实质性地体现出的主要问题是公众对不透明资金管理与使用的不信任。这种不信任和不满，最终使得首都机场高速路在强大的舆论压力下将原来每次 10 元的收费降为单向和每次 5 元。其实，如能将机场高速收费收入较充分地透明化、阳光化，以及把用途细化，该资金完全可以正大光明地滚动式用于其他相关基础设施（如首都第二机场相联高速路）的建设。若各项基本公共服务设施投建之初都能够前瞻性地考虑到资金回笼和支出的审计监督和信息透明度，那么预期的可得资金便可正大光明地支持后续的滚动开发建设，从而加快我国基本公共服务条件的提升和民生的改善。

第二章
房地产经济走向何处

宏观经济企稳与楼市展望

时间： 2018 年 8 月 11 日

地点： 北京

会议： 中国不动产金融行业联盟金融专委会常务会议

就宏观经济企稳向好与楼市展望，我分两大层次谈一谈自己的看法。

一、 宏观经济运行的基本特征

2015 年下半年以来，中央要求我们认识、适应和引领新常态过程中要完成经济"L 型"转换。L 型的具体表现是，从 2015 年下半年开始至今长达 3 年的时间里，我国宏观经济在 6.7%~6.9% 这个很窄的速度区间内运行，并且已经进入平台状运行的中期——经济学上观察问题，3 年为中期，5 年就是长期了。所以，宏观经济企稳向好表现已经非常明显。当然，在企稳向好的过程中，地方政府、市场主体经受了一定程度的阵痛，但是在考验之下，不出意料，经济增长实现了从原来的高速向中高速的"软着陆"。这一"软着陆"过程进一步体现了中国作为世界上最大的发展中经济体的市场潜力。这种市场潜力的激发，是以我国改革开放一系列努力所形成的成果累积为支撑的，也与引领新常态过程中，在中央特别强调的以供给侧结构性改革为主线来构建现代化经济体系这个指导方针之下，我国进一步优化结构、推进高质量发展密切相关。所以，是供给侧结构性改革优化结构、推进高质量发展支撑了我国经

济的 "L型" 转换。现在来看，我国经济在平台上运行已经形成了一定的惯性，如果不考虑其他特别因素的影响，加之市场上形成了普遍向好的预期，那么经济 "向好" 有望稳固下来。

当然，最近几个月出现了新的情况，最具代表性的事件就是中美之间的贸易摩擦。贸易摩擦带来的影响首先是不确定性。短期来看，贸易摩擦虽然给心理上造成了压力，但其对实际经济运行的影响，并不会像有些人说的那样，一下子大祸临头了。中国经济会不会出现断崖式下滑？答案是：不可能。因为从我国经济增长的贡献来源看，这几年外贸进出口对 GDP 的贡献是在下降的，而与此同时，内需做出了更大的贡献。2018 年上半年，我国外贸经常账户呈现逆差，而同时资本净流入又冲抵了一部分经常贸易的赤字，所以，我国外汇储备总体来算并未减少。这些情况扑朔迷离，带着不确定性，需要我们继续观察。

无论这种不确定性如何演变，甚至中美关系进入一个新阶段之后，有可能出现更多的矛盾和摩擦，并表现为长期化，但是，如果再往前看 3—5 年，比较大的可能性是，在相互调适和妥协以后，中美两国关系会找到一个新的平衡点。原来的平衡被打破，经过磨合，新的平衡点慢慢形成。在此期间，中国经济和美国经济都会受到影响，但影响可能不会很大。回看改革开放 40 年，我国经济十分接近两位数的高增长。做好中国自己的事情，经济增长的潜力仍然巨大。所以，在不确定性之下，中长期经过一定的调适之后，不仅中美之间的贸易不可能归零，而且中国和其他贸易伙伴之间的贸易也会更为兴旺，比如欧洲、日本、东南亚、南美洲及其他发展中国家和地区。调试之后，我国经济的增长速度最大可能性是仍然处在中高速通道。对经济的中高速增长，我们不要太计较到底是 6%

还是 6.5%，关键是要抓住结构优化，提高增长质量。中央强调"提高全要素生产率"，而全要素生产率的提高，靠的是科学技术这个"第一生产力"，以及我国制度创新代表的"最大红利"。应抓住"不平衡"矛盾的主要方面，使结构优化，促进供给更有效、更充分地满足人民日益增长的美好生活需要，以及中国现代化升级发展的需要。

未来几年，即便外贸领域遇到更严峻的考验，我国经济也能以 6% 或 6% 以上的速度继续运行。兑现"2020 年全面建成小康社会"的目标，仍然没有任何悬念。因为要实现"十三五"期间对接全面小康社会，只要保证年均经济增长速度在 6% 以上就可以了。除此之外，还有社会政策托底：对"精准扶贫"，中央已经要求各地下"军令状"，地方官员在区域内没有达到精准扶贫目标的，第一不许调动，第二不许升迁。全面建成小康社会以后，我们真正的考验是如何跨越"中等收入陷阱"。现在我国人均国民收入为 9000 多美元，要争取提高到 1.3 万美元以上。到那个时候，我国便进入了发达经济体的行列——当然是刚刚跨过发达阵营的门槛。再往后，在中央供给侧结构性改革的指导之下，我国还将对接"2035 年基本实现社会主义现代化、21 世纪中叶建成社会主义现代化强国"的目标。从长远战略来看，抓全要素生产率一定是我们的希望所在。

贸易摩擦不是好事，但我们可以变压力为动力，把坏事在很大限度上变为好事，促使我们"更好地做好自己的事情"。我们能选择做好的自己的事情，第一是坚定不移地推进改革。改革到了深水区，如履薄冰，虽然压力更大了，但一些具体领域的改革反而可能推进得更坚决。比如，我们说了很多年的国税、地税合并，2018 年开始正式实施，方便了企业，减少了行政成本。另外一些改革与此有类似的逻辑——在外部压力下，要有更大的决心去推动。第二是进一步扩大开放。在 2018 年博鳌亚洲论坛上，习近平总书记明确指出，"大幅度放宽市场准入""放宽外资金融机构设立限制""降低汽车进口关税，同时降低部分其他产品进口关税"。之后，金融业扩大开放和改革的十几条具体措施公布。这就是"做好自己的事情"的鲜明体现。

进一步改革开放与扩大内需是相辅相成的。一方面我们继续在多边博弈之中扩大开放，与全球做生意；另一方面，我们国内有巨大的投资潜力。所谓有效投资、聪明投资，可做的事情比比皆是。以北京为例，地铁网络建设还需要很多年，最后至少要达到纽约、东京那样的国际一流水平——轨道交通网四通八达、密度足够，而且要特别借鉴东京的经验，即轨道交通网立体化。东京做到了三层甚至四层立体化联通，其街道并不宽，但基本不会发生严重堵车。国际经验是要把大量的资源动用起来，形成高水平的基础设施支撑。仅轨道交通网就要配多少个机动车辆停车位？粗略测算，北京目前有将近 300 万个停车位缺口。这些停车位不建行不行？肯定不行。北京现在的限购机动车办法并不是长远之计。北京还要耗费很多年建地铁、停车场和停车位，这需要大量投资跟进。建议引入 PPP 机制，它是全要素生产率概念下的创新机制。

我国建设发展的空间潜力是客观存在的。如果处理得好，在跨越"中等收入陷阱"以后，就有望一步一步实现现代化"中国梦"的愿景。

二、 楼市展望

客观地说，我国的发展前景必然是工业化、城镇化结合房地产业纵深发展的过程。从工业化来看，我认为，目前我国仍处在工业化的中期。城镇化方面，把户籍人口的城镇化率（43%）与常住人口的城镇化率（59%）结合起来看，我国真实的城镇化率可能只有约50%。国际经验表明，真实城镇化率到了70%左右，才会从高速发展阶段转入低速发展阶段。由此可见，我国城镇化率至少还有20个百分点的空间。如果每年提高1个百分点，那么我国城镇化还将有20年的高速发展期。这此过程中，建成区要不断扩大——从全国范围看，100多个百万人口规模以上的城市，绝大多数都要扩大建成区。不论是否需要控制人口总规模，各城市基础设施都还要不断投入，不断建设，不断升级换代。其后一轮一轮的产业互动、一轮一轮的人力资本培育和更高质量的产业升级等，也会不断释放需求。也就是说，我国在弥合二元经济结构过程中，城乡一体化的发展要有更高的水平，而所得到的将是全球供给的回应。

在和平与发展的时代主题下，我们要抓住城镇化这个重要的引擎和动力源。城市建成区不断扩大，房地产必须是越来越多的人进城定居所需要的"住有所居"的支撑条件。未来几十年，我国约有4亿人将从农村到城镇区域居住。若不满足人民群众对美好生活的需求，不组织有效供给，现代化的结果将是：此路不通。所以，我们一定要把握这样一个最基本的判断。然后，在此大背景下，在巨量需求释放的过程中，要更好地组织有效供给。

在此要特别强调一下中心区——其土地供给稀缺，面积也不太可能无限扩大，于是很容易形成土地的"自然垄断"，而在自然垄断土地之上的不动产，往往处于"卖方市场"，这就不是在一般的要素流动中能解决的问题了。这在经济、社会发展过程中体现为，中心区土地的使用权谁先占了，别人就不能用了，同时又不能通过扩大中心区来供地。当然，有些地方在土地控制上过于僵化，又加剧了这个矛盾。其结果就是,我国楼市"越调越涨"。如果仅抑制需求(即有支付能力的购买力),是无法形成长效机制的,因为民众收入在不断提高,越来越多的人希望在中心区购买产权房。在此过程中,有效供给和结构优化调节处理得不好,加剧了"越调越涨"的趋势。一线城市及几十个二线城市都用了最严厉的行政手段控制房价,比如限贷、限购,甚至限价,结果仍是微涨。与此同时,只要行政手段没有覆盖的区域,包括三四线城市,房价都在继续上涨。这符合前面所说的城镇化大趋势,也符合工业化伴随的城镇化及人民对美好生活的追求,越来越多的人进城成为市民,体现着他们需要获得住房的有效供给。随着劳动收入和其他要素收入的提高,有支付能力的购买力不断增强,人们要在竞争中购买住房,这是一个必然的过程。关键就在于,我们怎样使这个过程更健康。

"越调越涨"不健康,"治标不治本"不健康,所以,就必须标本兼治,寻求"治本为上"。早在 2016 年,中央经济工作会议就提出,加快研究建立符合国情、适应市场规律的基础性制度和长效机制。而长效机制的建立,靠的是基础性制度的打造。只有基础性制度建设总体处理好了,楼市"越调越涨"的矛盾才可能得到缓解,长效机制随之才会开始显示它重要的"有效供给"功能,楼市的健康程度也将逐渐提高。

按照这个思路,我有以下 4 点展望。

第一,未来 20 年,我国楼市仍然面对巨大的需求和发展纵深空间。根据前面的分析,这是一个显而易见的判断。

第二,我国楼市需要抓紧打造基础性制度建设,唯有如此,才能增加有效供给,并在有效的制度约束下,达成"房住不炒"的良好愿望,进而促进楼市的健康发展。

第三，展望未来，我国楼市将在市场分化中，以成交均价表现为至少还有 10 多年上扬曲线大模样的发展过程。我认为，楼市的发展将在市场分化中进行，这一特征在 2010 年以后已经至少有两轮体现。在 2014 年楼市走下坡路时，三四线城市房价迅速回落，而北京五环以内房价的抗跌特点鲜明。从全国范围看，不同地方的房价走势分化非常明显。在市场分化过程中，未来十几年成交均价上扬曲线的基本模样，是没有任何力量能改变的。虽然这个大模样不会改变，但是成交均价在实际决策中的参照意义将明显降低。因为不管是开发商，还是购房者，所处理的都是个案，拿成交均价来对照个案，显然是不合理的。因此，必须具体问题具体分析。楼市参与者，包括开发商、购房者等，一定要定制化地考虑自己所处的市场环境，比如所在的城市属于什么发展水平、房产处于哪个地段、要交易的房产属于什么类型等。

第四，未来形成长效机制，实际上是涉及楼市健康发展的大思路。

从全局来看，楼市不能只强调"市场轨"，它还伴随着"保障轨"。所以，我们要从"双轨统筹"这个角度理解满足人民群众需要、增加有效供给的问题。在"保障轨"上，现在一定要增加供给。由于廉租房实际操作困难，现在其已被并入公租房概念。公租房就是托底的"保障轨"上的供给。长租房也在积极发展，它不一定针对低收入人群，而更可能面向年轻白领。虽没有"托底"的政策特点，但长租房仍需要政府规划、制约房租水平并尽可能拉长租期，给入住者以稳定感，改善他们的预期。另外，共有产权房有可能是比重迅速提升的一种有效供给形式，它非常适合我国国情特点和社会心理特点。比如，年轻人能以较低的房价购置共有产权房，等过几年收入提高之后，还可以按照约定出资获得完全产权。共有产权房以后应该作为增加有效供给的一个更为积极创新的"重头戏"。

这些"保障轨"上的有效供给，它们并不表现为楼市均价，但属于必要的"托底"部分。如果按照重庆 35% ~ 40% 的住房供给来满足社会"夹心层"人群的需求，对中低收入群体提供有效供给，让他们住有所居，而具备实际支付能力的中产阶级在竞争中去购买商品房，那么，房价的杀伤力就会大打折扣，我们就没有必要再揪着成交均价不放了。如果"市场轨"达到了这个境界，那么，对房价的调控将从主要依靠行政手段逐步转为以经济手段为主。

经济手段包括近些年争论不休的房地产税。我主张开征房地产税的观点很鲜明。2018 年政府工作报告释放出了"稳妥推进房地产税立法"的信号。我认为，不进入立法程序，只一味争吵没有意义。进入立法程序之后，各方能一起理性地摆论据、进行辩论，寻求最大公约数。中央说得很清楚，立法以后，对地方充分授权，不会全国"一刀切"。地方在充分授权的情况下，根据自身的实际情况，有必要再开征。

不过，我国房地产税关键的设计，不能照搬美国房地产税普遍征收的模式。从我国国情看，"第一单位"的扣除非常重要。针对人均 40 平方米免税的方案，我在互联网讨论中留意到一种以假设情况为前提的反对意见：一家 3 口人住 120 平方米的房子，按此方案正好无须课税，但假如其中一位家庭成员由于意外事故不幸亡故，其他家庭成员正在悲痛之时，税务部门却找上门来，说由于人均房产面积发生变化，需要交纳房地产税了。这种情况一旦发生，政府会非常尴尬，老百姓也会很痛苦。所以可以考虑先搭建一个较为宽松的制度框架，比如首套房不征税，从而避开上述假设问题。如果考虑到有可能引发"离婚避税"的问题，就需要政策设计上斟酌更加宽松的措施，比如单亲家庭首套房免征税、双亲家庭前两套房免征税。这样一来，全社会的接受程度会大大提高。当然，这只是一种讨论，到了具体的立法过程中，我们应该充分地进行辩论，来寻求最大公约数，争取尽快把房地产税的制度框架建立起来。

总体来说，经济手段替代行政手段是大势所趋。以 2011 年北京"钓鱼台 7 号"楼盘为例，当时开发商挂出了每平方米 30 万元的高价，遭到了舆论的普遍质疑。政府迅速派出工作组介入调查，责令其停售、整顿。该楼盘均价调整为每平方米不超过 15 万元之后，才恢复出售。这个结果似乎皆大欢喜。但仔细琢磨后不禁会问：这个问题真的解决了吗？房价被压到了每平方米 15 万元，就跟一般老百姓有关系吗？照样一点关系都没有。政府从中受益了吗？答案也是否定的。不仅如此，政府还少收了一部分税收。真正受益的是那些有支付能力的人。

为促进未来楼市健康发展，政府在其中要做到以下 4 点。

第一，管规划。现在我国把首都副中心放在了雄安新区，另把北京城市副中心放在了通州区，要争取规划水平能经受住时间的考验。

第二，管托底。政府要牵头，积极动用社会力量，比如通过PPP 等方式，推动保障房供给尽快到位。

第三，管规则。保障房成本要管理到位，不能让人浑水摸鱼；"市场轨"要讲公平竞争、讲法治。

第四，管税收。全球市场经济经验证明，"市场轨"上直接税的调节必不可少，中国也不可能缺席。在税收调节之下，如果我国房地产市场能基于高水平的国土开发规划，同时又有"保障轨"托底，那么，开发商作为市场主体的活力将会充分释放，它们会逐渐适应结构优化导向之下的市场需要，提供多层次、多类型的住房。

房地产市场主要问题与基础性制度建设的出路

时间：2018 年 12 月 15 日

地点：北京

会议：北京大学经济学院房地产论坛

一、 对房地产概念的基本认识

第一，应该明确认识到，房地产业是我国国民经济的支柱产业。这里的房地产业是广义的概念，其中也涉及建筑业。之所以说房地产业是国民经济的支柱产业，是因为我国工业化和城镇化的发展还有非常可观的纵深空间。

就工业化水平而言，我认为，不能简单照搬国内外一些学者的判断，即人均国民收入接近 1 万美元，就可以认为到了工业化后期。其实，我国沿海地区已经具备了一些工业化中后期的特征，而中部地区和西部地区仍处于工业化初期或中期的水平。总体来看，我国工业化正在经历一个从中期向中后期转变的过程。我国经济后面的纵深发展，对应了一个世界最大人口规模的市场，以及与工业化相伴的城镇化所形成的成长空间。

看城镇化率，不能只看常住人口的城镇化率，更要看户籍人口的城镇化率。把户籍人口的城镇化率（43%）与常住人口的城镇化率（59%）结合起来看，我国真实的城镇化率可能只有 50% 左右。以北京为例，很多常住人口并没有获得户籍，原因是城市基础设施支撑能力有限，只能实施户籍限制。

国际经验表明，真实城镇化率到了 70% 左右，才会从高速发展阶段转入低速发展阶段。由此可见，我国城镇化率至少还有 20 个百分点的空间。如果每年提高 1 个百分点，那么，我国城镇化还将有 20 年的高速发展期。这意味着，至少要到 2035 年我国基本实现社会主义现代化之后，这个过程才可能告一段落。在此过程中，我国将有几亿人口从农村转向城镇，最迫切是城镇化建设能够提供足够的支撑，使他们得到一视同仁的市民待遇。面对"人民日益增长的美好生活需要"，我们要组织有效供给，其中包含多轮基础设施扩建和产业升级，以及人力资本培育的升级。

在我国弥合二元经济过程中，新型城镇化、城乡一体化发展释放了巨大的需求，如果处理得好，所得到的将是全球供给的回应。直观的表现是，我国众多中心区要不断扩大，现在已经有 100 多个百万人口规模以上的城市，以后这样的城市还会增加。相关基础设施和不动产的巨大需求随之释放，而如何形成有效供给，就涉及国民经济发展过程中非常重要的支撑力量问题了。具体表现在产业形态上，这个支撑力量就是我们所说的带有广义特征的房地产业。

第二，在广义房地产业概念之下，需要对房地产形态做必要的区分。从实物形态上看，至少有工业用途、商业用途和住房所用三大类不动产。它们的开发既有区别又有联系。在供给侧结构性改革过程中，为了更好地发挥作用，政府有一个无可回避的任务，即对连片国土的开发要做到"规划先行、多规合一"。中外理论研究和实践经验都证明，无法依靠微观市场主体和局部的地方政府、基层单位试错，来形成高水平的规划结构特征。因此，政府一定要牵头做工作，组织专家力量，充分听取社会各方的诉求，凝聚民间智慧，形成高水平的"顶层规划"。这是我国供给侧结构性改革中有效供给管理的一个重要组成部分。

　　我们已经在半个多世纪的时间流逝之中，感受到了北京在此方面的经验和教训。不动产一旦形成，想将原来的格局推翻、重来，代价极大，往往也是不可能的。比如，之前北京拆除了不少老城区的部分，现在想恢复是不可能了。如今，北京中心城区出现了种种问题，而要真正解决问题，不得不实施新的顶层规划。北京现在明确了新建两个中心：一个是通州副中心；另一个是河北雄安新区。我们希望这一轮顶层规划能够经受得住历史的考验。在实际生活中，我国还需特别注意人口大国的"胡焕庸线"特征——96%以上的国人在只占40%国土面积的东南半壁生息。所以，提高中心区、建成区土地的集约利用程度非常重要。实际上，我国工业用地的粗放开发和低效利用特征相当明显。在住宅用地方面，以后我们也要讨论如何尽可能合理地提高容积率。当然，因住宅类型不同，有些人希望获得较低的容积率，以体现生活质量。顶层规划层面要尽可能高水平地掌握和化解这些矛盾。对政府部门来说，这是无可回避的牵头责任。不过，在实际中，土地规划又会碰到各个部门的既得利益，它们各自有自己的规划，比如经济发展规划、城乡建设规划、产业布局规划、公共交通体系规划、环境保护规划等，各个部门在规划方面都认为自己是对的，都认为自己的主张应该付诸实施。如何有效地克服不同部门之间的偏见、协调不同部门之间的偏好，进而高水平实现多规合一，对于整个政府体系来说都是一种考验。

　　第三，最近一二十年，中国房地产市场明显经历了房价（实际上是统计意义上综合形成的均价）成为热点、痛点的演变过程。房地产成交均价表现了市场的起伏，前期房价总体上一路上涨，最近

10 多年间，房价呈现上涨、趋稳、局部回调交织表现出来的波浪式发展特点。总体上给人的感觉是，房价前期更多的是"越调越涨"，"单边市"的特征明显，但 2013 年以后到现在，市场分化的特征变得越来越明显。比如 2016 年"9·30"新政之前的大半年里，整个社会关注点出现了 180°的转向。2016 年年初，中央强调"去库存"，房地产市场随之关注去库存；到 2016 年下半年，由一线城市带动，房地产市场迅速升温，国家不得不出台了"9·30"新政，全社会又开始讨论如何给房地产市场降温。其实，房地产市场"冰火两重天"的基本局面没有改变，只不过重心在转换。在从"单边市"转变为"冰火两重天"局面的市场分化过程中，副作用体现在哪里？直观地说，就是房价振幅过大，造成人心纠结、焦虑。中国城镇化的发展空间相当可观，但城市中心区不断扩大，总是伴有供给相对于需求的滞后。这是因为中心区不动产的前置条件——土地是自然垄断的，必然造成卖方市场的特征。所以，在中国城镇化没有完成高速发展阶段之前，房地产市场均价将呈现上扬曲线的基本模样。

在中国房地产市场分化过程中，房价起伏给社会带来的副作用明显。一方面民众怨声载道；另一方面，政府方面也相当焦虑，倍感压力沉重。以珠海为例，作为特区之一，多年来，珠海一直希望形成一个有产业支撑的、更强劲的经济局面，但这一强有力的发展局面却受到它所在辖区房价走高的制约——其他产业流入受到了高房价的排挤。只需要投资房产，就可以获得相当可观的回报，谁还愿意在实体经济的产业升级方面投入资金和精力呢？地方政府并不想抬高辖区内的房价，但是这些错综复杂的矛盾已经交织在一起。房市热的时候，地方政府相当难受；房市冷的时候，地方政府同样难受。在房市回调时，很多地方政府在收入明显支撑力不足的情况下，还必须贯彻发展战略，致使收入机制发生了明显的扭曲，以隐性负债形成资金力量；或者，在房市景气之时，地方政府逮住机会，迅速实行土地批租等操作，争取获得足够的收入，以支撑其达成任期内的政绩目标。至于自己之后的政府该如何筹集资金，就不在考虑范围之内了，短期行为特征非常明显。诸如此类的矛盾交织，是我们无法回避的现实。

中国的房地产调控不能说没有成绩，但总体来说是"治标不治本"。这一结果说明缺乏中央特别强调的基础性制度建设。没有供给侧的基础性制度建设，便无法实现中央决策层早就提出的中国房地产业的健康发展要有长效机制这个目标。在"热也难受、冷也难受"两头焦虑的情况之下，如何寻求真正能打造长效机制的出路，就成为一个不得不特别重视的挑战性问题。

二、 房地产市场的三个特点

以下三点需要特别加以关注。

第一，现在很多一二线城市已经基本没有当期炒房造成的泡沫了。从北京看，不仅现在没有炒房空间了，而且限贷、限购、限价等措施已经伤及不少刚性需求和一部分改善性需求。在某些城市出现的饮鸩止渴式的"限价摇号"，更是一种带有荒唐意味的操作方式。例如，一个新开盘的住宅区，其周边房产均价为5万/平方米，但由于政府实施了"限价摇号"措施，该住宅区房价被硬压到了2.5万元/平方米。民众纷纷参与摇号，摇到房子的人欢天喜地，因为房价比周边小区均价低很多。剩下没有中签的人似乎还心存希望，等着参加下一轮摇号。但是，基本经济学理论让我们不得不发出这样的疑问：需求被抑制之后，供给跟上了吗？开发商的积极性怎么样？如果开发商对这样的限价住宅区建设没有积极性，摇号中签率会不会越来越低？仔细分析一下就知道，这种做法是没有长远出路的。回归到商品经济、市场经济的常识来看，要考虑打造供给侧能大体适应多样化需求的长效机制，以便更好地满足刚性需求和改善性需求。以行政手段压制有效的货币购买力是权宜之计，有无可奈何之处，但没有把行政方式长期化、固定化的任何正当理由。

第二，我们要承认住房空置率是很高的。住房空置率高，不仅反映了资源配置的效率低，而且折射了民众在财产保有量上的悬殊差距，以及悬殊背后的不公平、不合理。一方面那么多的"房叔""房姐"每个人控制多套房子；另一方面，一些刚性需求和改善型住房需求主体，迟迟无法得到自己梦寐以求的房子。实际上，人均住房面积 35 平方米掩盖了很多矛盾，数据的意义是十分有限的。当然，它也表现了中国社会的成长和发展，但只看房产成交均价和人均住房面积，很容易掩盖民众财富持有量的巨大悬殊。比住房空置率高本身更值得我们深思的是现在中国社会的弊病。不只是城市，很多乡村房屋的空置率也还相当高。比如，农村很多房子看上去像模像样，但是常年空置，"空心村"的情况也比较普遍。

第三，大量三四线城市面临去库存的压力。客观地说，一二线城市房地产市场前些年形成的泡沫，已经被市场自调节过程消化掉了一部分，再往后就是如何降低空置率的问题了。而如果三四线城市迟迟没有好的制度供给来调节和约束的话，很容易重现前些年一二线城市的"炒房"过程。在缺少行政手段限制的情况下，市场力量的内在逻辑决定了"热钱"快进快出的行事风格，它们往往倾向于通过"炒房"取得超额利润。这将给三四线城市房地产市场带来泡沫化的可能性。

三、 房地产市场的出路

解决问题的出路，少不了重要的制度建设，如下。

第一，基础性制度建设必须啃土地制度改革这个"硬骨头"。在土地制度改革方面，可以观察和跟踪重庆的基本农田占补平衡前提下的"地票"制度和土地收储制度，以及在实践中值得我们特别注意的"深圳模式"，即把辖区之内所有土地归于一个法理上的国有土地大平台、取消集体所有土地的概念而带来的可能解决方案。实际上，"地票"制度和土地收储制度既对接市场，又是政府对辖区土地连片开发做顶层规划所形成的尽可能兴利除弊的制度安排总和。重庆推出"地票"制度、土地收储制度，加上保障房制度建设及房产税的先行试点，在"9·30"新政前后，其实在实践层面已经很好地发挥了这些制度的作用——在实践中，制度建设确实起作用了。这些制度建设如果能够保持并稳定下来，它们一定会起到正面效应。我们专门对深圳的基本经验做了调研。深圳明确了其辖区所有土地的终极所有权属于国有。对于过去集体所有土地上的住房和相关不动产，经过谈判之后形成了利益兑现方案，分步骤逐步消化解决。最终，深圳可以在一个国有土地平台上规范处理土地使用权的交易问题。这些城市的实例值得我们从攻坚克难的视角加以跟踪、总结，从而推进中国必须解决的土地制度改革问题。

第二，住房制度建设要"双轨统筹"，不能只讲商品房市场的房价，而忽略了"保障轨"。最托底的保障房主打两种形式：公租房和共有产权房。按照重庆的经验，要保证40%的社会成员靠保障房实现住有所居，剩下60%的中产阶级和更富有的社会成员则在竞争中购买商品房。如果能通过"保障轨"基本满足低收入阶层和收入夹心层的住房需求，那么商品房这一"轨"上的房价高或低，杀伤力就没有现在这么大了。

第三，投融资制度建设要跟进。房地产市场需要大量的资金来支持片区开发和不动产的形成。其中，制度创新特别关键。城镇化建设不仅涵盖不动产的形成，还伴随着公共交通体系建设、环境保护等一系列配套内容。比如，北京仍在千方百计地加快轨道交通网建设。只有这样，才能缓解公共交通体系严重拥堵的状况。需求在增加，供给也应增加，但总体来看，公共交通供给现在还未能有效地满足需求。在中心区域，大量的通行需求只能通过轨道交通网建设来解决。在此方面，可对接 PPP 机制。缺少此项制度创新，中国超常规的现代化发展是有难度的。所以，当下对于 PPP 规范发展的要求，应该是波浪式发展过程中暂时的"稳一稳"，而决不是"叫停"。

第四，加快房地产税立法。这里的房地产税，就是上海、重庆两地试点的"房产税"的概念，即通过法定的税收机制形成持有成本。房地产税的正面效应是多方面的：体现在房地产市场方面，它将通过利益的影响和预期的改变，使供需得到更好的匹配，从而减少房产空置率，使成交价格走向沉稳，同时促使需求方引导开发商（供给方）更多地提供中小户型，提高土地集约利用程度。这是房地产市场健康发展必须匹配的、所有带有现代市场经济特征的经济体都已证明了的必须推进的制度建设。它并不一定能使房产成交价迅速往下走，但会使这条上扬的曲线变得不那么陡峭，特别是长远来看，能够弱化房地产市场大起大落的特征，并减少由此给社会方方面面带来的不良影响。可以说，房地产税是促使房地产市场健康发展的"压舱石"。

另外，在推进地方税体系建设中，房地产税也是一个重头戏。

未来很多地方政府所管辖的区域在税制走向现代化一定阶段以后，房地产税会慢慢成为稳定的收入来源，而且这种收入来源是与地方政府职能的合理转变相内洽的。地方政府一旦认识到不动产、住房保有环节能形成稳定的收入来源，自然就会知道：只要专心致志地优化本地投资环境、提高本地公众服务水平，辖区之内的住宅等不动产就会进入升值轨道。房地产税也能调节收入再分配、优化财产配置并缩小财富持有量的差距。同时，民众在受到税收调节时，会主动监督税收的去向，倒逼政府阳光化、透明化，从而法治化、民主化的制度建设自然也会跟上来。

有人认为，中国房地产税的开征有法理上的硬障碍。我们已经做了论证，基本结论是不存在法理上的硬障碍。比如，土地的国家终极所有权和政府征税权是否冲突？简单地说，国际经验并没有表明，只有最终产权是私有的土地，才能开征房地产税。英国是工业革命发祥地，也是较早形成地方政府对住房保有环节征税制度的国家。英国房屋下面的土地权属分为两类：一类叫 Freehold（对土地有终极所有权），另一类叫 Leasehold（通过租赁契约取得地皮的使用权）。Freehold 最终的产权非常清晰：住房产权主体同时也拥有土地的所有权。而 Leasehold 对房屋下面的土地以合同形式规定了使用年限，土地最终所有权在别人手里。无论是 Freehold，还是 Leasehold，英国一致征收"市政税"。因此，"只有私有土地上的房屋才交房地产税"，在国际上并没有这个经验。

但是，中国的房地产税也不能照搬美国的普遍征收办法——美国征税的基本逻辑是，只要你有自己的住房，就要交税。即使你生活遇到困难，但只要是房屋产权的主体，就必须缴纳房地产税。中国不能如此，我们必须考虑做"第一单位"的扣除，即要有免税部分的处理。我认为，可通过加快立法，在立法过程中大家一起理性地发表意见、加以讨论，寻求"最大公约数"。一拖再拖只是带来无休止的争吵和情绪宣泄，意义不大。我们要贯彻中央精神，加快立法，然后适时推进改革。立法一旦启动，接着就应该公布相关法律草案的全文，听取全社会的意见，使各种论点、论据得到充分的表达。这是中国社会进步必须要走的过程。

四、 两点学理方面的探讨

第一，我不同意这些年房地产市场热度过高是因为货币供应量过大的说法。货币供应量是单一指标，典型的是广义货币供应量。如果说广义货币供应量增长过快，那为什么它只支持一二线城市房价，不支持三四线城市房价？为什么只支持房地产，不支持实体经济？在这个总量指标之下，一定要结合其他因素一起讨论。我们不讳言，货币政策的宽松或收紧确实对房地产市场有影响，但不能说是货币的过量供应造成了房地产市场的过热。

第二，我认为，地价和房价的关系不是简单的地价决定房价，也不是有人所说的"鸡生蛋、蛋生鸡"的问题。从一个较长的时段来看，在"市场轨"上，一定是开发商对市场进行研究和预测、对提供成品住房这个"面包"可能获得的收益做到心中有数之后，才决定以什么样的对价去买"面粉"。如果你认为地价决定了房价，那就太简单了。政府以行政手段压住了地价，问题解决了吗？答案是：没有。要想真正遏制"炒作"的力量，还是要回到基础性制度建设上来。

新时代包容性房地产经济制度构建研究

原发表媒体：《中共中央党校学报》 2018 年第 2 期
作者： 贾康 郭建华

党的十九大报告在提出"新时代"这一以建成社会主义现代化强国为战略目标的新的历史方位时，明确指出，我国社会主要矛盾已转化为人民日益增长的美好生活需要和不平衡不充分的发展之间的矛盾。人民美好生活需要离不开好的居住条件，总的取向是人人住有所居。现实生活中，我国一大批中心城市自 2016 年以来出现新一轮房价快速上涨，再次把房地产推向"风口浪尖"，相关矛盾更为凸显。建立房地产健康运行长效机制，让住房进一步回归居住属性，坚持"房子是用来住的、不是用来炒的"定位，让全体人民住有所居，成为满足人民群众日益增长的美好生活需要的应有之义和必然举措。在 2016 年中央经济工作会议强调房地产领域健康发展"长效机制"需依靠"基础性制度"建设之后，党的十九大报告又提出明确要求："加快建立多主体供给、多渠道保障、租购并举的住房制度。"这使得"让全体人民住有所居"的目标，更加明确地具有了以"包容性"为核心内涵的制度建设方针指导与引领机制。

在此，基于对房地产现状的深入分析，从基础性制度建设着手，探讨新时代如何构建包容性的房地产经济制度，形成其健康发展的长效机制。

一、　我国房地产领域面临制度供给不足和包容性短板

20世纪90年代我国启动分税制财政体制和住房制度改革以来，先后建立了住房商品化制度、个人住房消费金融制度及土地招拍挂制度等。这些制度的建立和完善，对推动经济快速增长和城镇化发展发挥了重要作用。但深化改革任务所涉及的房地产领域基础性制度建设推进很有限，对房地产市场的种种"治标不治本"的举措与人民日益增长的美好生活需要不相适应，产生了诸如投机炒房、假离婚等社会问题。政府在社会压力下，为管好房市推出了一轮又一轮以行政手段为主的调控措施，或给疯狂的房市踩刹车，或为低迷的房市去库存。但长期来看，"一管就死、一放就乱"的局面没有明显改观。

房地产是"热了不行，冷了也不行"，问题形成的原因错综复杂，对其解读见仁见智，人们或从管理的角度，或从城市建设的角度，抑或从货币供应的角度等寻找答案，或多或少为找到解决的路径提供了参考。但政府主要依仗的限购、限价、限贷或补贴、松贷等种种调节措施，只是带来了几轮"打摆子""荡秋千""坐过山车"式的循环。如何形成房地产健康发展长效机制的问题不仅仍旧存在，而且日趋严峻。通过对现行房地产经济制度的具体考察和对近年来宏观调控的得失分析，我们认为，我国房地产步入今日之困境，最主要的原因归结起来是房地产有效制度供给的不足、包容性基础制度建设的缺失。这是其病灶根源之所在。

（一）未形成"全光谱"包容性状态的住房供应体系，公众对住房问题的焦虑感日益增强

"全光谱"包容性状态的住房供应体系，是指商品房和保障房

供应能够有效地覆盖各个群体的住房需求，确保人人住有所居。我国现实情况是，一方面商品房轨道上房价"泡沫化"严重，引起社会不安。从国际一般标准来看，房价收入比（住房价格与家庭年收入之比）的合理水平是3~7。在我国36个主要城市中，2016年只有长沙、西宁、乌鲁木齐、沈阳、呼和浩特和银川6个城市的房价收入比处于这一水平，而为一线城市的深圳、北京、上海的房价收入比均超过了30，远高于合理水平（见图2-1）。近年来，由于房价持续上涨过快等因素，低收入人群购房困难日益突出。特别是那些既享受不到廉租住房保障，又买不起商品房的"夹心层"人群，现有的保障房和商品房供应体系都不能覆盖他们，其住房问题引人关注。另一方面，我国的保障性住房供应体系远不完善。一是保障房保障面窄，包括经济适用房、廉租房、安置房等，仅能覆盖约10%的社会成员，解决住房问题仍高度依赖"购买"，"住房就需拥有产权"的逻辑未被有效打破；二是质量不优，配套不全，廉租房与公租房的供给存在界限不清、位置不当、生活服务不配套等问题；三是经济适用房存在管理成本高、扭曲严重等问题；四是租购同权的制度体系没有到位，房屋租赁市场、共有产权房等多层次供给、多渠道保障体系尚未建立成型。于是在高房价的现实下，住房问题成为公众持续关注和引发焦虑的热点话题。

（二）土地供应伴随短期行为，助推房价上涨

我国城镇土地所有权属于国家，国家通过规划及其实施来掌握土地的开发利用权，具有自然垄断的属性。为推进城镇化建设，促进经济增长，政府的国土开发、规划权力需要确定。但现行的财税制度容易促使政府将规划权与政府的收入混在一起，使得一些地方政府出于"任期政绩"等考虑，依靠"土地财政"的土地批租机

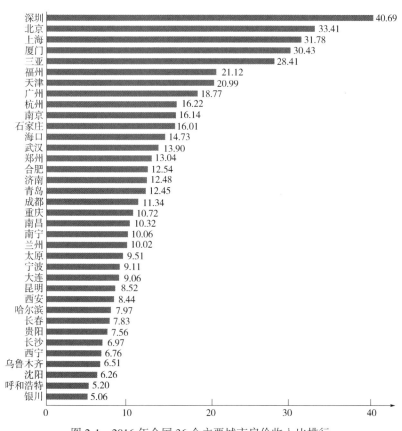

图 2-1 2016 年全国 36 个主要城市房价收入比排行

（资料来源：《中国经营报》，2017 年 11 月 10 日）

制，力求"一次把钱拿足"。借土地的运作经营，募集充足建设资金并实现经济快速发展，现实中也的确证明相关制度安排对城镇化建设起到了巨大的推动作用，但在运行过程中，短期行为特征明显并暴露出地方政府"与民争利"等问题，突出表现在土地供应的控制与"抬价"上。1998—2004 年，我国城市土地购置面积年均增长 34%，而 2005 年实施招拍挂制度后，增速明显放缓，年均负增长 5%（见表 2-1）。土地供应的"收紧"，反过来推动土地价格不断走高，"地王"不断问世。地方政府在获取巨大土地收益的同时，客观上也在进一步推高房价。

表 2-1　1998—2015 年城市房地产企业土地购置面积及增速

年份	土地购置面积/万平方米	土地购置面积增速（%）
1998	10 109.3	52.2
1999	11 958.9	18.3
2000	16 905.2	41.4
2001	23 409.0	38.5
2002	31 356.8	34.0
2003	35 696.5	13.8
2004	39 784.7	11.5
2005	38 253.7	−3.8
2006	36 573.6	−4.4
2007	40 245.8	10.0
2008	39 353.4	−2.2
2009	31 909.5	−18.9
2010	39 953.1	25.2
2011	44 327.4	10.9
2012	35 666.8	−19.5
2013	38 814.0	8.8
2014	33 383.0	−14.0
2015	22 811.0	−37.1

注：资料来源于中国证券报·中证网，2016 年 2 月 15 日。

（三）多重制约下地方对房地产经济的依赖在加强，可持续性堪忧

1995 年，我国土地出让收入仅为 420 亿元，相当于一般公共预算收入的 6.7%；而到了 2014 年，收入规模达到 4.29 万亿元，在一般公共预算收入中的比例上升到 30.6%。房地产相关税费收入普遍占到各地地方财政收入的 30% 以上，有些市县高达 60%~70%。2016 年，房地产增加值占全国 GDP 的比例达到 6.5%，表现为名副其实的支柱产业。可以发现，地方无论是在财政方面，还是在经济方面，对房地产都已经形成了较高的依赖度，并且这种依赖度还在提高。这一局面的形成，与 1994 年分税制改革建立的地方财政制度安排的演变及遇到的问题分不开。分税制改革将当时规模较小的土地收益划给了地方政府，本应在深化改革中打造以不动产税（包括住房保有环节的房地产税）为主力税种之一的地方税体系，然而相关改革步履维艰（仅在 2011 年推出了柔性切入的上海、重庆两地改革试点），迄今地方收入的来源主要为土地出让收入和房地产交易、经营环节的相关税费。随着 1998 年住房制度改革（"城市股票上市"）和 2004 年土地招拍挂等制度（"卖方决定市场"）的推出，有条件把"地皮"的使用权卖个好价钱的地方政府从房地产开发中获取巨大的经济利益，土地收益逐渐成为发达区域与较发达区域地方政府最主要的财政来源。一段时间内，这种"土地财政"的发展壮大，使地方政府依靠巨量土地财政收益，促进本地经济增长和城镇化建设成效显著。然而，在追求短期政绩的主导下，地方政府又易将发展重心放在房地产上而形成对其过度依赖，主要会产生三个方面的不良后果：第一，不断地推高土地价格，提升土地成本，与开发商形成利益共同体，增加实体经济的经营负担，在一定临界点出现后，可能很快表现为本地经济发展环境的恶化；第二，地方的所谓公共利益与人民群众的现实利益产生冲突；第三，从趋势上看，某些中心城市不久将面临"无地可供"的"终极制约"，这种"单打一"地依靠土地批租的地方筹资模式将难以为继。

（四）商品房市场投机炒作盛行，成品房持有状态出现严重悬殊，房价"泡沫化"与"过冷局面"交替出现，房地产调控陷入"打摆子"式轮回

近些年，不少地方房地产市场动辄出现肆无忌惮的炒作风潮（如某炒房团曾在不少区域"攻城略地"），竟至给人"房子是被用来炒的，而不是用来住的"之惑。在商品房市场炒作成风的过程中，成品房持有状况出现严重悬殊，一边是许多收入总赶不上房价上涨的买房困难户，另一边是手持多套房产的"房叔""房婶""房姐"，引起百姓的不满和社会生活的不和谐。市场的分化也已十分明显：一方面一二线城市房价"泡沫化"日趋严重，北京、上海等地中心城区房价收入比已高达 30 以上，一套房子的价值甚至相当于一家具有一定规模的实体企业，房价甚至高于同期东京核心城区；另一方面，2014 年以后，三四线城市又普遍出现"过冷局面"，大量商品房空置卖不出去，有些地方商品房的库存可以满足未来 6~10 年的需求，一座座所谓的"鬼城"接二连三在中西部城市出现。"泡沫化"与"过冷局面"交替出现，导致房地产调控陷入"打摆子"轮回。2016 年年初，调控的基调还是"去库存"，但很快，房地产市场"风云突变"，在"杠杠助力"、定向降税等多项措施的驱动下，商品房市场"发烧"行情由一二线城市迅速蔓延到三四线城市，比如湖南的长沙、株洲、常德等三四线城市房价快速上涨并很快伴随库存告急。随之而来的是一轮更加猛烈但又并不惊奇的宏观调控，即限购、限贷、限价、摇号等行政措施也纷纷亮相。其实 10 余年来，人们对这种"打摆子""过山车式"的宏观调控已经司空见惯，至少经历了三轮，一会儿限购限贷，一会儿放开限购限贷，甚至还给补贴；一会儿收紧首套、二套房贷，一会儿

又恨不得实行"零首付";一会儿5年免税,一会儿又变成2年免税。调控不仅没有治愈房地产的"冷热"病,而且似还在加剧其大起大落。在市场分化中,房价的"泡沫"似乎也被越吹越大。在调控的轮回之中,政府的公信力不断被侵蚀。

(五)房地产金融制度异质化,经济"脱实向虚"有抬头迹象

在商品房、保障房双规并行的房地产领域,依客观需要,本应区分商品性金融和政策性金融两条轨道。我国在政策性金融支撑力不足、机制优化不尽如人意的同时,商业性的房地产金融出于逐利本性,已在多种因素综合作用下发生异质化,主要表现在两个方面。一是个人住房金融的高杠杆化,以及不当的人为干预和调整。在2016年以来的新一轮房地产周期中,住房按揭贷款的首付比例和利率在一些区域不断被压低,有些地方在开发商和银行业务人员的勾连下,甚至出现了"零首付"或者"首付贷",广义货币供应量大量流入房地产领域,客观上配合推动了房产价格上涨。二是房地产开发贷款制度缺乏隔离墙,高融通比带来巨大的债务风险。就一般情况而言,开发贷款的资本金和社会融资(融通量)比例应为1∶3左右,但由于土地可以再次抵押给银行贷款,加上商品房预售后收到的按揭贷款,开发商最后的融通比可以达到1∶10,极端情况下甚至可以达到1∶50。开发商为了圈地开发建设,不惜疯狂举债,其中不仅包括"中利贷",甚至包括高利贷,这些债务风险很容易演变成债务危机。高杠杆化的住房金融推动房产价格上涨,房价上涨带来的赚钱效应,又吸附大量流通中的货币流入房地产市场,从而形成资金循环怪圈和资金黑洞,加剧一般实体经济与房地产经济的不平衡状态。2016年,全国房地产贷款余额占GDP的比重为26%,比2008年提高了16个百分点;金融机构新增贷款的

45%流入了房地产。其中，工农中建四大国有银行新增个人住房贷款占比都超过了六成，中国银行这一比例甚至超过了80%（见图2-2）；住房贷款规模比2015年增长了86%，但其他部门的贷款则同比下降。房地产在国民经济中产生的GDP不到7%，"绑架"的全社会资金量却达到了26%，新增资金量更是高达45%。

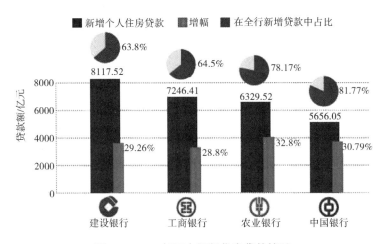

图 2-2　2016 年四大银行住房贷款情况

（数据来源：四大行 2016 年年报。编辑制图：《中国经济周刊》采制中心）

（六）房地产税收制度改革严重滞后，直接税"稳定器"功能未得到发挥

2015 年，我国全部税收收入中来自流转交易环节的税收占到接近 70%，而来自所得税、财产税的收入合计占比低于 30%；来自各类企业缴纳的税收占比更是高达 92.06%，而来自居民缴纳的税收占比仅为 7.94%。如果再减去由企业代扣代缴的个人所得税，其他由个人所纳税金占比不超过 2%。在房地产税收中，房地产投资开发、交易环节（流转环节）的税收占比为 80% 以上，而保有环节的税收仅占不到 20%（对个人消费住房而言，保有环节的税收基本

上未开征，仅重庆、上海进行了试点，其他地区个人用于出租的房屋需在月收入 3 万元以上才征税)，见表 2-2。

表 2-2　2015 年全国分税种税收收入规模及占比

序号	税种名称	税额/亿元	占比（%）
1	增值税	30 191	24.17
2	消费税	11 110	8.90
3	营业税	19 313	15.46
4	关税	2 555	2.05
5	烟叶税	143	0.11
6	资源税	1 035	0.83
7	企业所得税	27 125	21.72
8	个人所得税	8 618	6.90
9	城镇土地使用税	2 142	1.72
10	耕地占用税	2 097	1.68
11	印花税	3 442	2.76
12	契税	3 899	3.12
13	城市维护建设税	3 887	3.11
14	房产税	2 051	1.64
15	土地增值税	3 832	3.07
16	车船税	613	0.49
17	车辆购置税	2 793	2.24
18	船舶吨税	47	0.04

注：数据来源于《中国税务年鉴 2016》。

这样的税收制度设计使房地产相关税收远不能发挥应有的收入分配调节功能，土地、房产"涨价归公"的调节机制和优化收入分配的基本税制目标无从实现，反而是交易环节过重的税负推动了资产价格的上涨，加剧了房地产价格的波动，对房价起到了"助涨助跌"的作用。长期以来，饱受诟病的"土地财政"还没有找到有效的制度替代，"税收财政"的相关制度基础还未建立，因而无从发挥其应有的"稳定器"功能。

总体而言，房地产包容性基础制度建设与健康发展的长效机制缺位、滞后，极不利于有效校正房地产市场的扭曲局面，助长了矛盾累积、隐患叠加。近年来，在北京、上海、广州和深圳，许多人一房难求，还有众多外来人口根本不具备买房的资格，许多正当的刚性需求和改善性需求被行政手段"一刀切"压制，而不少三四线城市仍有大量商品房卖不出去，库存高企。以行政手段为主，只治标不治本的房地产调控，越来越心劳日拙、捉襟见肘，几度轮回之中，多年前有关部门就已提出的"房地产健康发展长效机制"迟迟不能构建起来。2016 年，中央经济工作会议强调要推进房地产相关"基础性制度建设"。这才是打造长效机制的关键，但显然具有改革"攻坚克难"的挑战性与艰巨性。

二、　新时代包容性房地产税收制度的提出

什么是房地产的"治本"良方？对此，经济学界和实务界有很多种理解，也提出了不少观点和建议。有的主张继续强化行政主导的宏观调控，致力于以精准调控来解决房地产价格不断虚高的问题；有的主张放开土地供给，探索类似于"地票"式的改革，从土地供应入手，解决土地价格推高房产价格的问题；有的主张改革财税制度，开征个人房产税，让税收来替代土地财政制度；还有的反对开征个人房产税，认为开征此税存在法理性障碍等。这些观点不论是否合理，其中毕竟有一些思考和建议可带来有益的启发，然而总体上尚未形成全面的、成体系的认识与对策。要系统化地解决房地产健康发展长效机制问题，决不可继续"盲人摸象"，只治标不

治本。因此，结合前述分析，从系统性思维入手，必须立足于在走向中国特色社会主义现代化强国的新时代建设现代化市场经济体系的背景，从制度供给的视角，来寻找房地产领域包容性经济制度建设的思路与要领。

（一）当前房地产经济制度具有较强的汲取性特征

客观而言，我国现行房地产制度的实施集聚了大量资源和财力，为我国工业化和城镇化快速发展做出了巨大的贡献。但随着经济的快速发展、环境的加速变化，20多年前建立的房地产经济制度框架逐渐与经济社会发展形势表现出越来越多的不适应，相关制度也日渐表现出较强的汲取性特征，如土地供应垄断下的短期行为特征、行政手段主导市场资源的配置、政策环境（信贷、税收等政策）公平性不足等。具体而言，应强调以下几个方面的不良表征。一是基本农田"占补平衡"制约下城市土地的高度管制，没有形成缓解有关矛盾的有效制度创新供给。重庆颇有积极意义的"地票制度"结合国土规划下的"土地收储制度"的改革试点，多年来并未扩大范围。总体而言，与房地产相关的土地制度改革严重滞后，在较大程度上推动了土地价格的快速上涨，使"地王""楼王"不断涌现。二是住房市场过度商品化，"保障轨"上的公共住房供应的量与质不到位，房屋租赁市场和共有产权房供给远不够发达，不能满足中低收入群体的住房需求。三是相关金融资源配置机制和投融资制度创新滞后，信贷资金大部分流入商业房地产，不动产在中国式"土地财政"轨道上变成流动性较强和信誉度极高的投资品，大量资金被房地产吸引而引发其他行业"血慌"，加剧一般实体经济与房地产的不平衡。四是住房持有环节的无成本预期，助长"房子用来炒"，使综合性制度成本高企。由于缺少房地产税制的"稳定器"和理性引导机制，在高速城镇化历史阶段的市场炒作力量如鱼得水，地价和房价推高了居民生活成本和企业的生产经营成本，土地相关的利益寻租和过度垄断则进一步提高了综合意义上的交易成本。五是社会创新动力不足，房地产的创富效应和超额投资投机收益会在较大程度上抑制其他方面创新创业的动力和激励。一套房子的价值相当于一个规模不小的实体企业，投资买房的收益率轻易地远远高于投资创业公司，使社会资金和人才纷纷涌入房地产行业；高企的房价和租金也提高了创新创业的门槛和成本，将许多创业尝试被挡在了门外，严重抑制创业创新的动力。六是社会福利蒙受净损失。虽然地方政府获取了可观的"土地财政"收益，部分投资投机主体也获取了一定的超额利润，但由于对生产激励的抑制，以及伴随而来的土地拆迁、社会维稳等成本呈几何级数增加，福利损失远超过少部分人的"超常所获"，从而导致全社会的福利净损失。七是日益扩大的存量财富差距。未得到机会投资城市不动产的居民与早期已经投资不动产的居民之间，贫富差距不断在扩大。当前中国社会贫富差距的突出表现已主要在于存量财富的差距，而房产是最重要的存量财富。

著名制度经济学家阿西莫格鲁和罗宾逊在《国家为什么会失败》一书中在对不同时代、不同国家经济发展规律深入分析和揭示的基础上，结合大量的实际案例论证了汲取性制度不能维持经济的长期增长，缺乏生产激励的经济制度安排不是成功的制度，不可能长期促进经济的增长和发展。我国在走向现代化的经济社会转轨和升级发展过程中，必须从制度建设出发，实现包容性发展。以此看待我国具有较强汲取性色彩的现行房地产经济制度，如果不进行改革，必将会给经济和社会生活带来越来越多的困难，成为构建现代化经济体系的障碍。房地产的制度建设攸关经济社会发展全局、千千万万老百姓的安居乐业及国家的长治久安，针对房地产经济制度的问题与弊病实行变革，将汲取性经济制度变革为可以长期持续发展的包容性经济制度，已经刻不容缓。

（二）包容性房地产经济制度理论

包容性一词来源于 2007 年亚洲开发银行提出的"包容性增长"，它的初始意义在于"有效的包容性增长战略需集中于能创造出生产性就业岗位的高增长、能确保机遇平等的社会包容性及能减少风险，并能给最弱势群体带来缓冲的社会安全网"。其最终目的，是使经济发展成果最大限度地让民众受益，也就是说要使全体社会成员公平、合理地分享经济发展的成果。包容性增长理念与我国奉行的科学发展观、"五大发展理念"不谋而合。科学发展观所强调的"统筹城乡发展、区域发展、经济社会发展、人与自然和谐发展、国内发展和对外开放"，以达到全面、协调、可持续的发展，目标正是为了让社会大众共享经济发展和改革的成果。党的十八届五中全会提出的"创新、协调、绿色、开放、共享"五大发展理念，其归宿为共享发展，就是要以最大的包容性着力增进最广大人民群众的福祉。

新制度经济学将经济制度分为汲取性（或攫取性）经济制度和包容性经济制度。新制度经济学定义的汲取性制度，指的是经济有关制度、政策由当权者、统治者或精英人物制定，而他们通过各种垄断权、专卖权、市场控制等掠夺生产者，使得生产者只能得到所生产产品的一小部分，甚至得不到，结果是生产性激励不足。同时，阿西莫格鲁和罗宾逊定义的包容性经济制度是一种鼓励自由竞争、限制垄断，人们少有机会通过垄断、专卖或者市场控制获得超额利润，具有很高的生产性激励的经济制度。阿西莫格鲁认为，包容性经济制度为大多数公民提供公平的（近似相等的）竞争环境和安全的制度结构。如保障产权、鼓励对新技术的投资的制度有利于经济的增长。在新制度经济学的视角上，包容性经济制度包括安全的产权保障、零壁垒的行业进入、公正的法律和良好的秩序，政府支持市场、维护合同，创造一个公平竞争的环境，使得具有不同家庭背景和能力、来自社会各阶层的公民都能公平地参与经济活动。

参考借鉴包容性经济增长理论及新制度经济学关于包容性经济制度的理解，我们认为，在建设社会主义现代化强国的新时代，在我国社会主要矛盾已经转化为人民日益增长的美好生活需要和不平衡不充分的发展之间的矛盾的大背景下，为引导房地产回归居住属性和充分发挥其国民经济支柱产业的正面效应，关键要构建包容性的房地产经济制度。实践证明，以往对住房的居住属性重视不够，特别是未有效构建基础性制度和长效机制，习惯于依赖行政手段为主的宏观调控，忙于治标而难以治本，无法真正治愈房地产积重难返的"沉疴旧疾"。为避免房地产的泡沫化及其可能的大起大落"硬着陆"，乃至可能引发的系统性经济危机和社会危机，当务之急就是要加快在我国构建房地产基础性经济制度，提供房地产领域现代化治理的长效制度供给，促进房地产与经济社会协调可持续发展。而房地产治理长效制度供给的核心，在于建立包容性的房地产经济制度，概括起来就是要形成一套有利于促进市场充分发挥作用、资源要素可流动、产权界定清晰、制度性交易成本降低、合理扶助弱势群体、有效保障全体社会成员"住有所居"的房地产制度体系；使人民群众在公平正义的社会环境中共享改革发展成果，实现房地产充分发展和社会福利最大化。根据上述目标定位和功能要求，我们认为，包容性房地产经济制度的基本内涵和特征可以归结为：公平有序、共建共享、激励相容、多规合一、法治保障。

一是公平有序。制度设计要打破垄断特权和部门、区域的分割，对属于市场调节的商品房市场，让市场在资源配置中真正起决定性作用；对属于居住保障和准公共产品属性的那部分住房，政府需要履行好牵头供给的责任，同时要创造公平、统一、合理的供应规则，引导供给多样化、多层次发展，以满足不同阶层群体的居住需求，确保人人住有所居。

二是共建共享。制度设计的初衷和目标导向，是为了激发创造的积极性和热情，引导大家更好、更有效率地创造和实现价值，同时也可成功地防止出现改革发展成果由少数人占有、控制的情况。而实现的途径就是依照新供给经济学理论，对原有制度的汲取性特征加以革除，形成新的包容性的制度体系；调动各方面的共建积极性，形成房地产有效供给、住有所居的体制机制。

三是激励相容。这就要求较低的制度性交易成本，比如房地产税收征纳成本相对较低，税收遵从度较高，较易赢得纳税人的认同；征收范围逐步实现全覆盖，确保有足够的税基，以保障地方政府筹集足够的财政收入，满足公共服务的需要。

四是多规合一。要按照"规划先行、多规合一"的原则，致力于实现土地利用规划、国民经济和社会发展规划、产业布局规划、环境保护规划、公用设施建设规划、教育医疗等民生改进规划协调衔接，有机结合。

五是法治保障。对房地产领域的税收制度，要遵照税收法定原则，尽快推动房地产税、契税、增值税等立法和改革，构建严格意义上的现代化税收法律制度，以法律来保障制度的公平规范和房地产相关各方的权益。

三、 新时代包容性房地产经济制度的具体构想

构建现代化经济体系，走向现代化强国的新时代，创建包容性的房地产经济制度，必须解决以基础性制度建设为支撑的健康运行长效机制问题。要加快进行制度创新，使相关制度安排从汲取性特征转变为包容性特征，增强人民群众的获得感，使全体社会成员共享改革发展成果。这主要涉及：一是激活土地市场、优化土地供应，以"地票"制度、土地收储制度等改革举措匹配高水平的国土开发规划和房地产建设规划；二是按照"双轨统筹"的思路，建立多主体供给、多渠道保障、租购并举、既体现效率又维护公平的住房供应制度；三是建立商业金融与政策金融协调呼应的房地产投融资和个人住房金融制度，"双轨"协同发挥合力助推多层次住房供给体系建立；四是构建激励相容的房地产税收制度，形成公平合理、社会共享的土地增值收益分配制度。

（一）土地制度改革，需在基本农田"占补平衡"机制保障下，激活集体土地市场，优化城镇土地供应，构建可持续的房地产土地供给制度

土地供应难题是当前房地产遭遇困局的重要原因之一，关键是以制度创新调动土地供应潜力和市场活力，多渠道增加土地供给。一是改革土地制度，借鉴重庆"地票"制度改革试点经验，激活集体土地市场。赋予农民长期的土地使用权（未来即明确永佃权），并以"占补平衡"大前提下的"地票"式市场交易形成调动远离城市接合部农民复垦积极性和使他们共享城镇化发展的土地溢价收益，建立以土地使用权为核心的土地产权体系，弱化所有权，允许

集体土地建设用地使用权在符合国家法规的前提下自由流转（包括入股），合理、有效地解决城镇化进程中扩大建成区所需的增加土地供给的来源问题。二是优化土地规划，并以土地收储制度确保土地可持续供给。应按照"规划先行、多规合一"的原则，致力于实现土地开发利用规划与城乡发展、产业布局、公共交通、公共事业、环境保护等各类规划的有机结合，以建设"人的城市化"为目标，保障"人人住有所居"的目标落实于高水平总体规划的施行之中，动态优化调节居住、工商业和公用事业不动产的匹配关系。三是改革完善现行的土地一级开发批租制和招拍挂制度，平抑土地价格。针对 40~70 年土地批租制诱发地方政府短期行为而力求把未来若干年的土地租金"一次性拿足"，土地招拍挂单一竞价拍卖制度，在土地自然绝对垄断前提下，很容易把价格轮轮推高等问题，可考虑将一次性批租制改为年租制，并且对"招拍挂"实行"限房价、竞地价"等新方式，促使土地价格沉稳化。

（二）建立保障房、商品房供给"双规统筹"、多主体供给、多渠道保障、租购并举、既体现效率又维护公平的住房供应制度

政府"更好地发挥作用"，在住房领域的首要任务是牵头组织好保障性住房轨道上的有效供给，在总结已有经验教训基础上，把保障房具体形式集中于对最低收入阶层的"公租房"和适合于收入夹心层的"共有产权房"。一是要加快优化公共住房建设发展规划，适当提高公共住房比重，根据地方辖区具体房源情况，掌握好公共租房"补砖头"与"补人头"的权衡关系。二是出台切实举措，发展房屋租赁市场，如允许承租人可以使用住房公积金付租金、降低房屋租赁的增值税负担、个人基本生活需要的房屋租金可以抵扣个人所得税等。三是在教育、医疗方面落实租售同权的配套制度安排。把保障性住房托底的事情做好了，解决商品房供应问题就应更多地依靠市场，核心思路在于"双轨统筹"框架下建立"多主体供给、多渠道保障、统筹兼顾"的住房供应制度体系，既体现效率，提升供应能力和质量，又能照顾公平，实现全体社会成员住有所居，在全面覆盖基本住房需求的同时，也兼顾热点城市中高收入人群的改善性需求。

（三）建立商业金融和政策金融协调呼应的房地产投融资制度，以及个人住房金融制度，"双轨"协同发挥合力助推多层次住房供给体系建立

一是要构建多层次的住房金融体系，合理发展商业性住房金融，开发夯实政策性住房金融机制，探索发展互助储蓄型金融。对于中高端收入人群对应的商业性住房金融，可以逐步放开信托公司、保险公司、财务公司等的准入，破除商业银行的过度垄断，促进竞争，放开融资形式、融资条件、利率等，允许金融机构按照市场化原则提供灵活多样的住房金融产品。对于政策性住房金融，要聚焦建立起一套针对中低收入群体、特殊困难群体的金融支持制度，如对住房公积金制度改革调整为真正的政策性金融制度体系，探索由政策性金融机构接手保障性住房的投融资（包括 PPP 项目建设中的保障性住房）。可借鉴国外住房储蓄银行的经验，在大中城市建立储蓄性住房金融机构，通过互助融资，为成员间的住房需求提供支持。二是在住房金融市场发展中，积极支持发展住房贷款证券化产品，探索房地产投资信托基金（REITs）的发展，培植住房金融的二级市场，拓宽资金筹集渠道并优化回报机制。三是在当前阶段，面对房地产"冰火两重天"的市场分化格局，在"火"的一二线城市看重"金融去杠杆"的同时，在"冰"的不少三四

线城市还需酌情配之以"加杠杆"措施（包括商业性、政策性"双规"），以利于去库存。

（四）构建激励相容的房地产税收制度，形成公平、合理、社会共享的土地增值收益分配制度

房地产增值收益的分配，是房地产经济制度的一个核心难题所在。"土地涨价归公"的分配，现实中应处理为适当兼顾各方的"涨价分成"。关于土地增值收益的分配，理论界有两种主流观点：一个是"涨价归公"，另一个是"涨价归私"。完全的"涨价归公""涨价归私"都不尽合理，土地的增值主要源于政府牵头对公共基础设施建设投入所带来的公共服务水平提高而产生的物业升值。但也不能否认，土地的增值与私人投资和各个微观主体相互影响所带来的软件改善也分不开。因此，土地增值收益的分配，根本的做法还是公私兼顾、社会共享。而实现这一兼顾和共享的目标，建立现代化的房地产税收制度（成为政府与居民的激励相容制度交汇点），引导土地财政向税收财政过渡，显得尤为重要。因此，需要从以下几个方面着手，构建适应现代市场经济体系长治久安要求的房地产税收制度。

第一，降低交易环节税费，减轻交易成本，减少对房价的"助涨助跌"效应。具体考虑至少应有四个方面的措施。一是在"营改增"全覆盖之后，创造条件适当降低增值税税率，简并税率档次，同时尽可能减少免税、先征后退等税收优惠政策；二是降低交易环节税负，可将契税平均税率降低至1%左右，维持较低税负水平；三是简化税制结构，将土地增值税合并至增值税，将城镇土地使用税、房产税、耕地占用税等并入未来的房地产税；四是清理房地产收费，能够取消的取消，能够降低的降低。

第二，在住房保有环节实施房地产税改革，立法先行，按住房市场评估值确定税基，对地方充分授权，分步实施。这一改革关系到以利益引导各方预期的房地产市场抑制炒作机制建设，可促使土地财政顺利转换、地方政府职能合理转变与地方财源建设相内洽，以及地方治理的法治化，也与优化再分配、推进广大百姓共同富裕进程相关。根据现实生活的"问题导向"和党的十八届三中全会关于加快房地产税立法并适时推进改革、2020 年前落实税收体系的税收法定工作，以及党的十九大关于加快建设地方税体系的系列指导方针，房地产税立法及改革的积极推出势在必行。建议在改革过程中，可借鉴上海、重庆两地试点经验，一开始可适当"柔性切入"，力求先建成制度框架，制度设计方面要充分考虑中国社会对此改革的可接受性，制定包容、开明的税基扣除和税收豁免政策，通过立法搭建制度框架后，在部分"火"的城市先行，而"冰"的城市可从容等待以后的合适时机跟进。开征房地产税的同时，可明确立法规范个人房产土地使用权 70 年到期后可续期，即转为永久使用权；不动产信息登记及联网、房屋价值评估机制、个人纳税申报制度建设等，均需匹配到位，确保房地产税顺利落地。

第三，改革中将土地增值税并入增值税后，将集体土地建设开发纳入征税范围，以出让、抵押、租赁、入股等方式有偿转让集体建设用地使用权的，应缴纳土地增值税，从而使国家以税收的方式参与集体土地收益分配。

第四，完善个人所得税制度。推动个人所得税综合与分类相结合改革，对个人及家庭购买首套或改善型住房的抵押贷款利息，允许按照个人或家庭年度收入的一定限额在个人所得税前扣除；对有能力、有条件、有意愿的中等偏下"夹心层"家庭购买共有产权住房或租赁房屋的，可规定其购房支出或租金支出，在合理的范围内允许于个人所得税前予以扣除。集体土地准予流转后，应将个人转让集体土地使用权收入纳入个人所得税的征税范围。

破解住房市场调控困境与地方财税制度创新

原发表媒体:《中国证券报》 2018 年 5 月 26 日

一、 中国住房市场调控与政策优化的困境分析

近些年来，中国许多大中城市的住房价格水平出现快速攀升，房价收入比走高，房地产市场秩序紊乱，越来越多的进城务工人员和不少城市"收入夹心层"人员难以从市场上获得他们支付能力承担得起的住房。而多年来一轮比一轮"严厉"的政府房地产宏观调控，却表现为"打摆子"和"越调越高"，被社会指责为"空调"，治标不治本，不仅让很多民众继续"望房兴叹"，也有损政府的公信力。在这种情况下，住房市场的供求矛盾，特别是带有结构性特征的住房条件"两极分化"式的社会分层和社会成员的不动产配置状况两极悬殊，使社会矛盾问题随之加剧。而且，房地产领域投资客观的高收益，形成了对于资源要素的强大吸引力，使制造业等其他实体经济的吸引力相形见绌，进而带来的是要素流动中产业结构的失衡，以及在中心区域"留住人才"越抬越高的房价成本等。这些既威胁社会公正，影响社会安定和谐，也会销蚀我国经济高质量、可持续发展的后劲，并且已经引起地方政府层面有识之士的焦虑。

具体地考察分析影响住房价格与住房不动产配置的相关因素，

不仅有房地产市场供需变动的短期因素，也有影响供需力量的长期、综合因素，包括城镇化加快、社会分配差距拉大、房地产过度金融化、土地供应的约束条件收紧和不动产溢价的调节机制薄弱等。可以说，我国住房制度改革和房地产市场调控中的困境，集中而典型地映射了我国经济转型和社会变迁中的深层次、综合性、全局性的矛盾和问题，体现了改革深水区"攻坚克难"的挑战性与艰巨性。

（一）城镇化因素推动住房供需互动中的供不应求与房价上扬

改革开放以来，我国城镇化率年均提高 1 个百分点以上；2000 年以来，年均提高约 1. 36 个百分点，常住人口城镇化率从 1978 年的 17.9% 上升至 2012 年的 52.57%，2017 年年底进一步提高到 58.52%，但户籍人口的城镇化率仅为 42.35%。根据世界各国城市化的一般规律，可知当前我国仍处在城镇化率 30% ~ 70% 的快速发展期之内。新型城镇化的核心问题，是要有序推进农村转移人口的市民化。据公安部统计，2010 年以来，全国农业人口落户城镇的数量平均每年要达到 800 万人以上，再加上并不落户但却在城镇常住和工作的流动人口，这一部分社会成员的住房需求十分庞大。未来30 年，估计在我国的城镇化过程中将有 3 亿~4 亿农村人口要转移至城市。目前城镇人均住房面积为 35 平方米左右，假定新移民人均住房面积需求较低——平均为 30 平方米，则为满足这些新移民居住的住宅面积将年均达到 4.2 亿平方米。以住房套均面积 70 平方米估算，则每年城镇住房新增需求要达到 600 万套，这还不包括原有城镇居民的改善性住房需求。上海易居研究院的研究人员曾通过定量分析，得出城镇化率变化与住房指标变化间可量化的相关关系：全国城镇化率提升 1%，相应的住房投资增长 7%，住房竣工面积增长 2.7%，人均住房面积增长 1.4%。

住房是附着于土地上的，而"地皮"在城镇中心区具有特别的稀缺性和自然垄断性，自然会使房与地合成的不动产市场价格走高。在这种背景下，中心建成区域的住房供不应求并使房价形成上扬曲线带有长期趋势特征，仅靠住房市场商品房的供给，远远不能解决规模日益庞大的城市低中端收入人群"住有所居"的住房有效供给问题，同时由于大量中低端购买力的"房奴"式挤入，房价的大幅上涨之势也更不易遏制。因此，十分需要建立市场配置和政府保障相结合的住房制度，推动形成总量趋于基本平衡，结构基本合理，房价、房租水平与消费能力基本适应的住房供需格局，以有效保障城镇常住人口的合理住房需求。

（二）人口总量与结构变化：总规模上升、家庭小型化和老龄化对供需关系形成不同影响

人口是房地产需求的基础性因素。一个国家的住宅需求量主要是根据这个国家的人口数量、年龄结构和家庭分裂速度决定的。人口总量、家庭结构、地域集聚特征是影响住房需求的长期因素。所谓刚性需求，是指社会成员为满足自身生存需要而产生的基本需求，住宅属于生活必需品，人们为了满足生存和发展的基本需要势必会提出住有所居的需求，基本住房的落实就属于刚性需求。在这种刚性需求作用下，住宅需求量始终伴随人口数量和结构性变化而在总体上发生改变。我国仍处在总人口的上升区间，但未来会达峰值而转为相对稳定状态，估计未来中国人口总规模的峰值将在 14.4 亿人左右。伴随人口增长，我国住宅新房竣工面积也从 2000 年年底的 1.9 亿平方米上升到 2014 年的 8.1 亿万平方米，其间约翻了两番。这个趋势与人口对住房提出的刚性需求密切相关，与中国步

入中等收入社会而必然产生的大基数人口对住房提出的改善性需求有关，也与市场上的"炒房"力量相当强大与活跃有关。人口数量的逐年增加极大地刺激新增基本需求、改善性需求合成的住房总需求的上升。同时，中国的家庭人口平均数已从 1990 年的 3.96 人/户下降到了 2008 年的 2.96 人/户。国家有关部门调查结果显示，2015 年中国城镇的户人口平均规模已下降到 2.63 人。这种家庭向小型化的裂变，自然也会对住房需求的上升带来可观的影响。

当然也应看到，我国人口抚养比自 1964 年开始就进入持续下降阶段，即进入人口红利时代，这种变化趋势持续到 2013 年左右而告结束，人口老龄化速度加快，中国从"人口红利期"转为"人口负债期"（见图 2-3）。与此相关的全社会"老龄化"及储蓄率的降低，可能带来的是未来住房需求的下降，以及住房价格的降低。

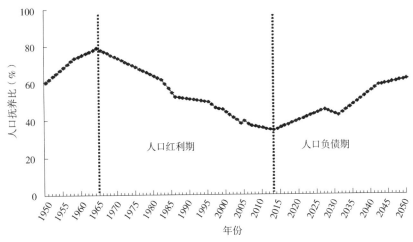

图 2-3 "人口红利期"向"人口负债期"转换

1991—2009 年近 20 年间，我国的购房适龄人口总数从 3.45 亿增加到 4.65 亿，增幅为 34.8%，其间全国普通商品住宅价格从每平方米 756 元增加到每平方米 4474 元，考虑通货膨胀因素的影响，增幅为 492%。但 2015 年之后，适龄购房人口数开始呈现下降趋势。按人口老龄化进程推算，30 年后，在其他因素不变的情况下，我国城市将可能空出 1 亿套以上的商品住房。随着人口出生率下降，我国人口进入负增长时期，适龄购房人口总数将持续减少，很多城市将很难再有新增的住房需求。虽然会有一些更新、改善房产的需求，但总体上那时除少数人口聚集效应仍十分显著的大城市外，一般城市的住房将会出现普遍过剩。我国家庭规模小型化趋势会在未来几十年内于一定程度上抵消人口下降带来的影响，但这一因素的作用毕竟是有限的。

显然，在不同阶段，政府的相应政策有必要做出动态的优化组合，引导人口与住房供需的变化。

（三）社会收入分配和不动产配置（占有）的失衡与秩序紊乱加剧住房矛盾，并可能形成"两极分化"式恶性循环

党的十七大报告提出"创造条件让更多群众拥有财产性收入"。对此，社会上有一种误读，认为就是要让人"多多益善"地拥有住房财产。其实，在收入分配差距扩大的过程中，如不在人们更多拥有财产性收入的同时配之以必要的"抽肥补瘦"式的再分配调节，就会助长"两极分化"。因为收入分配差距的扩大和财产在不同拥有者间配置（占有）差距的扩大，是如影随形、互相激励的，特别是在不动产由低价迅速走向高价的变化时期，后者在极大程度上决定着前者。2012 年，我国居民收入的基尼系数已高达 0.474，此后有所下降，2015 年为 0.462，但仍属于一般可判断为明显"过高"的状态，高于 0.4 的国际警戒线。同时，研究发现，与其他收入形式相比，城镇居民财产性收入分布的基尼系数是最高的，而且近年

来对总收入差距的影响也在迅速扩大。从国际经验来看，财富的两极分化通常也远远高于收入的分化情况。

基于我国财富分布和收入分配的严重失衡，房地产价格对于占人口大概 10%~15% 的富人而言并不贵——这是相对于其房价收入比而言的。但是对于另外的多数人口而言，这种房价就变得太贵，甚至根本不可负担。当能够负担购房支出的这些阶层只占总人口的一小部分时，又恰值城镇化加速、人口规模上升、改善性需求快速形成、住房总体上供不应求的发展阶段，再加上住房商品化改革不可避免地推出，使商品房在市场上通过房价上升机制在更大覆盖面上具有了投资品属性，而不止于消费品属性。此时，房价上升的驱动力更多的是部分高端收入人群的投资、资产和金融变量，包括"炒房"资金的力量，而不是总计的社会消费和收入变量。目前我国一线城市的房价收入比已远远高于一般认为的 4~6 倍的合理区间。这就是在社会收入分配出现"两极分化"情况下，全国富有阶层的住房购买力通过地区间转移流动而集中体现在一线城市所致。

在我国国民收入分配结构中，劳动收入（雇员薪酬）份额前些年曾呈下降趋势，资本收入份额相应上升。而在房地产价格持续攀升的背景下，来自于短期倒手"炒房"的房地产溢价，或不断上涨的出租收益等资本性收入，实际上又进一步恶化了国民收入分配格局。再加上不动产投资、住房交易领域存在的较为突出的秩序紊乱、设租寻租、黑色与灰色收入膨胀等问题，实际上制造了各地一批批"房叔""房姐"式的暴发户。肆无忌惮的"炒房"交易无异于火上浇油，推动形成了房市的某种恶性循环。经过了这些年不动产投机多轮高涨，我国房地产可说在不小程度上脱离了居住的基本功能而异化成投资工具和投机的热门（客观地说，这些投资、投机未必全都是"不正之风",有许多主要属于甚至纯粹属于理财的技术路线选择)。一方面,高收入者或部分中等收入者通过购房置业投资,在过去的房价上扬过程中进入财富增值通道,其财产迅速积累,财富效应不断放大。在这部分人的收入结构中,财产性收入占据了很大乃至绝大部分份额,远超工资性收入。积累的结果是,一部分中等收入者迈入高收入者行列,而高收入者迈入超高收入行列。另一方面,低收入者或部分中等收入者由于无力购房、持币观望,或者花掉积蓄、贷款购房用于居住,也就没有机会进入财富上涨通道(自己居住的首套房的增值只能带来一些心理满足意义)。因为这部分人群的收入结构主要是工资性收入占主体,于是在房价的上扬过程中,货币贬值致其关联不动产财富的相对地位进一步受损。由于房价上涨的速度超过工资上涨的速度,导致低收入者依然是低收入者,一部分中等收入者也因购买高价的居住性住房而成了实质上的低收入者(以"房奴"为典型状态)。最终的结果是,近些年房价高涨,加大了我国"两极分化","富者愈富,穷者愈穷",马太效应凸显。这种趋势如不扭转,便会形成收入分配的恶性循环。

(四)房地产属性的日愈金融化助长泡沫

住房是必需的消费品,又是基础、大宗的跨期消费品,同时也可以成为资本品,当作投资、"炒作"的对象和取得贷款的抵押品。特别是在我国居民投资渠道有限的情况下,流动性充裕或泛滥的时候,住房更会首当其冲被作为投资或投机的对象。从静态收益率比较看,近年来务工人员向大中城市流动趋势进一步增强,以及每年规模庞大的大学毕业生等新增就业人口,使得大中城市的住房租赁需求持续普遍上涨,表现在住房租金收益率水平要高于主要发达国家和发展中国家，直接平均租金收益率为 4.8%，而主要城市的租金收益率达到 7% 左右，远远高于银行存款收益率。动态看，由于在中长期趋势上我国大部分城市的房地产价格都在上涨，使房地产投资在"倒手"出售形式上更是产生了较大的资产溢价收益。利益驱动在"羊群效应"和"金融化"的共同作用下，以很快的速度表现为投资、投机交易的增长，加剧了房地产市场中的非理性需求。

与此同时，21 世纪以来，我国广义货币供应量呈现快速增长态势，金融市场流动性曾呈现持续宽松状态（见图 2-4），M2 与名义 GDP 的比值在不断上升。2003 年以来，外汇占款快速增加导致货币供应量的被动释放。在 M2 的快速增长过程中，流动性在利益驱动下更多流向了房地产市场，对房地产价格上涨趋势也客观上产生了一定的支持作用。M2 的增加，使得房地产商从银行获得贷款的可能性增加，潜在购房者流动性约束下降，从而对房地产需求的更为旺盛和新项目投资决策的更为积极和扩张冲动，产生相当大的互动影响，导致房地产价格抬升。个人住房按揭贷款和住房抵押贷

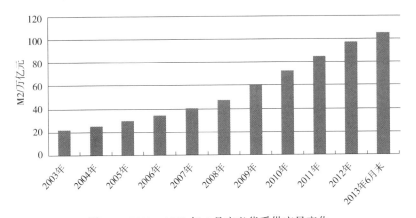

图 2-4 2003—2013 年 6 月广义货币供应量变化

款再购房也都扩张了需求，拉升了房地产价格；而房地产开发贷款，则缓解了房地产开发建设主体的资金压力，并为房地产开发商"惜售""囤地""囤房"等行为提供了便利。房地产具有建设周期长、自然寿命和经济寿命长及土地供给有限等特点，决定了房地产短期供给是缺乏弹性的，房地产价格的变动，主要受城镇化加快背景下其他因素加入的有支付能力的需求向上变动的影响。

总之，在我国居民投资渠道有限情况下，商品房投资成为比存款利息收入高、风险相对小且不需要太多专业技术与管理能力的"最佳投资选择"。现实生活中，房地产投资与金融的机制性结合，更以"金融化"使其能量放大，投资收益可观，同时也在积累和放大"泡沫"，即积累着不良的投机风险因素。

（五）城市发展模式带来的挑战性问题

住房商品具有典型的异质性和"宜居"评价的复杂性，其价格不仅取决于住宅本身的建筑质量、户型结构、面积、朝向等，而且与社区环境、城市布局、空间区位、设施配套等与人居相关的社会、经济、环境因素息息相关。这些因素可简称为地段因素。

城市住房问题与城市地段代表的多种构成要素有关，这是住房有别于其他商品的基本特征之一。虽然目前住房问题的主要矛盾是快速城市化等造成的供求数量失衡，但对住房供求的"空间失配"问题也亟须重视。住房供给并非单纯的数量问题，它还包含与城市功能区布局、交通联系、服务设施配套等息息相关的结构优化问题。城市住房市场客观上呈"板块化"分布，主要原因是住房本身的高度差异化——由其地理位置、环境品质、交通便利性、社会基础设施和服务网点配套等条件而分化为次级子市场，体现为板块内部的"均质性"和外部的"异质性"并存。板块化即是一种地段有别的空间分割现象，是导致住房供求易出现"空间失配"的重要原因。例如，在高端地段工作的低收入群体几乎无望在较小的搜寻半径内寻觅到适当的住房，只能支付较高的通勤成本而远距离居住；而如果保障房建设完成了，但选址过于偏远，基本服务不便，且交通成本过高，也同样不能有效、合理地解决低收入群体的住房需求问题。

充分认识这种与地段因素相关的各类住房"空间黏性"特征，也就要充分重视住房市场中的价格机制失灵。从原理上说，如果土地供给充分，在长期内，价格机制会引导住房供求总量与结构的平衡并平抑房价；但由于存在"优势区位土地短缺与自然垄断"和"空间黏性"，黄金地段在短中期内乃至长期内很难改善供求关系。城市中的优势区位土地总是短缺的，当房价上涨时，虽然有些城市可以扩大土地供给，但可能主要分布在城市外围，短期内很难形成对中心区优势区位土地上供给物的替代。而且，住房建造周期较长，从获得土地到最终形成住房供给往往需要好几年时间，因此虽然房地产行业的高利润率会促使大量资本集聚，但短期扩大供给殊非易事，短期游资会更青睐于在交易环节快进快出，客观上形成抬升投资和投机需求的"炒作"，从而进一步加剧供求矛盾。

所以，我国住房问题也集中反映了城市发展合理模式的挑战。在人口高密度的城市中心区，住房资源的稀缺和不当配置会衍生出一系列问题。当住房价格上涨快于经济增长时，住房问题表现为中低收入群体难以支付住房价格；任由价格机制发挥作用，必将导致日益明显的住房资源分配不公平；而缺乏合理和有效的规划与调节干预，则会助长住房开发的无序和混乱，并使得城市公共基础设施的运行效率低下，问题丛生。政府方面的劣质规划、不作为或不当干预，会加剧中心城区过分拥堵、居住群落的社会阶层分化、环境污染等种种不良效应，困扰社会生活的方方面面。

近年来，我国不少中心区域"城市病"问题日益突出，城市服务管理水平不高。大城市往往空间无序开发、人口过度集聚，结果导致交通拥堵问题严重，食品药品等公共安全事件频发，重经济发展、轻环境保护，重硬件建设、轻管理服务，大气、水、土壤等环境污染加剧，城市公共服务不少事项上供给能力不足，城中村和城乡结合部等外来人口聚集区人居环境较差。现实生活正向城市发展模式问题提出挑战，包括如何疏解特大中心城市的非核心功能，如何促进中小城镇的繁荣发展，多类住房如何合理配比供应，各种相关因素如何配套，百姓的社会和谐感、民生幸福感依靠什么样的房地产供应体系及政策得到提升。

面向未来，应探求和遵循城镇化发展规律，以多样化、合理分布的城市发展模式提高我国城市的可持续发展能力，优化城市空间结构，统筹中心城区改造和新城新区建设，以加快转变城市发展方式，有效预防和治理"城市病"。完善城镇基础设施和公共服务设施，提升社会服务和居住服务水平，增强城市承载能力，增强城市经济、基础设施、公共服务、资源环境对人口集聚的支撑作用。其中一个"托底"的事项，就是以"因地制宜"的解决方案切实将保障性住房等基本公共服务，合理有效地覆盖城镇区域，并以中高端住房保有环节的房产税抑制"两极分化"，阻遏过度投机的"炒房"现象，形成包容性发展模式。

（六）土地供应制度及财税制度变革方面的考验

在土地制度方面，我国自改革开放以来，尤其是近 10 多年暴露出了一些明显的问题：一是城乡土地分割；二是管理体制不顺，城镇土地国有制度变成地方政府的多部门实际占有；三是政府垄断土地情况下的决策透明度和约束、监督、问责机制均不到位。在一级市场上，地方政府集管地者、用地者和裁决者于一身，形成"买方垄断"，往往极力压低征用补偿标准。在二级市场上，地方政府集唯一的土地管理者、出让方和监管者为一身，形成"卖方垄断"，加之不够完善的招拍挂制度，不利于抑制土地价格攀升及其后的房价高涨。

与此同时，地方政府对房地产领域的财税收入依赖十分严重。2010 年，我国地方政府的税收中有 16% 来源于土地及房产相关的税收，如土地使用税、契税等，规模约 6500 亿元；来自建筑业与房地产相关行业的营业税，以及企业和个人所得税的税收达 6800 亿元；土地出让金为 3 万亿元左右。将这些项加在一起，2010 年中央及地方各级政府从土地、房产及相关行业获得的税费达 4.4 万亿元，占 GDP 的 10.6%。此外，我国地方政府融资平台利用土地向银行抵押贷款等各种形式举借的债务超过 10 万亿元。这种情况近年来进一步加剧。

土地批租收入（出卖土地使用权收入）在部分有条件"把'地皮'卖个好价钱"的地方政府那里，成为最被看重的收入来源，客观上极不均衡地形成了地区之间差距悬殊的土地出让收入。不同年度和阶段上收入规模的跳跃性亦十分严重，且极易伴随种种不规范、不公正的行为，被人们诟病为贬义的"土地财政"现象。这方面的问题又与房地产业及住房供应问题形成了千丝万缕的联系。必须通过改革和完善财税体制，健全地方税体系，消解地方政府产生"土地财政"短期行为的内在深层原因，从中长期考虑亟须以合理稳定的房地产税替代不可持续的土地批租收入的地方主体财源地位，形成一种由各地全面考虑多种因素基础上的正确、理性的财源建设解决方案。

二、亟须以地方财税制度创新和配套改革，构建房地产业健康发展长效机制

以上六个方面的分析虽仍不够全面，但已可使我们概括认识我国住房市场调控与政策优化和相关改革所面临困境的成因。深入洞察问题成因，才能随之提出正确的对策。客观因素的存在是制约条件，制度、政策的主观设计引导是在客观制约下应做好的一篇系统工程式的大文章。总结了多年经验教训之后，近两年中央经济工作会议已明确地指出，打造房地产业长期健康发展的长效机制，需主要依靠推进相关的基础性制度建设。那么，至少包括土地制度、住房制度、投融资制度和房地产税费制度在内的相关基础性制度体系的配套改革，成为治本之道、当务之急。我们必须以配套改革的攻坚克难来完成这个重大任务。

在地方财税制度创新和配套改革层面，至少需积极探索和推进与构建房地产业健康发展长效机制密切相关的以下四大方面的基础性制度建设。

（一）土地制度：完善地票、土地收储、多规合一、招拍挂

土地的开发利用是形成城镇不动产的先决条件。在与房地产业健康可持续发展相关的土地要素视界之内，需于我国基本农田"占补平衡"机制保障下，激活集体土地市场、优化城镇土地供应，构建可持续的房地产土地供给制度。土地供应难题是当前房地产困局的重要原因之一，关键是以制度创新调动土地供应潜力和市场活力，多渠道增加土地供给。一是改革土地制度，借鉴重庆"地票"制度改革试点经验，激活集体土地市场。赋予农民长期的土地使用

权（未来即明确永佃权），并以"占补平衡"大前提下的"地票"式市场交易形成调动远离城市接合部农民复垦积极性和使他们共享城镇化发展的土地溢价收益，建立以土地使用权为核心的土地产权体系，弱化所有权，允许集体土地建设用地使用权在符合国家法规的前提下自由流转（包括入股），合理有效解决城镇化进程中扩大建成区所需的增加土地供给的来源问题。二是优化土地规划，并以土地收储制度确保土地可持续供给。应按照"规划先行、多规合一"的原则，致力于实现土地开发利用规划与城乡发展、产业布局、公共交通、公共事业、环境保护等各类规划的有机结合，以建设"人为中心的城市化"为目标，保障"人人住有所居"的目标落实于高水平总体规划的施行之中，动态优化调节居住、工商业和公用事业不动产的匹配关系。三是改革完善现行土地一级开发批租制和招拍挂制度，平抑土地价格。针对 40~70 年土地批租制诱发地方政府短期行为而力求把未来若干年的土地租金"一次性拿足"，土地招拍挂单一竞价拍卖制度在土地自然绝对垄断前提下，很容易把价格轮轮推高等问题，可考虑将一次性批租制改为年租制，并且对"招拍挂"实行"限房价、竞地价"等新方式，促使土地价格沉稳化。地方财政的基金预算应当一览无遗地涵盖辖区内的一切土地批租收入，并成为对其实施规范化管理与有效多重监督的载体。

（二）住房制度：优化"双轨统筹"

住房制度改革经历多年实践，已有相对清晰的基本经验，各地必须建立保障房、商品房供给"双规统筹"，多主体供给、多渠道保障、租购并举、既体现效率又维护公平的住房供应制度。政府"更好发挥作用"在住房领域的首要任务是，以财政资金和政策性融资机制为后盾牵头组织好保障性住房轨道上的有效供给，在总结已有经验教训基础上，把保障房具体形式集中于对最低收入阶层的公租房和适合于收入夹心层的共有产权房，排除其他五花八门、极易产生扭曲和套利弊端的经济适用房的种种具体形式。一是要加快优化公共住房建设发展规划，适当提高公共住房比重，根据地方辖区具体房源情况，掌握好公租房供给以财政资金"补砖头"与"补人头"的选择与权衡关系。二是出台切实举措，发展房屋租赁市场，如允许承租人可以使用住房公积金付租金、降低房屋租赁的增值税负担、个人基本生活需要的房屋租金可以抵扣个人所得税等。三是在教育、医疗方面落实租售同权的配套制度安排。把保障性住房托底的事情做好了，解决商品房供应问题就应更多地依靠市场，核心思路在于"双轨统筹"框架下建立"多主体供给、多渠道保障、统筹兼顾"的住房供应制度体系，既体现效率，提升供应能力和质量，又能照顾公平，实现全体社会成员住有所居，在全面覆盖基本住房需求的同时，也兼顾热点城市中高收入人群的改善性需求。

（三）投融资制度：商业性金融和政策性金融协调配合、机制创新

房地产业供给品的形成，需要国土开发和不动产投资建设的大规模资金投入，相关的投融资制度改革创新至关重要。在各地亟应建立商业金融和政策金融协调呼应的房地产投融资制度，以及个人住房金融制度，"双轨"协同发挥，合力助推多层次住房供给体系建立。一是要构建多层次的住房金融体系，合理发展商业性住房金融，开发夯实政策性住房金融机制，探索发展互助储蓄型金融。对于中高端收入人群对应的商业性住房金融，可以逐步放开信托公司、保险公司、财务公司等的准入，破除商业银行的过度垄断，促

进竞争，放开融资形式、融资条件、利率等，允许金融机构按照市场化原则提供灵活多样的住房金融产品。对于政策性住房金融，要聚焦建立起一套针对中低收入群体、特殊困难群体的金融支持制度，如对住房公积金制度改革调整为真正的政策性金融制度体系，探索由政策性金融机构接手保障性住房的投融资（包括 PPP 项目建设中可纳入的保障性住房）。可借鉴国外住房储蓄银行的经验，在大中城市建立储蓄性住房金融机构，通过互助融资，为成员间的住房需求提供支持。二是在住房金融市场发展中，积极支持发展住房贷款证券化产品，探索 REITs 的发展，培植住房金融的二级市场，拓宽资金筹集渠道并优化回报机制。三是在当前阶段，面对"冰火两重天"的市场分化格局，在"火"的一二线城市看重"金融去杠杆"的同时，在"冰"的不少三四线城市还需酌情配之以"加杠杆"措施（包括商业性、政策性"双轨"）以利于"去库存"。四是在住宅项目建设、小区开发，乃至包含多类型住宅的地方辖区内连片开发项目的建设中，积极、规范地引入 PPP 创新机制，以少量的政府付费"四两拨千斤"地拉动民间资本、企业资金、商业性信贷资金进入相关投融资领域，并带来政府、企业、专业机构"1+1+1>3"式的绩效提升效果。

（四）房地产税制度：健全体系，攻坚突破

广义的房地产税指与房地产相关的一切税收，狭义的房地产税特指住房保有环节的税收。构建激励相容的房地产税收制度，形成公平合理的、社会共享的土地增值收益分配制度，是事关房地产业调控具有治本水平、促使业界实现健康可持续发展长效机制的十分重要、无可回避的基础性制度建设。当然，这也是我国改革过程中及地方税体系建设中一块难啃的"硬骨头"。

　　由未来可望稳定运行并逐步成为地方政府主力型支柱财源的房地产税，以及必将积极构建的完整的地方税体系为重要制度支撑条件，省以下的分税制财政体制有望改变 1994 年之后迟迟不能真正贯彻落实的现状，从而在"治本"层面上改造"土地财政"概念下过多依靠一次性土地批租收入的短期行为模式，改善地方政府层面财源建设基本局面，并促使各地房地产调控困境在以经济手段为主的机制生成后得到有效破解，达成标本兼治的长效机制。

三线城市房地产市场变化趋势与房地产税改革

时间： 2018年6月5日

地点： 徐州

会议： 淮海经济圈房产高峰论坛

　　说到三线城市房地产市场的变化趋势，先要了解一下三线城市的概念。一般来说，三线城市是一个弹性概念。提到北京、上海、广州、深圳，大家可能一致认同是一线城市。到二线城市，概念就开始有些模糊了，并没有权威主体来宣布哪些城市属于二线。到三线城市，其概念可能就更模糊了。我们按照大家基本认同的三线城市概念，来讨论其房地产市场变化。

　　我们按照特定的统计口径，把全国几百个城市区分为一线、二线和三线。从2010年开始，三类城市的房地产成交价曾经经历了一个高度一致下调的过程。到2012年，全国房地产市场景气水平明显提高，但是三类城市间出现分化，一二线城市房价上涨较快，三线城市房价次之。到了2014年，房地产市场出现明显的回调，有人惊呼中国的房地产市场要崩盘，还有人说出现了一去不回的拐点。作为研究者，我们当时特别强调，中国房地产市场不可能崩盘，只是在调整过程中出现了市场分化。这种分化的特征比较明显：2015年国庆长假后，一线城市房价开始回暖，房价曲线迅速冲向景气高涨期；2016年下半年，大家对房地产市场的讨论从"去库存"开始转向如何控制上涨过快的房价；房价"冰火两重天"

特征进一步凸显，一线城市房价陡峭地往上冲高，二线城市房价紧跟其后，三线城市房价则后来才慢慢跟上来。

我们应注意到，此轮一二线城市房价冲高之后，便急转直下，但这并不是市场力量造成的，而是当时民众对高房价怨声载道，使政府承受了较大的压力，于是便以限购、限贷、限价等行政手段调控房价。房地产市场调控一直延续到现在，一二线城市房价受到遏制。三线城市房价在未受到行政力量打压的情况下，跟随大势略有下调，之后保持升势。2018 年前几个月，三线城市房产成交价上扬趋势更加明显。

这种"冰火两重天"的分化特征，已经摆在全社会面前。因此，在房地产市场健康发展方面，我们不仅要区别对待不同区域或城市的房地产市场，而且要打造标本兼治的长效机制。在"治标"和"治本"兼顾的情况下，作为研究者，我们推崇"治本"为上。"治本"的基本要领，是要通过基础性制度建设，来解决房地产市场长期发展健康度不足的问题。

在打造长效机制方面，中国房地产业的长期发展要通盘考虑一个大趋势，即城镇化水平。根据西方学者纳瑟姆提出的"纳瑟姆曲线"——也可以称为城镇化率变化曲线，各个经济体在城镇化率30%以下时，城镇化有一个逐步提高的过程，但不是高速发展期；城镇化率到了 30%以后，城镇化进入快速发展阶段，一直持续到城镇化率达到 70%的高位，会出现拐点并转入相对低速发展阶段。从30%~70%这一过程，是城镇化快速发展阶段的体现。中国现在处于这一阶段的什么位置呢？官方前些年的统计数据表明，我国常住人口的城镇化率已经达到 58%以上。但是，这两年中央特别强调，我们还必须看户籍人口的城镇化率水平，它反映了城镇化的真实情况。当然，我们对常住人口的城镇化率也不能完全不考虑。我个人认为，户籍人口城镇化率现在只有43%，与我们过去一直在跟踪的常住人口城镇化率59%中和一下，中国实际的城镇化率水平不足50%，未来还会有20%的城镇化高速发展期的纵深空间。也就是说，按城镇化率每年提高1%来算，中国城镇化还需要20年才能走完高速发展阶段。

这个历史背景告诉我们，对于中国城镇化发展的纵深空间有一个客观判断的话，自然会对城镇化发展的成长性充满信心。在这一过程中，未来几十年内，中国还会陆续有接近4亿农村人口向城镇中心区迁徙并定居。而我们现在所说的新型城镇率，是要让他们市民化，让他们得到一视同仁的基本公共服务待遇，要逐步为他们解决户籍和配套的公共服务问题。在这一过程中，建成区一定要不断扩大，以接纳几亿人成为城市居民；在建成区扩大的同时，基础设施要一轮一轮地升级换代，产业结构调整和升级也必须给发展过程提供配套和支撑；人力资本的培育也会一轮一轮地不断提出新要求，进入更高的发展阶段。伴随着这个过程，中国作为世界上最大的发展中经济体，将逐渐弥合二元经济，完成现代化建设，最后争取如愿实现"中国梦"，达成现代化战略目标。

在这个过程中，城镇化伴随着工业化与产业升级，会不断释放巨量的需求。而我们可以靠扩大开放与全球做生意，得到全世界有效供给的回应。在要素流动的过程中，我们要掌握好供给侧结构性改革带来的供给体系的结构优化，做到"守正出奇"，既遵循市场经济的共同规律，又在中国特色之下做好创新，以创新作为第一动力推动协调发展、绿色发展、开放发展和使人民日益增长的美好生活需要得到满足的共享发展。

一、　三线城市房地产市场的成长性

在我国城镇化高速发展阶段，三线城市房地产市场的成长性是不言而喻的。

第一，在建成区不断扩大的过程中，将近 4 亿人进城，不可能都进北京、上海、广州和深圳这样的一线城市，二三线城市会越来越可能成为很多人迁徙的目标地。

第二，多轮基础设施扩建和升级换代更是必须要做的事，而且很多三线城市有后发优势，可以把国内外成熟经验用到自己的城市建设和基础设施产业集群的发展中。如果推进得好，这些三四线城市和一二线城市的差距会迅速缩小，比如在三四线城市出现的很多特色小城镇，生活环境和生活质量都很有吸引力，正在悄然改变"只有大城市才有好的公共服务"的传统观念。

第三，多轮产业结构调整升级和推进高质量的发展，是中心区域、城镇区域可持续发展的条件，不管城市多么有特色，总体来说也一定要有产业作为支撑。各地的产业集群可以各有偏重，有的以重化工为支撑，有的以服务业为主等。就如徐州，有重化工业的深厚基础，也已将加快服务业和轻工业发展纳入规划。

第四，城镇化带来多轮人力资本的培育和优化浪潮。现在千千万万家庭非常重视孩子的教育，在人力资本的培育方面，全社会已经营造了现在这样的氛围。大家都在讨论自己孩子该如何受到良好的教育，以便以后能适应竞争的环境。与此同时，企业、职工培训、终身学习等方面，更是必然融入工业化和城镇化形成的发展大潮。三四线城市房地产业的成长性，汇合于经济社会现代化的成长和繁荣发展过程中。

但也要注意到，在"冰火两重天"的基本格局中，三四线城市仍然没有完全消化房地产市场去库存的压力。

总体来说，基础性制度建设现在仍然是房地产业发展的短板。从 2016 年中央经济会议强调此项任务开始，到现在为止，真正实质性的基础性制度改革推进并不明显。但是至少有一点值得欣慰，2018 年"两会"对房地产税改革形成了权威、明确的指导意见。已经被热议多轮的房地产税，终于要启动立法过程。这里特定讨论的房地产税是狭义的概念，不涉及与房地产相关的各种税收，只是强调对房地产保有环节，包括消费性住房的保有环节，从无到有开始征税。在此之前，10 个城市进行了物业税模拟空转的试点，上海和重庆两地实施了房产税试点改革。

从目前的情况看，征收房地产税要通过税收法定的程序，走完立法过程以后，对地方充分授权，区分先后，逐渐地把房地产保有环节的税收依法落实到实际生活中。我认为，北京、上海、广州、深圳在房地产市场调控方面要尽快依法启动房地产税这种经济杠杆，去替代副作用很大、会误伤刚性需求的限购、限贷、限价等措施。

二、 房地产税的必要性和正面效应

可能很多人对房地产税比较反感，这符合古今中外各个经济体的共性。说到税收，人们都是厌恶的，特别是直接税，房地产税和消费税都是直接税，即征收了以后税负无法转嫁。住在自己房子里还要交税？交税还要有合法性？民众多少有些不高兴。但是如果看全局，看中国的现代化发展进程，必须要承认：征收房地产税有其必要性和正面效应。

第一，对房价有压仓促稳的作用。这并不是说房地产税能解决一切问题，但至少它会促进房地产市场的成交价趋于稳定，特别是能防止房地产市场因肆无忌惮炒作造成房价"大起"以后,又不得不以各种手段强压房价而产生不少负面影响。

第二,会促使地方政府职能转变与培养财源形成内恰性,帮助地方政府更好地提供公共服务。也就是通过打造制度体系,落实与市场经济匹配的分税制。

第三,能强化和优化再分配机制,使社会中住好房、有多套房、支付能力强的社会成员多做税收贡献。这不是要让他们"伤筋动骨",而是在支付能力约束条件之下,通过再分配的优化,使国库资金更有能力去补助和扶持弱势群体,更好地促进社会和谐,遏制社会财富"两极分化"。

第四,能在经济宏观调控中更好地体现直接税自动稳定器的功能,并减轻整个社会的税收痛苦。由于那些有支付能力的主体更多地为国库资金做了贡献,在一定程度上能够减少消费者实际承担的间接税费用。从全社会来说,让中低收入阶层承担消费品的最终税负,是一种不合理的累退式调节方式,本来应让他们基本避免这种税收负担,而由有支付能力、先富起来的人更多地承担纳税人的职责。先富起来的人多交一些税也会有痛苦感,但是他们的痛苦程度比较低,因为他们不是在生存资料层面上做利益让渡,而只是在享受资料层面上让渡一些利益。所以,征收房地产税有助于降低全社会的税收痛苦程度,从而使社会变得更和谐。

第五,房地产税有助于发展自下而上的民主化、法治化、规范化的公共选择机制。随着老百姓生活越来越富裕,更多人拥有了自己完全产权的住房,也将有更多家庭需要面对房地产税。按照以后的税法,扣除"第一单位"以后,交房地产税时,民众自然要追问地方政府:我交税以后,政府拿去要怎么用?房地产税如何体现取之于民、用之于民？根据国际成熟经验，地方政府获得税收收入以后，必须非常尽责地公布税收使用信息，包括是如何用于本地教育、公共服务、绿地规划、基础设施建设等方面，接受社会检查、监督。而且政府每年制定税收使用方案时，都要吸收社区和地方辖区纳税人广泛、深度参与讨论，使方案尽可能体现高水平。这不就是民主化、法治化、规范化吗？

三、 对房地产税的几大误区

当然，也有人发出疑问：房地产税有其必要性和正面效应，那它的可行性如何？房地产税遇到了一些诸如此类的诘难，不少人认为征收会碰到障碍。实际上，公众对房地产税存在一些认识误区。

第一，有人说房地产税是国外土地制度私有制背景之下形成的征收机制，中国所有建成区的土地都是国有的，怎么能在国有土地上对民众的房产征税呢？这其实是一种错误的认知。以工业革命发祥地英国为例，该国并不是所有土地都是私有的，但不论土地产权是公有还是私有，其上房产都被统一征收"市政税"，即英国的房地产税。所以，我们如果借鉴国际经验，并不会遇到土地私有才能开征房地产税的情况。

第二，有人担心房地产税与土地出让金形成了不合理的重复征收。其实，它们的经济性质不同：土地出让金是地租性质，凭借的是经济权利，而房地产税是税收性质，凭借的是社会管理者的政治权力。两者是相互协调的关系，而不是只能取其一的关系。

第三，有人说房地产税税基评估太复杂了，中国做不了。这种说法欠妥，我们早已经做了全面的准备工作。

第四，有人说征收房地产税可能会激起普遍的抗税情绪。这要看我们的征税方案是不是可行：从重庆的试点经验来看，给出了

180 平方米免税的扣除，180 平方米以上的部分才交税。这条本土经验非常重要，我们的房地产税立法就应该贯彻这一精神。当然，在征税时也要注意柔性切入。我国房地产税框架建立之初，也一定要掌握好社会可接受度，要处理好"第一单位"的免税问题。至于该怎么设计，需要大家一起参与立法过程，广泛征求社会意见。我认为，一定要开听证会，以理性的态度摆论据，全社会一起来讨论。

第五，有人说小产权房问题解决不了，就无法开征房地产税。解决小产权房问题确实非常棘手，但它一定要解决，早解决比晚解决更有利于提升政府公信力，更有利于中国走向现代化。而开征房地产税，正好可以倒逼我们解决小产权房的问题。深圳其实已经有了解决这个问题的基本路径和初步经验。

既然房地产税具有正面效应，那么我们就应该在中国特色之下积极处理好它的可行性问题。顺利完成房地产税立法以后，也不会全国一起实施，三四线城市一般不会进入第一轮的先行位置。

对中国楼市发展的基本看法

时间：2019 年 1 月 7 日

地点：北京

会议：首届中国产城融合大会

我谈一谈中国楼市的发展趋势和对楼市的一些基本看法。广义上我们不妨把楼市看作整个房地产业。

一、房地产业仍是国民经济的支柱产业

首先，我们应该有信心把房地产业看作国民经济的支柱产业。不妨把建筑业与房地产业放在一起看作一个广义的概念：要开发房地产肯定有建筑。它为什么是国民经济的支柱产业？要看一个大背景，即整个中国经济社会的成长力。

从工业化来看，我们现在走到什么阶段了？改革开放以后，现代化之路越走越宽了，但到目前为止，我认为中国总体的工业化水平也只是处在从中期向中后期转变的发展阶段上。有学者援引西方的一些指标，说中国已经到了工业化的中后期，因为人均 GDP 已经接近 1 万美元，并且工业在整个国民产值中的比重也达到了一定的水平。不过，如果结合中国的全貌来看，沿海区域到了工业化的中后期，但广大的中部、西部地区也只是处在工业化的初期和中期。综合来看，我国工业化处于从中期向后期的转变过程，后面的成长空间是相当可观的。对工业化的这个认识，其实要结合城镇化来一起考虑。一位美国学者提出的"纳瑟姆曲线"得到了学界的广

泛认同，即经验数据表明，工业化还没有启动时，城镇化处于初期发展阶段；城镇化真实水平达到30%左右时，第一个拐点出现，工业化从初期向中期转变，城镇化进入高速发展阶段；城镇化真实水平达到70%左右时，才会出现另一个决定性的拐点，即城镇化发展转入稳定阶段，这时工业化才进入从中后期向后期的转化过程。中国现在处在中间阶段，这从两个指标可以看出：一个是常住人口的城镇化率，已经到了59%，另一个是户籍人口的城镇化率，现在只有43%。比如，北京前些年有好几百万人成为常住人口，但其中的绝大多数人没有拿到户籍。拿不到户籍，就无法获得一视同仁的市民化基本公共服务待遇。因此，常住人口城镇化的指标就是"欠账"的。也正是因为我们现在还没能力弥补这种"欠账"，所以，以北京为代表的一些城市对放松户籍管制比较谨慎。但是，未来一定要补上"欠账"，要在户籍改革等相关条件支撑下，取消城乡户籍的区别，取消对进城无户籍常住人口的差别待遇。当然，这需要一个相当长的发展过程。

将常住人口的城镇化率和户籍人口的城镇化率两个指标综合起来看，我们现在的真实城镇化水平只有50%左右，后面还有20个百分点左右的城镇化高速发展空间。城镇化率按照每年提高1个百分点计算，城镇化的高速发展过程至少还要走20年时间。这意味着，我们到2035年基本实现社会主义现代化之后，城镇化的高速发展过程才会告一段落。回过头看，房地产业与城镇化和工业化推进的过程是密切相关的。伴随着城镇化和工业化，全国要不断扩大中心区域和建成区，未来几十年间还要接纳约4亿人从农村转入城市定居，而且还要让他们获得基本公共服务均等化的市民待遇。这些对于中国来说既是挑战，又是机遇，也是我们以发展弥合二元经济的引擎和动力源。我国未来相当可观的发展空间会带来一轮又一轮的城市中心区建设，一轮又一轮的基础设施、公共工程的建设和升级换代，一轮一轮的产业互动、产业升级，以及一轮又一轮的人力资本培育——从农民工的培训，一直到全社会学习型的人力资本培育体系的发展，都不断地释放需求。那么，有效供给从哪儿来？来自于国内统一市场及全球市场。这种供需之间不断的循环，可以支撑中国继续以超常规发展走向现代化。

这个"引擎和动力源"就涉及伴随城镇化而进行的不动产开发，相关房地产业必然成为国民经济的支柱产业。我们必须充分认识它的地位，从而在种种不确定性面前，特别是当下外部压力带来不好的市场预期情况下，保有底气。在不确定性冲击下，如何把握和认识自己的确定性？这就要利用中国巨大的市场潜力，以及相当可观的发展纵深空间，做好自己的事情：坚定不移地通过改革来解放生产力，坚定不移地扩大开放，与全球做生意，并以开放来倒逼中国改革中的"攻坚克难"。

不动产或者楼市可以分成三大类型：工业用途、商业用途和住宅。在这些年的发展过程中，工业不动产的土地集约利用程度不是提高了，而是降低了。这是未来政府管理和调控方面一定要解决的问题，但恰恰它还没有成为社会关注的要点。

大家现在最关心住宅方面，近十几年它的成交价在波动中出现了分化。把一二三线城市住房平均成交价格的涨幅作为一个代表性指标，可体现出整个楼市景气演变的过程。2010—2012 年，住房平均成交价格的涨幅处于下降的过程，代表一二三线城市住房平均成交价格涨幅的三条线总体来说走向一致。2012 年第 4 季度以后，一二三线城市房价出现了明显的市场分化，一直延续到现在，出现了

"冰火两重天"的特征，三条线间的距离越拉越大。2014 年以后楼市出现回调，但 2015 年很快开始升温。2016 年年初，大家的注意力几乎都集中在房地产"去库存"上，没想到 2016 年第 2 季度以后，一线城市楼市就开始发"热"，到 2016 年第 3 季度，几乎人人都在关注楼市升温的问题。于是，国家出台了"9·30"新政，用限贷、限购、限价等行政手段去化解房地产的热度，一二线城市楼市开始降温。三线城市楼市未受到行政手段的影响，房价继续上升，但在一二线城市楼市降温的影响下，走势又略有下调。2018 年第 2 季度以后，三条线又开始悄然缓慢往上走。

在经历了前面两波的大起大落，但总体来说成交价表现的景气水平是上扬曲线的"全景图"之下，我们应该理出一个清晰的认识：中国一线城市和相当多的二线城市基本上已没有了"炒房"的泡沫。实际上，北京和其他有代表性的区域，以及不少二线城市，不仅挤出了"炒房"的泡沫，而且已经伤及了一部分刚需和改善性需求。行政手段压住了"需"，但没有解决好"供"的机制问题。

与此同时，中国现在的楼市空置率很高。有些研究者说空置率高达 30%，也有一些人说空置率为 20%，但不管哪种研究结果较为准确，与国际水平相比，中国已经形成的中心区域的住房空置率都是非常高的。也就是说，资源配置的效率相当低。而财产保有上的差异悬殊，是最可能引起社会矛盾累积的真问题。一些"房叔""房婶""房姐"手上可能持有多套房产，而另一些人却无法解决好住有所居的问题。人均住房面积已经达到 35 平方米，甚至 40 平方米，但它掩盖了很多改革中只有通过攻坚克难才能解决的矛盾积累问题。三四线城市现在仍然承受着去库存的压力，这是非常明显的。一些小城镇和乡村的不动产空置率也相当高。在以后城乡一体化的发展过程中，这个问题也必须解决。

从"炒"的角度来说，这些年一二线城市楼市已经形成的泡沫得到了柔性消化。但三四线城市如果没有好的机制建设，有可能在未来的一段时间内，重演一二线城市的"炒房"过程。如果没有新的制度建设来约束"炒房"行为，那么有些地方的楼市就会重现泡沫。过去主要是以行政手段为主"治标不治本"地压制泡沫，在"打摆子"式的调控中，容易生成泡沫，又以社会代价较大的方式事后去做消化。

二、　楼市的出路：　四大制度改革并进

在这些基本的认识之上，我们谈谈楼市的出路。

在制度方面，中央提出的基础性制度建设，是要推进土地制度改革、住房"双轨统筹"改革、投融资制度改革和税收制度改革，至少这四个方面的改革都不可回避。在高质量提供多样化的有效供给（涉及各种类型的不动产）过程中，我们要跟踪中央推进的配套改革。改革的进度如何，关系到以后长效机制的作用发挥和房地产业的健康程度。

土地制度改革方面已经有一些举措，未来还要进一步探讨。住房的"双轨统筹"方面，如果"保障轨"做得好的话，人们未来会慢慢认识到房价绝对不是楼市最关键的集中代表性指标。重庆约有40%的住房是由市场并不起决定作用的保障房。深圳提出"保障轨"要提供60%的住房。有人建议进一步学习新加坡，高达80%的住房由"保障轨"解决。我不认为中国保障房占比应该提高到80%，也不认为深圳60%的保障房比例可以套用到其他地方，但是设想一下，如果以后中国的中心区域1/3以上的"住有所居"问题靠"保障轨"解决了，那么剩下的，就是有支付能力的中产阶级及

更高收入水平的人群，相对从容地在一般商品房和中高端商品房的领域行使消费者权利，去挑选、购买心仪的住房的问题了。到那时，房价哪还有现在这般杀伤力？哪里还会引发民众的焦虑？我们要总结房地产调控的教训，过去只治标不治本，始终没有形成长效机制。在高水平国土开发规划下，至少要匹配上述四个方面的制度建设，才能形成长效机制。在中国城镇化过程中，必然表现出高速发展期尚未结束时段上房价的上扬曲线。在房价演变过程中，我们要做的，不是把这条上扬的住房均价曲线硬压成一条水平状态的直线，而是通过制度约束它，使它的走势不那么陡峭，特别要防止它大起大落，造成社会不良影响和副作用。

在税收方面，讨论了多年的房地产税受到了高度关注，它狭义上指的是住房保有环节的税收。在中国，这一税收只有前些年的物业税模拟空转提供了一些技术上的准备，也只上海、重庆两地试点取得了一些初步的经验，而且都是柔性切入的。现在国家已明确提出要解决税收法定、立法先行概念下的房地产立法问题，我们可以拭目以待。什么时候启动立法过程，关系到对于市场预期的引导，关系到中国长远的制度建设。住房保有环节的税收成本一旦依法形成，所有的预期、供需的调整都会跟进。它不仅对房地产市场有压舱促稳、减少空置率、遏制炒作的作用，而且将促使地方政府转变职能，给地方政府财源建设和地方税体系提供重要的稳定收入来源，同时也能降低中国的税收痛苦，以优化再分配的手段去调节收入差距和优化资产配置。老百姓既然要承受这种税收调节，就必然会加强对政府的监督，要清楚税收的去向。公众的纳税人意识被进一步唤醒和激活之后，民主化、法治化进程就会跟进。这都是我们所期待的未来制度建设的正面效应。

在金融创新领域，住房信贷、住房反向抵押形成的融资支持等方面，要进一步多样化和创新。在供方，除了 REITs——它带有一定的资产证券化和众筹等机制创新色彩，还要特别注意 PPP。在一个地方政府辖区之内，公共工程、基础设施、产业园区建设、连片开发及不同类型的住宅建设，都可以运用 PPP 模式，以调动政府体外的社会资金参与其中。这同时给很多企业提供了舞台和机会。承接 PPP 项目，无论是单个项目，还是打包项目，抑或连片开发项目，运营期往往要覆盖较长的时间段，而且它的 SPV 是现代企业制度标准化的股份制。在这种股份制的产权架构中，政府天然不想一股独大，而是希望更多地调动企业资金参与进来，让企业唱主角。PPP 项目整个生命周期走完以后，企业可以在法治化、阳光化、专业化等因素配合之下，取得应有的投资回报。必须要明确，投资回报不可能很高，但它是"可接受"的。很多企业的决策者具有这种偏好，愿意做 PPP 项目投资，取得长期稳定回报。这是包容性发展中的融资模式创新，而融资模式创新带来的是管理模式创新和绩效提升，政府、企业和专业机构的比较优势汇聚起来，实现了"1+1+1>3"的效应，进而推动中国高质量发展的新境界。

这是房地产融资方面可特别关注的一个创新发展的重要领域。这一段时间，在国家有关部门支持 PPP 发展之后，出现了一些调整的呼声，但这只是希望 PPP 稳一稳，绝不是要"叫停"。在进一步放松银根、扩大内需的过程中，PPP 会发挥更加生机勃勃的作用。企业界至少要留心 PPP 以后可能打开的空间。PPP 并不是有些人说的那样，只有国有企业的份儿，其实民营企业参与率也不低。当然，一般来说，民营企业做成的 PPP 项目平均规模比国有企业要小一些。民营企业参与的很多市县级项目，绝对规模也不小，甚至达到几十亿元。

从学理上说，我不认为房地产过热、房价过高就是货币造成的。货币是总量因素，它显然与房地产的景气程度有关。新一轮降准之后，房地产会迎来一轮利好，但是楼市在"冰火两重天"的情况下，不是所有城市都能获利。在货币宽松时，也会出现一二线楼市热，而三四线楼市冷的悬殊情况。所以，不能仅以单一的货币指标来解释房地产明显分化的景气程度和热度。

另外，在地价和房价的关系上，我也不赞成地价决定房价的说法。如果说房地产的产出品是住房，那么，未来产出品适应社会需要所带来的预期市价，决定着开发商拿地时肯出的对价。开发商对未来的"面包"市价进行了预测之后，当期愿意出手购买的"面粉"可能比过去的面包还贵，这就出现了某一个具体时点上的"面粉"比前面的"面包"还贵的情况。我们需要有制度约束，避免"地王"频出，这涉及压舱促稳的问题。但是总体来说，由开发商提供的未来房价，是不可能仅靠地价来决定的。要是地价真的能完全决定房价，那就太简单了，政府只要按住地价，房价高的问题就能解决。所以，我们一定要认清楚地价和房价在房地产大概念下的关系。如何提升住房供给体系的质量和效率，才是真问题。

房产税：似近还远？似远还近？

原发表媒体:《华夏时报》2015 年 11 月 19 日

我国的房产税这个概念所涉及的制度变革，其实已聚焦在党的十八届三中全会文件里所说的"加快房地产税立法并适时推进改革"中：住房保有税出现了从无到有的改革趋向。

比如前几年重庆、上海两地被称为"房产税"的改革试点，就是在一部分消费住房的保有环节征税。这在试点启动之时，被称为"物业税"，曾经有过 6 个城市（后来扩大到 10 个城市）的物业税"空转"试点。

到了房产税改革试点这个阶段，考虑到物业税在我国本土进入实际操作相关的立法过程会比较长，而且既然允许先行先试，就不妨用 1986 年全国人大已对国务院授权的房产税这个制度框架，加入一部分消费住房在保有环节征税这样的改革内容。

一、 实施困难重重

当下，"加快房地产税立法并适时推进改革"这个指导精神如何和实践对接，是存在很多不同意见的碰撞、争议的。

从房地产税的概念来说，可以作广义的解释，也可以作狭义的解释。实际改革中要把广义概念和狭义概念打通，即如果设计将要提交全国人大通过立法审批才能够执行的住房保有环节的税制，也必须把从土地开发、住房建设、交易到保有环节的全链条的所有租、税、费考虑进来，进行配套改革式的优化整合。

在改革开放过程中，我国的整个经济社会转轨已使我们获得了一个清晰的认识，即党的十八届三中全会表述的"市场在资源配置中起决定性作用"。这个表述后面还跟着一句话：更好发挥政府作用。

政府如何更好地发挥作用呢？既然从邓小平"南方谈话"到现在，终于在汉语语境里说清楚了社会主义市场经济是市场决定资源配置，那么总体而言，政府充其量起到辅助性、补充性的作用，当然，还要探索现在所重视的政府和市场主体合作来更好优化资源配置的 PPP 模式等。在此方面，政府更好地发挥作用就必然涉及政府履职的机制，那么就必须解决它在履职基础环节的财力支持问题。要履行相关职能，没有财力后盾是必定做不到的。而紧跟着就是政府的"钱从哪里来、用到哪里去"这个现实问题。

如何处理好政府履职需要拿到钱、用好钱的机制？我们可以看看改革开放后十分注重的市场经济方面的国际经验，其中最典型的是世界头号强国美国。直观地看，美国因为税收问题而独立；后来又在其"进步时代"使得与税收相关的政府履职机制规范化；又因其税制中以直接税为主的框架而实现激励兼容，最终崛起为世界头号强国。美国在"进步时代"之后能成为强国，这一套制度建设是非常重要的。随着改革开放的深化，这套经验离中国也越来越近。

这种由远而近的认识过程，当然也充满着不同意见的碰撞。我国现阶段仍然是一个以间接税为主的税制结构，它里面隐含的问题过去很少有人议论，但现在越来越多的中低收入阶层社会成员听说馒头有税，过中秋节买的月饼里也有税，就会表现出不满情绪。税收痛苦问题凸显的同时，我国又出现了富人登高一呼："个人所得税起征点应提高到 1 万元。"底下一片附和、一片掌声、一片赞美。但实际上这里面的理性成分如何，很值得进一步讨论。只提高起征点，我国已被边缘化的个人所得税将会更加边缘化。

二、 百姓态度不一

现在按中央说的逐渐提高直接税比重，摆在第一位的就是房产税。观察我国激烈的争议中不同的看法，至少有以下几种态度。

第一种态度是对税收不接受。任何经济体内普遍的民众情绪都会倾向于这一点，但这并不能够达到现代社会的理性水平。

第二种是承认了税收的必要性，但是实行起来，要有一系列的前提，比如透明化政府税务支出。这种想法有其合理之处，但是回归实际，这又可能走到一个理想化的极端：中国要实现高水平的市场完善、政治清明，从各个方面看政府履职都很完美、绩效又很高，只有这样才能开征房产税吗？

第三种态度是言审慎、实拖延。我们体制内一些官员的家庭成员手中有一些房——并不是说这些都是靠非正常手段拿来的，可能是由于种种历史原因所造成的。比如，地方官员往往是在原来分配的住房商品化之后，又有机会通过集资获得改善房，名义上是个人出资，实际上只是象征性地出了一点儿钱。对这种既得利益的问题怎么消化？

第四种态度是承认税收是必要的，而且认为中国应该寻求比较便捷的方案，即比照美国的具体操作方案，普遍征税。对此，我并不赞同。虽然我一直持有的态度是建立现代税制势在必行，但是照搬美国普遍征税的模式却是没有出路的，因为这样的改革方案社会不会接受，反过来只会毁了改革。其实，这也是一种过度理想化的态度，没有可行性。

第五种是承认税制改革的方向是不可回避的。它的正面效应值得期待，但是不能照搬美国模式，关键是中国必须自己考虑如何设计出一个社会可接受的"第一单位"的扣除。技术上没有问题，现在不动产登记制度已在全国范围内广泛落实。但执行起来社会接受不接受？

另一个更宽松的方案是，干脆把第一套房扣除再征税。但扣除第一套房之后，容易造成另一种不公平：第一套房可能大小不同，有的是40多平方米，有的是400多平方米，如何解决？除此之外，有人还说这会激发中国的离婚潮：夫妻两人如果假离婚，各自有一套房，若按第一套房不缴税的办法，实际上就变成这个家庭两套房都不用缴税了。

既然这样，是不是可以考虑更宽松的方案？单亲家庭扣除第一套房，双亲家庭扣除两套房，从第三套房开始征税。

各种意见，各种方案，最后哪一种会成为可执行的方案？这就是下一步通过立法要解决的问题了。在激烈的争论中，原来看似离我们很遥远的房产税，在中国正在一步一步地走近。

三、 立法过程缓慢

房产税改革，其立法现在已经被列入全国人大的工作规划中，这与党的十八届三中全会精神是一致的。那么，能在一段不太长的时间内完成整个立法过程吗？这需要我们拭目以待。不排除由于种种问题，在立法过程还会出现新的不确定性。

若要初步估量一下房产税立法的时间表，我认为大致有如下这么一个节奏。现在我们可以相对从容地看它什么时候进入全国人大一审，这是未来完成立法规划任务的第一个环节。进入一审之后，一定会把方案公之于世，征求社会方方面面的意见，我们所有的社会成员到时都可以表达自己的诉求和主张。可以预见，有关房产税的建议、意见数量一定会创造前所未有的纪录。一审过后，会有二审、三审，甚至会出现吵作一团的情况。什么时候能尘埃落定？这还真不好说。房产税自有它的复杂性，立法过程一定会有激烈的观点碰撞，也一定会遇到很多难题。

但是，从另一个角度看，中央的时间表要求，似乎并不允许房产税立法过程耗时过长。按照中央的精神，总体的改革要于 2020 年取得决定性成果。党的十八届三中全会以后，中央首先审批通过的财税配套改革方案，要求 2016 年要基本完成重点工作和任务，2020 年基本建立现代财政制度。这是直接税改革的第一个大事项。如果这个过程推进得顺利，那么既符合全面改革的内在要求，又符合我们走上现代化之路、提升国家治理水平的客观需要。但是，这只是一种最乐观的前景。如果立法过程中出现不确定性会怎么样？我们现在无力回答，但是可以持积极的态度，来共同追踪、促进这个过程。

在历史长河中，我们需要拭目以待，积极参与并准备去见证和推进制度建设过程。从历史眼光来看，我认为已经很近了。8 年、10 年，在历史长河中都是一瞬间，我们现在要走向国家治理体系和治理能力现代化的境界，必须是全民族、整个社会来经受建立现代直接税体系的历史性考验。这也需要我们每个人的积极参与，来共同寻求这种制度安排中的"最大公约数"。

这种税制的设计，简单地讲民主并不能解决问题。民主最直接可操作的形式是一人一票。如果税改只讲民主，那就太简单了，只需进行全民公决，很快就能确定是否进行改革。但现在十几个税种，一次一次地进行全民公决，最大的可能性是大多数的税，比如个人所得税，被公决否定。但整个中国社会走向现代化，是不可能按这种方式去处理税制建设、制度安排问题的，世界上也没有经济体敢用这种方式去解决税制问题。

如果只讲法制，但没有一个"法在权上"的制度机制，那么就只能算是"刀治"，不是真正的"水治"。整个社会的法治化改造，是一个缓慢的过程。民主和法治的真正结合，一定是需要在大家的互动状态中寻求"最大公约数"，允许人们理性地表达自己的利益诉求，承认世界与社会是分成不同的利益集团的。让各种角度的利益诉求都尽量理性地表达出来以后，大家来寻求共享改革开放成果的现实制度安排。通过这种方式来形成集体理性，进而来解决这个似近还远、似远还近的税制改革难题。

面对这样一个历史性的直接税改革的考验，我们要以全局配套改革眼光，在具体制度安排上抓住问题导向，正视争议和困难，最大限度地调动大家的潜力与理性精神，共同努力走向现代化。

吴晓求和贾康答辩房地产税

时间： 2019 年 3 月 27 日

地点： 博鳌

会议： 五洲博鳌论坛之"新浪财经夜话"

主持人：网上在热议您和吴晓求校长关于房地产税的"隔空互怼"。

贾康：我还真是不太知道。

吴晓求：但是舆论说你在怼我。

贾康：不会的。我怎么会怼吴校长？

吴晓求：贾康，我们俩关系特别好，他谦谦君子，他是说理的，是不是？

贾康：对，说理肯定的，吴校长也是说理的。我觉得有人可能在故意挑事儿，想咱们怼起来好看。

贾康：但是可能观点有不一致之处，这也很正常，个人认识不能强加于人。到底我们怎么怼了？

吴晓求：我把背景说一下。昨天秘书处给我组织了一个媒体见面会。你知道的，我对房地产市场实在没有研究，我谈的都是金融。但有一位记者硬问房价怎么样了，我说我不知道，差点就说你问贾康去。

贾康：我也不知道呢。

吴晓求：这位记者还问我怎么看待房地产税。我说，根据我的研究，还真得不出在中国开房地产税的逻辑和理由。后来我说，因为地是国家的，上面的房子倒是我的，增值了是因为那块地值钱了，我那个房子还是那几块砖头，还是那几块玻璃，没什么变化。如果我把这个房子卖掉了，增值部分肯定要交税。如果我还住在那个地方，又让我交税，我就需要思考一下是不是土地价格涨了。我只说了这些，媒体就开始传了。刚好抓着个机会，记者们又拉住了贾康教授，告诉贾康有这么个观点，但没说是谁说的，而贾康说征收房地产税没有任何障碍，就这样构成了他们所说的争论。

贾康：那我知道了，就是观点不一致，记者把咱俩凑在一起，想让咱们唱对台戏，现在还真的碰到一起唱对台戏了。观点还是要直抒胸臆，自己的观点不必隐瞒。吴晓求校长刚才说的这个观点，是一个在中国社会流行了多年且很多人听了心里舒服的观点。

吴晓求：既然是舒服的观点，不就是挺好的观点吗？

贾康：是的。但是从我自己坚持的观点来说，确实跟吴校长的想法不太一样。我的看法是，中国拥有房产的这些主体拿到的的确是房产证，房子下面的地皮是谁的呢？法律规定得清清楚楚，凡是建成区都是国有土地，这是中国非常清晰的一个法律规定。那么，怎么会把房产和地皮合在一起开征房地产税？大家都觉得好像不顺。

吴晓求：就是这个环节在逻辑上挺难弄清楚的。

贾康：最简单的说法是，国外之所以能开征房地产税，是因为人家的土地是私有的，中国没有土地私有制，开征房地产税法理上存在硬障碍。吴校长是不是也赞成这个观点？

吴晓求：这是你想的是不是？

贾康：这是我的解释。你刚才说想不通，不就是想不通这一点吗？我们的研究是这样的：从国际实践经验来看，不存在大家说的所有土地都是私有化的这种情况。比如，最典型的工业革命发祥地、老牌资本主义经济体英国，它的土地最终所有权，有国有的，有公共团体所有的，有地方所有的，也有私人所有的。不过，英国土地最终所有权分为两大类，一类叫 Freehold。如果是国家的某一个机构持有房产，底下的地皮是国有土地，它叫 Freehold，即房和地的产权是统一的。如果房和地都是私人的，那也叫 Freehold。另一类叫 Leasehold。房和地的最终所有权不一致，它要签订一个 Lease，即协议契约。契约规定了房子对其底下地块有多少年的使用权。英国很有意思，最长是 999 年，那就是最终产权跟使用权……

吴晓求： 没差别。

贾康： 高度分离了，但这并不影响法律上的产权清晰度。英国土地所有权的这两种类型说明了房和地最终产权不一致的情况确实存在，但是英国称为"市政税"（Council Tax）的房地产税——也是在地方政府层面征收的，对不同类型的产权是一视同仁的，不管是 Freehold，还是 Leasehold，"市政税"都实现了全覆盖。这就否定了只有对私有土地上的房产（既有地权，又有房权）才能开征房地产税的说法。

吴晓求： 这个我听懂了。实际上我还是在想，能举出英国的例子，很多人也可以举出其他国家的例子，例子它可能有它的国情。税的方面我的确要向你请教。

贾康： 哪里哪里。

吴晓求： 像房地产税开征的最终目的是什么？它是想增加地方财政收入，还是想平抑房价？

贾康：目的是多元化的，它在房地产业界有一个对成交价格压仓促稳的作用。这也很好理解，因为以后持有住房会有持有成本，这跟没有持有成本不同，会引导人们的预期和行为，使炒作行为得到明显抑制……

吴晓求：我插一句，如果我来设计的话，我会用交易税来替代。

贾康：我们一直有交易税。

吴晓求：我们的交易税太低了，交易的溢价是所得税。比如，以前房价只有每平方米5000元，现在每平方米涨到了10万元，但那个房子的功能没有发生任何变化，只有把房子卖掉之后，它的溢价才会实现。我想说明的是，为了抑制房价，可以对这个溢价征收累进所得税。这可不是20%就行了。你当年买的房，第二年卖，可能80%的溢价要交给政府，这样就没有人抢房了，因为抢房最终是要卖的。很多人当年在一个低价买房，现在房价涨了，地价也涨了，而有些人的收入可能并没有相应提高，让他们交那么高的房地产税，就会有困难。所以，我经常问房地产税的目的是什么，这非常重要。如果是要稳定地方财政收入，让它不要依赖土地财政，你可以做出解释。当然，征税一方面需要理论逻辑，说明为什么要做这件事；另一方面，需要国家权力，税本质上也体现了国家权力，如果我们强调必须征收这个税，那也没问题。

贾康：吴晓求校长说的这个有他一定的道理，可以考虑在交易方面加大税收负担，限制炒作行为。但是要注意到，现在你提的这个问题，说为什么对房地产的保有环节征税，你不能把它设定成只有一个目的，它是多目标的。

吴晓求：它有个主要目标。

贾康：要看不同情景、不同阶段之下，哪个目标更重要。你得先听我说完它有什么作用。

吴晓求：好。

贾康：房地产税要为分税分级财政体制配合市场经济，形成地方税体系中一个重要的税种，这个功能是不可缺少的。国际经验表明，地方层面适合掌握住房保有环节的税收，因为它的信息对称性比较高，在地方自己的辖区之内，它也没有什么外溢性。地方政府如果知道这种税收是每年的收入来源，会更尽心尽力地优化本地投资环境，提高公共服务水平，这就达到了它要履行、应该履行的政府公共职能与财源建设的内洽，这又是一个好处。所以，现在中央强调要推进地方税体系建设，其中就包括房地产税。

房地产税的收入再分配功能也不可缺少，它是一种典型的直接税。这种收入再分配功能现在在中国就是要解决如何推进共同富裕、防止"两极分化"的问题。在很多人看来，这一功能是非常重要、不可或缺的，而实际生活中却又非常缺少，现在需要补这个短板。

再有，房地产税实际上会在地方社区基层倒逼公共参与。公共参与是什么意思？我们实现社会公平正义，需要法治化、民主化，而公众参与是推进法治化、民主化一个必须的机制。在中国怎么催生公共参与呢？在实际生活中，一旦地方社区基层开始征收房地产税，那些纳税家庭自然就会追问政府打算如何用这些税收去履行公共职能。这样知情权就要跟进，之后会派生出质询权、建议权、监督权。公共参与实际上会推进法治框架下的民主化进程，这对于中国社会的进步和现代化意义重大。这几个目标放在一起哪个都不能少。晓求，你说哪个最重要？我听听你的排序。

吴晓求：我感觉你说的"最重要"好像还是维护社会的公平，

因为要对那些房产太多的人征税，要把这些人手里的房子逼出来，有这个功能吗？

贾康：房地产税有降低住房空置率的功能。有人说，我愿意拥有多套房，我拿多套房没有违法乱纪，都是通过自己的努力和理财获得的（吴晓求：公平功能）。这时候他想继续持有当然是可以的。不过，很多人从经济上考虑，会把房子租出去，不让它再空置，这又是一个很好的提升社会资源配置效率的机制。减少空置率对于社会的意义大家都知道了——不用在社会上再投入新的追加资源，就有人得到了住房。

吴晓求：这个是他的看法。我们看到非常多的解释，因为贾康在这个方面代表主流的看法。

贾康：不，不，我在这方面不敢说代表主流吧，但是我比较坚持，比较执着，我也知道网上有人骂我……

吴晓求：你主张开征房地产税有人骂你，我昨天的发言也有人留言骂，有人说我是房地产商的"走狗"（贾康：也是开骂呀！）。这个你就坦而待之吧，因为社会的阶层非常多，观点不同。我仍然希望大家赞同一个看法，就是增值的部分跟地上面的瓦片没关系，的确跟地有关系。

贾康：对的。

吴晓求：我还是想说，房子住的功能并没有因为过去买的是100万元，现在变成了1000万元，就有任何改善。也许房产还老旧了，但是仍要交税。我是说这个道理我想不通，况且我怕人误解，今天还做了一个补充。我说，我不是研究房地产税的专家，贾康、高培勇（中国社会科学院副院长）都是专家，他们研究透了就可以了。我只说我想不透，也不知道怎么办，如果资本市场我想不透，那就是我自己的问题了。所以，我刚才发表的那番言论基本上是无知者无畏。所以，大家也别那么在意了，认真听听贾康老师的讲解吧。

贾康：地段因素、中心区地皮升值的问题，又得另作专门讨论了。

房地产税应承担更多调节功能

原发表媒体：《新京报》 2019 年 3 月 31 日

有人认为，中国房地产税的开征有法理上的硬障碍，最突出的论据就是：现在房子有房产证，土地只有使用权，土地的最终产权不是我的，我凭什么要交房地产税呢？他们认为，不应该把房产和地产合在一起缴税。

"房地产税"只是一个表述而已，前面已经有了本土实验，在重庆和上海试点的叫"房产税"，现在中央的政策文件表述成"房地产税"，这不是广义上的说法，而是专指"保有环节的税"。这只是技术处理上的区别，在美国称为"财产税"，在英国称为"市政税"，在日本称为"固定资产投资税"。

人们注意到，房地产分为房产权和地权。中国的规定是，凡是建成区土地，就是作为城镇、工矿区的土地，终极产权都是国有的，只有农村土地是集体所有的——中国现在的土地没有私人所有的，农村宅基地也是公共所有、归个人使用。

在这种情况下，有人认为，土地不是我的，我只有房产，就没有道理对我再征收住房保有环节的税。理由是，因为国际上土地是私有的，所以才征税；中国是土地国有，就没有道理征税。很多人也觉得这个逻辑听起来很在理，但是我们做了多方面的考察和分析后发现，国际上并不是所有的土地最终产权都是私有的。

比如，最典型的工业革命发祥地英国，房屋下面土地的权属分为两类：一类叫 Freehold（对土地有终极所有权），就是住房和土地连在一起的持有关系，是房产、地产合一的财产权。这种形式既可以覆盖私有产权，也可以覆盖公有产权，比如私人住房 Freehold 的土地和房产都是个人私有的；国家公共设施的土地和建筑物合在一起也可以称为 Freehold。另一种叫 Leasehold（通过租赁契约取得土地的使用权），就是对房屋下面的土地规定了合同形式上的使用年限，Leasehold 的土地最终所有权在别人手里，但使用权可以长达 999 年，几十代人都可使用。但在法理上来说，这个最终产权仍是清晰的，只是极度淡化了，几十代人不用考虑所有权与使用权两者之间的差异。无论是 Freehold，还是 Leasehold，英国一致征收"市政税"。前面提到的"只有私有土地上的房屋才交房地产税"，在国际上并没有相关经验。

为什么对房地产保有环节征税？这是有多重目标的。除了该税会使房地产市场有一个压舱促稳的机制，遏制过度炒房行为而打造健康发展长效机制，对于建立分税分级财政体制以配合市场经济，此税也会形成地方税体系中一个重要的税种，这个功能是不可缺少的。地方政府如果知道这种税收每年都会带来收入，那么就会更尽心尽力地优化本地投资环境，提高公共服务水平，达到它需要履行、应该有内生动力履行的政府公共职能。因为地方政府这么做，当地的不动产就有可能进入升值轨道，而每隔几年重评一次税基，其财源就会扩大，这样地方政府的职能合理化与财源建设就形成了内洽关系。中央特别强调要推进地方税体系建设，其中就包括房地产税这个"重头戏"。

另外，收入再分配的功能不可缺少。现在中国的收入再分配就是要解决如何推进共同富裕、防止"两极分化"的问题。这个功能非常重要，而实际生活中却又非常欠缺。作为一种典型的直接税，现在需要房地产税来补这个短板。

征收房地产税，还能起到降低住房空置率的作用。你愿意拥有多套房，而且这些房子都是通过自己守法理财而形成的，当然可以继续持有。但是，如果有了房地产税，很多人从经济角度考虑，就会把房子租出去，不让房子空置，这样就减少了空置率，也很好地提升了社会资源的配置水平。

再有，房地产税还会从社区、地方基层，形成培育公共事务的公众参与机制的催化剂效应。因为有许多居民家庭交了此种税，自然要关心地方政府如何把这笔税金用到公共服务方面并尽可能地优化，继而要求地方政府提高透明度，把税金使用的详细信息告知纳税人。于是，这种公众的知情权自然会催生对于公共资源配置和地方政府理财的质询权、建议权、监督权，换句话说，就是能促成带有民主化、法治化鲜明特征的公共参与机制的进步。这个效应的意义，怎么估计都不会过高。

从治标到治本： 房地产业政策调控与房产税制度创新

原发表媒体：《北京工商大学学报》 2017 年第 2 期

继一线城市房地产市场热度高升之后，2016 年，我国一批二线城市的房地产市场也进入"冰火两重天"中"火"的一侧，且热度直升，热气逼人，地方政府不得已又纷纷采取限购、限贷等行政手段给楼市降温。但基于多年的行政调控经验总结，一些权威媒体已明确地将此评价为"治标不治本"之举。人们显然需要追问：什么才是治本之策？土地制度、住房制度、投融资制度、相关税收制度等方面，应当成为研讨的重点。

一、 标本兼治、 治本为上： 大方向、 大道理要管小道理和策略考量

前几年上海、重庆两地试点的"房产税"，也就是党的十八届三中全会所说的"房地产税"。这首先不是政策层面而是制度建设层面的问题。房地产业长期健康发展需要匹配一个有效的制度供给机制，以求在顺应市场经济客观规律的大方向下，创新性地构建一个必要的制度大框架。在这个大框架之下，才能真正解决好政策调控与政策工具组合的问题，才能达到政策调控应有的水准。前些年，我国经历了对于房地产业的多轮政府调控，但实话实说，最为缺失的就是制度供给的创新，且攻坚克难遇阻。

在理性讨论中，基本的逻辑是大道理要管小道理。最近我接触到的两个学者观点，却把小道理放在了大道理的前面。

第一个有代表性的观点是，中国在完成政治体制改革以后，再考虑启动房地产税改革，否则该税将不得人心，很难推进。但我认为，从中国渐进改革已经形成的路径，以及国际经验来看，这样一个"策略考虑"恰恰说反了。若把"美国'进步时代'的启示"借鉴到中国，我们是不是可以考虑先在与经济相关的制度规范性和依法治国框架之下的财经制度建设层面，来实际推进涉及千家万户的房地产税？如能依法实现制度性的进步，实际上有可能像美国"进步时代"那样，最终解决与之相关的政治体制改革问题。如果对这个顺序不进行务实地处理，那么我们永远无法想象，在中国已有的渐进改革路径依赖和具体国情制约的情况下，什么时候才能正面讨论并设计政治体制改革方案——这件事遥遥无期，那我们还怎么顺应矛盾凸显、问题导向的压力去解决实际问题？不论是政治体制改革，还是房地产税改革，以及改革、发展与稳定的结合，就都成了空谈。

第二个很有代表性的观点是，如果当前在房地产"去库存"的情况下正面讨论启动房地产税的立法问题（现在实施这一改革，首先是按照中央的指导路径，要解决"立法先行"的问题），那么它引出的问题会比解决的问题还多，在"去库存"未完成的大概 3 年或者再长一段时间内，不能讨论房地产税的改革问题。这也是从策略角度切入的反对意见，恰恰忽视了我国现在房地产市场上的基本事实，即"冰火两重天"。它给我们的重要启示是，"火"已经导致巨大而明显的社会压力与民众焦虑，并且"火"势还在蔓延，二线城市纷纷跟进。如果我们还像过去那样固守一套"政策调控"，而在制度建设上无所作为，那么还能适应解决房地产市场实际问题的客观需要吗？仅因为三四线城市为主的"去库存"，就继续拖延房地产税制度建设的立法过程，我们的大局观和综合配套思维能力是否有点问题了？

我认为，需要明确如下四个层面的认识。

第一，对于房地产税的大方向，应该坚定地按照党的十八届三中全会全面改革部署文件所表述的，在"税收法定"的轨道上立法先行，"加快房地产税立法并适时推进改革"。这个税改大方向，其实中央在历次形成的改革权威文件中是一而再、再而三地锁定的。

第二，在大方向之下，接着需要讨论的就是基本框架问题。既然是配套改革，那么与房地产税相关的就不只是这个税种概念下的那些具体的问题，而是要通盘考虑税、费、地租和不动产制度框架，这样才能称为高水平的配套改革。要处理好社会可接受的综合负担并尽可能降低，以及住房的土地使用权 70 年到期后如何按《物权法》已定原则续期的操作问题。

第三，在设计思路上，为适应中国的国情和公众心理，不能照搬美国房地产税的普遍征收模式，而是要借鉴日本等经济体的经验。在中国立法过程中"技术路线"的第一个大要领，就是坚持做"第一单位"的扣除。至于"第一单位"是人均多少平方米，还是一个家庭（父母和未成年子女合在一起算）的第一套房，这种技术上的争议其实不是根本问题。但是，我认为，坚持扣除"第一单位"应非常明确地作为立法的一个前提。关键是我们要以理性的态度来讨论起步时的"最大公约数"。

第四，立法完成之后，可以区分不同区域，按照地方税区别对待的原则，执行时不必"一刀切"，并可以陆续推出。经全国人大批准通过之后，显然可以考虑在仍然有明显热度，即"火"的一线城市，以及一部分有很大社会压力的二线城市区域，首先执行房地产税，而并不要求三四线城市"一刀切"地来执行。

二、 征收房地产税的必要性与可行性

（一）必要性

第一，有利于房地产业健康发展并发挥其国民经济支柱作用。伴随着我国城镇化进程的推进及各方面的快速发展，房屋价格节节攀升，在客观上就要求形成长效机制，更多采取经济手段进行调节。而考虑到我国目前社会经济的现实情况，以及各国的相关经验，房地产税在其中应该能够发挥积极作用。按照最直接的逻辑关系，对房屋保有环节征税是以从无到有的持房成本，直接改变了供需两侧的利益相关者各自的预期，这将促进供需两侧走向平衡而非背离，从而减少房地产市场中的泡沫因素，缓解供需两侧的矛盾。从中国的情况看，未来几十年由于仍将处于城镇化高速发展期，中心区域的房屋价格趋于上涨的基本趋势是非常明确的，而如果对房屋保有环节征税，就有可能让这一大势更加趋于平缓而非陡峭，尤其是能够抑制房地产市场出现大幅震荡，避免大起大落。与此同时，开征房地产税还能通过改变人们的行为，譬如激励人们更多地选择中小户型的房屋，促进土地的集约利用，以及驱使投资者将空置的房屋自主投入房屋交易市场，从而优化市场供需状态等。

第二，有利于贯彻落实市场经济所必然要求的分税制财政体制。以分税制财税体制机制匹配我国的市场经济建设，是我国社会经济转轨过程中的必选项。20 世纪 90 年代初，我国确定了走市场经济之路的目标模式，接着面临的问题就是必须匹配一个宏观上的间接调控体系。而 1994 年的财税改革就是在这一背景下顺理成章

地配套推出的，其积极效应也随之显现。但当时的改革受到种种条件制约，存在一些过渡期的安排，需要通过进一步深化改革来迈向更为成熟、稳定和符合改革意愿的相关制度安排。实际上，全国省级以下自1994年以来并没有真正进入分税制，地方税体系尚未成型，基层财政存在诸多问题和困难，包括土地财政、隐性债务问题等，都成为社会关注的重点和热点问题；同时也存在认识上的重大分歧，即问题的病根是出在分税制改革自身，还是改革未能深化推进、滞后和受阻之上。如何解决这一分歧，将决定今后我国的整个改革思路。关于这一问题，已经有大量的研究成果和分析论证来说明为什么不应当归咎于分税制改革自身。与此同时，未来我国的市场运行也需要匹配国际上各个经济体之间的合作竞争关系，这一建设全面开放条件下竞争性统一市场的基本大势是不可逆转的，也客观要求我国在全局上必须把整个分税制改革和地方税体系建设坚决推行到位。对此，我们别无选择。房地产税作为地方税体系建设中不可或缺的重要一员，将能够发挥其良好的作用，使地方政府职能真正向公共财政方向实质性转变，从而能够专注于优化当地投资环境和公共服务体系，且一并解决地方的主力财源建设问题。

第三，有利于推进整个中国税制结构的优化，逐步提高直接税比重，通过制度性改变来缓解以中低端消费大众为主体的社会公众的税收痛苦。总体来看，我国的社会结构仍然呈现一个金字塔形，其中下方有相当大比例是中低收入群体，而他们对生活消费品税收负担的接纳程度实际上是很低的，这也直接影响到社会整体的和谐发展。直接税的制度建设，正是在解决我国矛盾凸显的制度建设当中，虽不能说起到决定性作用，但却是不得不做的一项重要工作。在不改变现已形成的宏观税负水平的前提下，直接税比重提高可改变社会中的税负结构，在明显降低中低收入阶层税负痛苦程度的同时，尽管会造成高收入阶层的税收痛苦程度有所提高，但这个过程相对而言并不等价。从学理分析上来看，社会总体的税负痛苦程度会降低，和谐程度与税收分担的合理性则会呈现反向的关系，因此总体福祉会提高。这种能够从学理上得到解释说明的关系，对我国即将跨越"中等收入陷阱"、社会现代化水平不断提升、改革压力和潜在威胁可能最高的这一特殊时期而言，具有莫大的意义。应该看到，这其实不是一个局部的事情，而是一个关系到整个现代化事业的战略问题。

第四，有利于抑制社会成员收入与财产差异的扩大。中国社会进入中等收入阶段之后，矛盾开始凸显。除了"物"的视角，以资源、环境方面"雾霾袭击"为代表的矛盾之外，在"人"的视角上，收入分配和财产配置、公权体系和公民、管理当局与纳税人之间的矛盾，也变得突出起来。这一现状也要求我们不得不做出改变。然而，在收入分配改革方向的种种争议之外，大部分人还是赞成要通过再分配这一工具来控制收入的两极分化。而房地产税作为再分配条件手段之一，通过"抽肥补瘦"的机制，能够通过影响相关的现金流向来改变财产配置的方向与格局，配合克服财产配置和收入分配方面存在的两极化问题，来更好地处理我国整个收入分配格局中各利益相关方所存在的矛盾。这是房地产税不容忽视的正面效应，因此它成为再分配手段中的重要选项。

第五，有利于"自下而上"培育和催生民主化、法治化的理财机制。不论是按照我国的现实情况，还是参考国际经验，房地产税都应当是地方税种。地方税应当首先配置在基层，在中国应覆盖县市层面。财政收支关系家家户户，在基层开征房地产税这一税种，再配合基层政权履行公共服务职能，自然就会引起老百姓的关注，要求对房产税的征收、开支情况具有知情权，并且必然联系整个财政改革与政府改革共性的要求，即要提升透明度。由此带来的公众知情权后面，会跟着质询权、建议权、监督权，这些都是制度建设进展的必然逻辑，是公众必然会提升的要求。而随着这一套制度建设安排不断提升档次，也就会真正向公共资源配置决策权目标不断靠拢。因此，这种税制现代化举措也就配套促进了我国整体治理和社会生活的法治化、民主化、现代化。可以预知，党的十八届三中全会明确要求的加快房地产税立法工作，一旦进入全国人大立法过程，也就进入了一个充分透明的多方交流大框架之中，必然要征求社会各个方面的意见，经历各种不同意见的激烈争执与碰撞。而引导理性讨论，就是要在培养国民素质、提高文明程度过程中，我们一起讲道理、寻求"最大公约数"。

关于房地产税上述五个方面的正面效应，也需要结合起来看，否则无论从哪一个单独的角度来看，都难免片面。而从整体上来看房地产税的积极意义，就更容易体会到这项制度建设的必要性。

（二）可行性

讨论了必要性，还必须讨论可行性，可以通过对一些认为不可行观点的回应，形成我们关于为什么可行的基本认识。梳理一下，有关于房地产税不可行的几种最主要的诘难如下。

第一种论点认为，房地产税的开征存在法理上的"重复征收"硬障碍。代表性的相关论述认为，土地开发过程中已经缴纳了土地出让金，再在保有环节征收房地产税是重复征税。尽管这一论点可能较为符合公众的心理，但从学理和实践来看，它实际上都是不能被认定的。从学理上来看，土地出让金是土地所有者通过让渡经济权利得到的收入，而保有环节征收的房地产税则是国家凭借社会管理者的政治权力所征缴的收入。这两种收入的依据不同，对二者也并非是只能取其一的选择。实践当中，地租作为让渡土地使用权的收入和在房地产保有环节课征的税收，在市场经济下并行不悖，这在其他国家早就是基本事实，在中国也应是如此。现代社会的税制实际上是多税种、多环节的复合税制，必然存在重复纳税的问题，而真正需要关注和讨论的是这种"重复"是否合理。税已如此，税与税外收入项目的关系，则更是如此。

第二种论点认为，国外是土地私有，所以对私有土地上的不动产包括住房征税是合理的，而中国的土地全部为国有，中国老百姓买的房子只有使用权，建在国有土地上的房子待使用权到期以后如何处置还不明确，所以没有道理征收房地产税。如果土地是私有的，老百姓才会合乎情理地缴纳房地产税。这种论点也反映了很多公众的意愿，但从实践和理论两个角度来看，也是不成立的。首先需要了解的实际情况是，国外的土地并不全是私有。比如英国，其土地分为两种，一种叫 Freehold，另一种叫 Leasehold。其中，Freehold 的土地就是具有终极产权和使用权的完全一体化的私有土地，但 Leasehold 就不同，其必须有使用权契约，终极产权和使用权是分离的。而英国称为"市政税"的不动产税对上述两种土地是全覆盖的。英国的土地除了私有形式之外，还有皇家持有及公有（包括不同政府层级的公有，还有公共团体所有），无论不动产最终产权是上述的哪一种形式，不动产税原则上都是全覆盖的。所以，从其他国家的实践不难看出，不能武断地认为，只有对终极私有的土地上的住房，才能从法理上无障碍地开征房地产税。从学理逻辑上看亦是如此。比照 20 世纪 80 年代国有企业改革所实行的两步"利改税", 国有企业要向政府缴纳企业所得税, 也面对类似的逻辑。国有企业的终极产权属于国家, 那为什么跟其他非国有企业一样要缴纳企业所得税? 为什么要推出国有企业这样的改革? 就是因为认清了国有企业是具有相对独立物质利益的商品生产经营者, 所有权和经营权要有所分离。国有企业需要加入市场公平竞争, 就要以一种合理的状态成为市场竞争主体, 所以必须对其征收与其他企业一样的企业所得税, 否则就违背了市场公平竞争原则的客观要求。类比来看, 目前土地的终极所有权问题, 如果认为国有土地上住房的持有者也具有相对独立的物质利益, 那么通过立法程序之后开征房地产税, 对这种物质利益加以调节, 就应具有学理上的合理性。房地产税改革与当初国有企业的"利改税"改革, 实际上存在相似的内涵逻辑与理念, 并不存在所谓法理障碍。当然, 在房地产税改革中, 需要对40~70年的土地使用权到期后土地上建成的房屋如何处置作相关立法配套。目前《物权法》对此类"用益物权"已经有所规定, 到期后可自动续期。有关部门应当尽早将这一法定规则落到实处, 制定具体操作细则, 以回应社会关切, 消除民众疑虑。

第三种论点是从技术因素上来提出对开征房产税的反对意见。如有学者认为, 中国要解决房产税的税基评估问题是150年以后的事, 认为中国人做不了这样复杂的事情。但从实践来看, 前些年我国10个地方开展物业税模拟征税的"空转"试点, 所处理的技术问题, 正是税基评估的事情。开征房地产税, 首先要做到位的是确权。从2015年开始的不动产登记工作, 其目标是到2018年对我国城乡所有不动产都要完成确权和把全部信息输入相关系统并联网, 其中城市区域要先到位。根据物业税"空转"试点的设计, 不动产应当分为三类, 分别是制造业用房、商业用房和住宅。在把相关信息输入计算机系统后，所需的税基评估可以通过软件运行自动生成结果。我国早就付出了与此相关的固定成本，所以启动税基评估机制不是从零开始，工作的复杂性质决非高不可攀。此外，国家对相关干部的培训工作和数据采集，建设计算机系统和数据库，都是每个国家财税体系管理当中顺理成章必须做要的事情。中国人的素质并不差，所以没有道理说中国人做不了此事。

第四种论点认为，在开征房产税的过程中会形成一些新的矛盾，首当其冲的是土地出让金水平在开征房产税后会下降。这一点是可以理解的。由于开发商对土地价值的预期发生了改变，不再认为地价会无上限地迅速上涨，拿地时的出价就会相对谨慎和沉稳，炒作力量也就没有了原来的势头。对于土地出让金收入水平下降而需要作出的应对调整，无非就是需要通过运用"老地老办法、新地新办法"的原则设计差别税率，来对应土地出让金在新老地块间的落差。也有人认为，房产税的开征会导致老百姓抗税事件。但是从重庆的试点情况来看，对存量的几千套独立别墅开征房产税，并没有发生这样的事情。重庆的具体方案是从最高端的独立别墅开征，排除了联排、双拼楼型，而且设置了180平方米的起征点。这虽然只是地方的试点经验，但已能够反映本土的实际情况。当然，在中国的房地产税改革中，还是需要让社会公众逐步接受，避免激化矛盾，但这种矛盾也并不是不可化解的硬障碍。

第五种观点是针对我国特殊复杂情况下小产权房的征税与处置问题。解决这个问题的确非常棘手。从法律的认定框架来看，小产权房实际上是无产权房，开征房地产税有必要先把此问题处理清爽。首先要看到，小产权房问题迟早需要处理和了结。深圳已经出现了对小产权房历史遗留问题的处置做法，即通过合理分类，逐步进行处理。这种分类、分步处理思路，在理论上曾经有框架性设想，在深圳实践中是政府与社区、社区与房主通过两级谈判工作，形成认可方案之后，再将要摆平的利益逐渐予以兑现。房地产税改革如果能够最终付诸实施，那么实际上会倒逼解决小产权房的问题，而这也将成为房地产税改革的一个莫大的贡献。中国改革当中存在这种倒逼机制，是好事而不是坏事。把小产权房等棘手问题统一放进房地产税解决方案中通盘考虑，正体现了改革的攻坚克难。这是应该做的，也是经过努力可以做到的。

三、　推进房地产税改革的思路与相关要领

澄清了关于房地产税的上述质疑和诘难之后，须考虑推进改革的思路和相关要领。实际上，中央关于房地产税改革的基调和方向已经明确，在党的十八届三中会之前的文件中，都要求推进改革试点、扩大范围，而党的十八届三中全会之后，新的提法是要求"加快房地产税立法并适时推进改革"。这实际上表明绝非有些人所说的已否定重庆、上海两地试点经验，而是在锁定改革大方向之后，明确了立法先行的路径，并可以在借鉴国际经验的同时，也借鉴重庆、上海两地宝贵的本土经验。因此，与两地试点的"房产税"同义的"房地产税"改革首要任务是加快完成立法。一旦立法完成，首先至少应当在一线城市率先实施，或者通过区别划线，对部分城镇区域先行适用。

因此，当下推进房地产税改革的基本思路就在于积极考虑如何立法。立法过程中应充分体现公民的理性参与，力求在各方长远和根本利益取向上按"最大公约数"达成共识，在全体社会成员参与之下共同立规则，把改革向前推进。希望通过逐步化解社会上的一些抵触与不满情绪，把这一项基本逻辑已非常清楚的工作切实推进

到位。在立法过程中，需要掌握一些要领，让改革能够被社会公众所普遍接受。在当前及未来一段时期内，中国不能简单地模仿美国和其他一些国家的普遍征税办法，而需要坚持走调节高端的路线。如果从技术细节上做一些讨论，就会有许多问题，比如调节高端就要让出低端。那么，低端应该怎么让？是按照人均平方米数、首套房划线，还是其他什么办法来操作？未来在有不动产登记的联网信息系统支持的前提下，部分学者倾向于按照人均平方米数来免征，可以把工作做得比较细致。比如中国社会科学院提出的方案是，按照我国目前城镇人均住房面积33平方米的统计情况，通过取整给出人均40平方米以下免征的建议，看起来应该是有一定合理性的。在互联网讨论中有一种以假设情况为前提的反对意见：一家3口人住120平方米的房子，按此方案正好无须课税，但假如其中一位家庭成员由于意外事不幸亡故，其他家庭成员正在悲痛之时，税务部门却找上门来，说由于人均房产面积发生变化，需要交纳房地产税了。这条意见使我们得到一个重要启示，就是在我国调节高端的政策制定当中，需要切实地平衡法律的严密性与民众情理上的可接受性，不仅执行当中要细化，还需要充分考虑动态变化条件下公众可能的反应。除了规则和法条要细致和可行，还需要特别关注合情合理的社会诉求。对房地产税改革，如果采取先搭建让社会公众认同与接受的一个框架、未来再逐步动态优化与细化的思路，就会更倾向于首套房不征税，从而避开上述假设问题。总体而言，通过先搭建框架、给出空面让公众接受，首套房免征未尝不失为改革起步阶段的可选技术路线。当然，如果考虑到有可能引发"离婚避税"的问题，就需要政策设计上斟酌更加宽松的措施，即单亲家庭首套房免征税、双亲家庭前两套房免征税。

对于在不同城市持有房屋如何征税的问题，首先从技术上掌握相关信息是不难的。根据不动产登记已有全国部署和 2018 年完全到位的工作要求，通过信息联网就完全可以做到全国房产信息的"一网打尽"。而对于同一个房主在不同城市都有房的情况，需要地方政府之间建立好协调机制，比如允许纳税人选择其中一套认定为首套房，其他房屋则不能纳入免税抵扣范围。当然，具体协调细节还需要进行更多深入的探讨。除此之外，各政府层面也需要意识到，在房地产税的税制建设过程中会面临激烈的争议，因此政府信息披露方面需要更加开明，向社会方方面面充分提供信息，大家共同参与讨论，推动房地产税立法往前走。

在这个过程中，一些好的国际经验也可以借鉴。比如北京大学满燕云教授介绍的美国案例，由社区公众选举入户测量员，来做每隔一段时间重评一次税基的基础工作，而不是由政府官员来操作。这种机制能够更好地让民众接受和认同，而地方政府也可专注于做好市场经济要求的优化本地公共服务、提供更好的投资环境等工作，从而解决好财源建设问题。这样形成良性循环之后，辖区的不动产自然而然会进入升值通道，而每次税基重新评估就能够具体实现地方"税源建设"的目标。我国可以借鉴、吸收此类经验，使房地产税征收工作更优化、细致。

第三章
民营经济创新发展

世界复杂变局下的中国经济与浙商发展

时间：2018 年 12 月 20 日
地点：杭州
会议：《浙商》年会

关于如何认识世界复杂变局之下的中国经济与浙商策略，实话实说，虽然自己做了几十年的研究，也高度关注浙江的发展，但对浙商概念之下我们的创新和已经取得的成绩，确实调研不够。在此不揣浅陋，就自己的认识来与各位做一个交流。

一、世界复杂变局下的中国经济

中国和美国之间的关系，已被称为当今世界上最重要的双边关系。我们的基本判断就是，这个重要关系显然已经进入了新的阶段。中国在争取现代化和平发展和崛起的过程中，面临着新一轮的外部压力，以及与我们内部矛盾凸显交织的挑战性局面。过去美国和中国双边关系确实有过摩擦，甚至出现了一些比较严重的不良局面，但是几十年来，总体基调还是在战略平衡方面保持了基本共识，在利益博弈方面形成了世界上最发达的经济体和最典型的新兴市场经济体之间用比较优势可以解释的互利局面。过去中美之间这种从利益考量上维持战略平衡、形成非常有影响的互利等正面效应的局面，现在应该告一段落了。我们现在确实要在未来的发展阶段上，全面重新审视中美双边关系。

展望未来，首先要对中国宏观经济走势做出基本的判断。2015

年以来，从宏观指标上看国民经济处于平台运行状态，现在又出现了向下调整的趋势。2015—2019 年上半年，中国经济的"龙头"指标 GDP（即国内生产总值，表示经济景气水平的一个最主要的指标）在 6.7%~6.9% 这个很窄的区间内波动。如果按照我们乘势追求以结构优化为支撑的经济高质量发展，那么中央所关注的经济"L 型"转换的"L"尾巴拉出来以后，应该能够得到确认，即进入一个我们争取达成的、时间越长越好的平台运行状态。前面 3 年多所做的铺垫显示，经济的这种平台运行状态已经中期化了。但现在我们要继续观察，经济"L 型"转换拉出的尾巴是否又要向下调整。

中美在合作的同时也有竞争。在竞争中，对于以"遏制中国"为关键词的基本态度，美国朝野达成了空前一致的共识。这种局面是怎么形成的？实际上，这反映了中国前些年形成的"追赶-赶超"过程到了发展中的某一个临界点之后，综合性的因素造成了由"丛林法则"主导的局面。就如人类文明在不断提升，但是无论进步到何种程度，到了某一个临界点之后，"老大"必然要打压追赶者，体现的也是"丛林法则"。所以，美国以种种借口和方式试图遏制中国继续与之缩小差距这样一个发展势头。贸易摩擦只是中美关系这座冰山露出海平面的一角，那海平面之下是什么？是全面博弈中的力量考量。它涉及制造业水平和实力，科技水平与科技创新能力，在经济生活中至关重要的金融影响力、辐射力，以及"软实力"的比拼等。如果从这个视角来理解中美之间现在的博弈关系，那么我们显然必须把这些说清楚。

我们需要进行理性考虑，在整个国家的战略上，尽可能形成高水平的思路和对策。我们要有充分的思想准备，既要积极迎接挑战，也要做好自己的事。应对思路可以简单地概括为两点：变坏事为好事，变压力为动力。贸易摩擦必然两败俱伤，它已经超越了理论上所说的由比较优势可以解决的国际上不同经济体之间关系调整的范围，"比较优势"解释不了，"互通有无"也解释不了。我们必须认清，中国要完成现代化和平发展，还得把握好"追赶-赶超"战略，最终进入第一阵营。这一战略的内涵是实现超常规发展，这样我们才能大踏步地跟上时代步伐，逐步实现中华民族伟大复兴的"中国梦"。

实施这一战略，在"变坏事为好事"方面，我们首先要意识到，市场上现在弥漫着一些悲观情绪，存在带有应激反应式的不良心态。中央说的"稳预期"，不是只靠宣传来稳。从具体情况来看，在某些局部方面，其实已经呈现"坏事可能带来好事"的明显特点。比如，过去中国为支持本土大豆产业发展，安排过资金投入，然而本土大豆仍然不能抵御进口大豆的竞争，市场份额不断萎缩。虽然最后生产豆腐主要还用东北产的大豆，但榨取豆油用的很多都是从美国等外部市场进口的大豆。现在大豆进口政策调整之后，对中国一部分生产大豆的农户、农场来说，是不是反而变成了好事？在产业链中市场份额的扩大，影响到一部分市场主体，对他们来说，这就是好事。另外，由于有了压力，中央明确指出要放宽金融准入。更充分的金融多元化竞争可以使金融产品的系列更趋丰富。对应到市场上，包括民营企业所需要的很多金融产品，在竞争中供给侧会给出更多选择，更有利于发挥金融的正面效应。对于我们关心的汽车、医疗等领域，中央也已经明确指出要降低关税。降低进口汽车的关税，对一部分中国消费者来说是好事，他们在购买心仪的外国车时，实际支出就会减少。我们还要看到药品方面实实在在的局部好处：一个家庭如果有一位癌症病人，可想而知，整个家庭为应对这种不良状态都要一起努力，节衣缩食。即便如此，高价进口药品往往也买不到。现在国家指出要降低药品进口关税，首先受益的是癌症药品的进口。

从全局来说，要使坏事真正变成好事，最主要的潜力空间是做好我们自己的事情：变压力为动力，坚定不移地扩大开放，深化改革——在改革领域"啃硬骨头"，而且开放也会倒逼改革。就像当年我们加入世界贸易组织时，杜润生老前辈所说，入世那就是"变法"，为什么是"变法"？因为我们必须对接国际规则，清理自己的文件柜——清理文件柜就是"变法"，"变法"就是求新，就是图强，就是要通过这样的倒逼机制，使我们在推进改革的过程中攻坚克难。所以，变坏事为好事，变压力为动力，是实实在在的，我们要坚定不移地选择自己可做的事。我们在改革中做得不出彩的地方，是否可以加以完善？总体来说，继续扩大开放是中国走向现代化的必由之路，而在一些涉及开放的领域中其实还有很多可做之事。

中国要更好地考虑在多边博弈之下调动其他因素来对抗不确定性。我们已经明显看到，中日关系在改善。2018 年 10 月安倍晋三访华以后，中日之间展开了一系列务实的交流与合作，超出预期。我们也注意到，中国与法国、德国等欧盟成员及其他欧洲国家也在进一步加强交流，更多地推进合作。与此同时，我们与东南亚、非洲、拉丁美洲、大洋洲都在多边博弈中寻求合作共赢。对于企业来说，同样也是这样：我们要更多地考虑开掘欧洲、日本、东南亚、非洲、拉丁美洲和大洋洲等市场。

在总体战略思维方面，我们要深刻领会邓小平当年的重要论述，即现在外部的严峻局面在整个历史长河中其实是一场"小风波"，我们要继续坚定地与美国及其他西方国家搞好关系。邓小平给出了"冷静观察、稳住阵脚、沉着应对、韬光养晦、善于藏拙、决不当头、有所作为"的指导方针。"韬光养晦"和"善于藏拙"就是要有自知之明，知道我们自己的短板所在，避免唱高调。而且我们"决不当头"，当了头反而很多的优势就丧失了，这个头我们当不起。这是一个冷静的判断，是实事求是的务实判断，之后才是"有所作为"。这对于当下我们认识外部的复杂局面、处理中美关系及中国和整个外部世界的关系，都有强烈的现实指导意义。我们应该继续争取在经济增速有所调低的过程中，仍然保持超常规发展的态势。从现在来看，世界上大规模的经济体没有谁能在几十年的时间内维持6%以上的增长速度。虽然现在中国经济重心有些许往下偏移，但大概率事件是，2020 年经济增速仍然能维持在 6% 或 6%以上——这是一个在全世界来看骄人的超常规发展成绩。当然，前提是需要我们积极应对复杂局面，下定决心做好自己的事情，积极扩大内需。

扩大内需是由客观上我们自己的潜力、回旋余地和韧性来支持的。中国是世界上人口规模最大的成长经济体，工业化、城镇化还有相当可观的纵深空间。工业化伴随着城镇化，在弥合二元经济过程中，需要不断形成巨量的基础设施投入，以及一轮一轮的产业改造和升级换代。未来几十年，还会有几亿人从农村迁移到中心区域、城镇区域，成为市民。要使他们得到一视同仁的基本公共服务均等化待遇，无不需要大量的投入。在建设的过程中，中国只有处理好与外部世界的和平发展关系，才能得到全球的供给，形成经济循环的成长。中国释放巨量需求，弥合二元经济，与全球做生意，进而实现和平发展、和平崛起,这是一个最基本的逻辑。现在已经不是当年美国和苏联对抗时期的基本格局了。那时候,美苏各自领头有自己闭环式的产业分工体系,现在早已经变成了中美和其他经济体之间全球化的产业分工体系。福耀玻璃董事长曹德旺到美国去办工厂,特斯拉首席执行官马斯克专门到上海签约,要建一个全球规模最大的单体外资投资工厂,生产新能源汽车。这些说明中美之间已经开始形成了一个你中有我、我中有你的产业链。

从经济概念说,在新技术革命时代,有越来越大的可能性按照共享经济的理念来形成互动和产业链上的分工合作。正如20世纪80年代邓小平一锤定音所说的:时代主题可以认定为和平与发展。和平与发展成为时代主题的新的战略判断,就是邓小平所说的再也不可错失的战略机遇期。所以,我们要一心一意谋发展,紧紧抓住以经济建设为中心100年不动摇,再也不可错失战略机遇期,要把中国过去损失的时间追上来,大踏步跟上时代步伐,以"三步走"实现现代化。在邓小平的现代化战略思维中,战略原点就是这个判断,而这个判断现在没有过时,并且得到了实践和学理越来越充分的论证。新供给经济学就是对此进行探讨,从基础理论层面结合现实,说清楚为什么现在我们的战略原点是和平与发展。供给侧创新形成的推动性的共享经济,使企业家在看大势时,可以更多地获得"定心丸"。一方面中央表态支持民营企业是"定心丸";另一方面,未来几十年内,中国将一直寻求"中国梦"的实现,而它的主题就是和平与发展,这是企业家能够发挥聪明才智和创造力的最基本的环境和条件,当然也是"定心丸"。

到2020年全面建成小康社会是大概率事件,而全面建成小康社会的保证速度就是在剩下的时间里经济增长率保持在6%以上。

这一速度可以解决 10 年间中国人均 GDP 再翻一番的设定，再加上精准扶贫等社会政策的托底，兑现全面建成小康社会的阶段性目标。之后的考验是什么？我们要继续保持经济超常规发展，来跨越"中等收入陷阱"，对接中央提出的 2035 年基本实现社会主义现代化的目标，再往后才是 21 世纪中叶建成社会主义现代化强国。在这个时代背景之下，我们如何"取势、明道、精术"？这就对应到了浙商如何作为方面。

二、 浙商发展何以作为？

（一）浙商发展的现状

第一，要肯定"浙商"概念其实代表的是中国已经形成的增长极区域市场经济发展中的生力军。历史上，浙江有一些特定的商业文明的积淀，进入改革开放的发展路径之后，民营经济、县域经济的潜力和活力得到了释放，很快成为中国整个发展过程中的一道亮丽的风景线。其中包括过去已经被注意到的温州、台州，以及近些年陆续出现的一些民营经济发展的生动案例。同时，对于浙江各级政府在开明度和致力于包容性增长等方面所做的努力，应该给予总体上的充分肯定。至今我们仍记忆犹新，20 世纪 80 年代中后期，关于温州发展的争议何等激烈。在市场经济发展过程中，创业创新可能鱼龙混杂、沙泥俱下，但最主要的是人民群众要致富，要在改革开放时期党的新政策给出的空间之下，发挥创造性。而总体来说，政府方面宽容、开明地处理了发展过程中错综复杂的一些问题，这才能带来之后我们看到的越来越规范、成熟和稳定的发展局面。我们过去追踪和研究过温州的发展，一开始老百姓创业比较谨慎；到后来打消了一些顾虑，又要挂上"股份合作制"之名；再往后，才有更标准化的对接现代企业制度的股份制，得到了产权保护，增强了信心。在这个过程中，要肯定浙江政府的作为：允许在探索过程中让民间的活力在弹性空间中找到相对规范和成熟的形式。不管是应对复杂局面的当下，还是未来，这些经验都应该给予肯定。

第二，在"浙商"概念下，"新经济"——这个引领经济发展态势的科技第一生产力，在浙江已经形成了领军局面，非常难能可贵。以至于同在长江三角洲地区，上海的领导层曾非常遗憾地说，为什么当初没把阿里巴巴吸引到上海来。不管现在如何反思，总体来说，这实际上也是企业综合判断之后的自主选择，说明前些年浙江政府的开明做法支撑了非常不易的创业成果，承受了各种压力之后，最后终于脱颖而出，形成了以高新科技企业为代表的新经济发展的蓬勃局面。就现在的势头看，在面对新的挑战时，浙江还在继续蓬勃发展，这是非常难能可贵的。

第三，我们要承认，在浙江中心区域和整个辖区之内，基础设施所打的底子已经有相当的支撑力，但仍不能令人非常满意，与国际水平相比还有差距。比如，由于种种原因，近几年杭州的城市建设又在升级发展。有人提出，可以考虑将杭州加入一线城市之列了。不过，与国际水平相比，杭州公交轨道交通体系还有相当大的差距。现在杭州还在加紧建设地铁。但是要肯定，这些年的发展已经把很多中心区域的基础设施水平推到了前所未有的新高度。对于浙江来说，以后乘势把中心城市发展好，把城乡一体化带动起来，并把星罗棋布的特色小镇建得更好，都是新的起点。最近几年，在其他很多地方还比较惶惑的情况下，浙江的特色小镇就已发展得有声有色，以城市群建设、特色小镇为代表的小城镇建设，以基础设施继续升级为基础，带动和支持产业群发展，带动宜居城市建设，给老百姓美好生活以可持续的支撑条件，值得肯定。其中，浙商的贡献不言而喻。新区、产业新城建设和运营都需要企业界积极参与，我们应大力通过 PPP 等投融资创新形式，进一步推动这一良好局面的发展。

第四，浙江有关管理部门清晰地提出了"凤凰计划"等政策支持要求，要给实体经济的升级发展插上融资支持的翅膀。在中国，这样的发展模式其实是追求"守正出奇"。"守正"，对应市场经济的一般经验，而"出奇"，是要政府在其中"更好发挥作用"。这些都要落到实体经济升级换代发展这个最根本的归宿上。浙江以后在继续推进现代化的过程中，确实要面对实体经济升级在某些区域已经"碰到天花板"这样的约束。直率地说，温州发生"跑路事件"之后，在一段时间内痛失了好局，遭遇了资金链断，暴露的是我们金融生态中高利贷起了"潜规则强制替代明规则"的作用，导致经不住世界金融危机的冲击。金融脆弱性带来的"跑路事件"称得上是局部危机，而接着暴露的是产业空心化问题，是实体经济发展到一定规模以后，却没能如愿地继续升级。要把这个事情处理好，我们现在既有经验，也有教训，以后可以经过努力消化阵痛，重拾升势。

第五，浙江民营经济发达，也得到了前所未有的支持。习近平总书记指出，民营企业是"自己人"。这个"自己人"绝不是安抚民营企业，而是在中国推进现代化的过程中，不管是短期、中期，还是长期，民营企业一直是"自己人"。通过混合所有制形式，民营企业和国有企业能实现共赢，共同推动现代化中国的美好生活和未来"中国梦"的实现。在此方面，我们一定要有底气。

（二）浙商发展的要领

有关浙商发展的要领，在此提出以下 3 条。

第一条，一定要看大势，把握确定性。中国终究是目前世界上最具潜能的大市场和最具成长性的经济体，国际上有很多投资主体正盯着中国的投资机遇，比如特斯拉在上海建全球规模最大的单体投资工厂、波音在舟山建飞机制造基地，以及其他一些投资发展动态。

第二条，要进一步定恒心、抢先机、促升级。这既包括战略性新兴产业和高科技产业，也包括传统产业。在传统产业视角上，我们可以看看"微笑曲线"。在"微笑曲线"直角坐标系上，横轴表示价值链，从一开始的创意到形成相对稳定的品牌，再到投入规模批量生产，并在市场上营销、推广；纵轴表示不同阶段市场主体所取得的回报水平。一旦创意成功，形成了品牌，收益是比较高的；但到了加工阶段，像中国东莞一带加工占全球份额 85% 左右的玩具，大都是贴牌生产，当然也获得了相关收益，但是处于中间收益水平较低的那一部分；再到了后面的市场营销、市场扩展、售后服务等环节，又对应了高收益。中国在这些年的发展过程中，"微笑曲线"左端和右端高收益的部分大多掌握在外国企业手里，中国作为"世界工厂"，获得的主要是中间的低收益部分。在浙江实体经济层面，也存在类似东莞的现象。在挑战和压力之下，我们能不能下定决心，争取更多地把中国本土市场主体的收益向"微笑曲线"的左右两端推进？例如，广汽本田市场口碑很好，但它做的一直是"微笑曲线"中间的事儿。这几年，广汽推出了广汽传祺，拥有完整的本土知识产权，年销售量也比较可观。这就是把自己推到了"微笑曲线"左右两端高收益上。很多企业家要真正找到自己在创新方面的切入点，争取向"微笑曲线"的左端和右端走，包括传统产业中的很多实体经济的主体，都应当努力升级发展。

第三条，走混合经济共赢之路是大方向。民营企业要主动寻找机会，在混合所有制改革推进过程中，很多情况下的切入点首先可以观察PPP。很多PPP项目建设期持续多年，其SPV主体就是标准的现代企业制度的股份制公司，而在其中，政府方面天然就不想一股独大，舞台实际上给企业（包括民营企业）、市场主体让出来了。政府的政绩表示在PPP项目上，就是少花钱、少持股，达到"四两拨千斤"的效果。通过混合所有制，政府、企业和专业机构实现了"1+1+1>3"的绩效提升，同时老百姓又得到了实惠，从而能支撑我们保持超常规发展。

政企联动助推"凤凰计划"

时间：2018 年 6 月 6 日

地点：温州

会议：2018 年中国（温州）奥迦特基金高峰论坛

本次演讲的内容主要涉及四个层次：第一，从宏观层面说，现代化的冲关期要过四道坎；第二，对宏观经济运行做一些分析、判断；第三，对现在浙江温州实际经济运行中"凤凰计划"这样的政企联动股权投资的认识；第四，对企业该如何顺应客观需要来应对挑战、创新发展提出一些建议。

一、 领会党的十九大指导精神

居安思危，防患于未然，做好最充分的思想准备来冲关，往前走要过四道坎。

一是 2020 年全面建成小康社会。实现这个目标应该没有悬念，只要现在经济增长速度保持在 6% 以上，就可以使 2020 年中国人均GDP 比 2010 年再翻一番。

二是跨越"中等收入陷阱"。中国现在的人均国民收入为 9000多美元，而按照世界银行以可比口径划的线，人均国民收入在 1.2万美元以上才视为高收入经济体。不过，世界银行的标准还要逐步提高，再过若干年可能要提到 1.3 万美元以上。中国经济如果继续按照现在年均 6%~7% 的速度增长，不到 10 年的时间，人均国民收入就可能到达 1.3 万美元。但是，前面大半个世纪全球 100 多个经济体的统计现象告诉我们，达到中等收入阶段以后的经济体，能如愿进入高收入经济体行列的只有区区 10%。我们现在有什么依据可以判断中国就注定是那 10% 的成功者，而不会是落入 90% 的进入"中等收入陷阱"的经济体呢？这是一个历史性的考验，是中国实现"中国梦"道路上不可回避的现实问题。

三是 2035 年基本实现社会主义现代化。如果 2020 年改革能取得决定性成果，有新的动力源支撑我们继续保持超常规发展，进而在 2030 年前跨越"中等收入陷阱"，那么到 2035 年是能基本实现社会主义现代化的。

四是建成社会主义现代化强国。按照"中国制造 2025"的规划，到 2035 年，中国的制造业实力大体上能达到制造业强国的中等水平，之后再经过 15 年左右的努力，才能达到现代化强国的目标。

如何度过现代化的冲关期，一路走到"中国梦"？中央强调了"全要素生产率"概念。在实际经济运行中，它强调要特别注意抓住科技这个第一生产力，以及制度创新这个转轨经济体必须抓住的"最大红利"。科技和制度创新带来的乘数效应综合起来，形成以"全要素生产率"来实现动力体系的转型升级，支持我们继续以超常规发展追赶走在前面的发达经济体。

在深化供给侧改革、通过结构优化来实现高质量增长方面，当然要落到各个地方政府辖区，比如浙江温州，以及各个企业集团和各个市场主体自己的行动方案上。而行动方案一定是要定制化的，它绝对不会像我们过去谈需求管理时那么简洁。前几年，需求管理方面的要领已经深入人心，我们都知道要扩大内需。扩大内需依据的原理是"反周期"：当经济运行低迷时，我们要注入流动性，在总量上实行扩张,以"反周期"的总量调节解决经济可持续发展的问题。而现在我们认识到,仅仅进行需求管理远远不够,还必须面对复杂的结构失衡问题,抓住供给侧结构性改革这个主线去攻坚克难。

二、 宏观经济运行特点和预测

提了多年的于复杂局面中保持经济稳中向好,现在已经有了新的含义:我们确实真的稳下来了,并且有可能在新的经济增长平台上运行,通过结构优化来实现向好。

代表经济景气程度的国内生产总值增长速度,2010年曾经达到了10.4%,这与此前改革开放推进过程中总体来看9.8%的经济平均高增速是一脉相承的。之后经济增长速度有所下降。这是我们必须认识、适应和引领的新常态。"新"指的就是经济增长速度不能再保持高速了,这是中国进入中等收入阶段以后,与其他经济体大同小异必然要经历的过程。基数抬高了,到了中等收入阶段,经济增长速度就要下台阶。但经济增速又不能一降再降,还是要落到中高速区间。将中高速的经济增长状态稳定下来,最关键的是要匹配以结构优化为支撑的经济增长质量提高,打造高质量发展的升级版。在升级版状态下,经济在平台上运行,就形成了"常"。现在看来,从2015年下半年到目前,实际上中国经济增长速度在一个很窄的区间——6.7%~6.9%波动运行,已然形成了一个平台,而且历经3年之久,这个平台已经中期化。它告诉我们,从"新"到"常"的转变很可能就在眼前。经济增长速度没有继续往下的迹象并不够,还必须要企稳。它需要地方政府和企业层面在经历了几年阵痛以后能够形成一个基本共识:摆脱对于经济继续下跌的忧虑,形成一个"稳住了"的普遍判断。而这种判断在预期上会进一步引导千千万万分散的市场主体的生产经营决策行为。经济由探底到企稳，能使我们更有信心地做出经济"由'新'入'常'"的判断。中央提了几年的经济"L"型"软着陆"，也由此可以得到确认。这个判断如何加以论证？下面勾画一下我的看法。

2015年下半年以后，在稳增长、调结构、促改革、惠民生、护生态、防风险等方面做出一系列的努力之后，有关部门又批准了若干个项目包，涉及几批项目。低调宣布几批次的项目包之后，PPP项目建设也得到了极大的推进，政府和社会资本在公共工程、基础设施乃至产业园区、新城的连片开发、特色小城镇建设等方面，为经济注入了景气因素。2015年，三一重工公布了带有先行指标意义的"挖掘机指数"。通过该指数，可以知道全中国经济活动最初始的投资动态——因为投资项目有土木工程，必须匹配工程机械。如果这些施工机械以"挖掘机"为代称，那么所有工程机械的定单数、交货数、入场施工数和开工率等信息，包括三一重工在内的工程机械企业都可以全面掌握。三一重工经过了7年的努力积累，当时形成了5000多个维度、每天2亿条以上的大数据资源。把这些数据处理以后，直观地表现出来的整个中国经济的形势就是"胡焕庸线"右下方（这是从黑龙江黑河开始，拉到云南腾冲大概45°角的一条斜线，可表明中国版图的右下方40%左右的东南半壁国土上聚居了96%以上的人口）的经济活动。从"挖掘机指数"来看，中国经济已经整体表现了景气的蓄势上扬。沿海的浙江和山东，以及中部这几年崛起特征明显的省份，施工量几乎全在平均水平以上。当时就判断，这个"基础行业的活力图"似乎在预示着市场景气程度有可能得到提升。2016年，"挖掘机指数"表明多年低迷的中国工程机械行业销售市场筑底回暖，估计2017年要有两倍以上的增幅，而 2018 年，行业回暖可以持续。得到了这样一个先行指标的提醒，如果没有意外因素干扰，后续钢材、建材及其他的投入品都应该表现为景气上升。果不其然，到 2016 年第 1 季度，已经经历了几年困难期的钢铁行业，某些钢材品种价位企稳；到了 2016 年第 2 季度，钢铁全行业回暖，并一直延续到现在。同样困难重重的煤炭行业，在 2016 年第 3 季度出现了价格回升，而且势头非常迅猛。2016 年 9 月，一个非常重要的指标——生产价格指数（PPI），终于走完了 54 个月的负增长过程，变为正增长；之后合乎逻辑地冲高回调，到达了现在令人满意的 3% 左右。而与老百姓生活密切相关的消费物价指数（CPI），一直波澜不惊。CPI 搭配 PPI，带来的是物价水平多年来令人满意的状态，这是一个亮点。再看制造业采购经理人指数（PMI），它以 50% 为界，也称为荣枯分界线。如果制造业采购经理人指数在 50% 以上，认为经济景气有支撑力；如果制造业采购经理人指数在 50% 以下，则认为经济运行承受了趋向低迷的压力。2016 年 1 月和 2 月，制造业采购经理人指数在 50% 以下，之后上升到 50% 以上；经过波动以后，2016 年下半年，该指数又上了一个台阶，在 51% 上下波动；2018 年年初有所回调，之后回升。这也是一个重要的宏观经济运行情况的判断指标。当然，还有一些其他的判断指标，如社会用电量、房地产市场的景气水平等。

2017 年，全国规模以上工业企业利润的增长幅度达到了 21% 以上，有恢复性增长的特征，但上升的趋势是非常明显的。同期民营企业调查指数表明，民营企业的平均利润水平高于国有企业的平均利润水平。再看货运量变化前景，载重卡车的销量间接表明了景气度上升。2017 年，载重卡车销量同比上升 50% 以上。2017 年，外贸表现也相当不错，全年进出口总额同比增长了 14.2%。

反映经济发展中调结构、惠民生情况的指标——城镇新增就业岗位，在经济下行的过程中一直保持在每年 1300 万个以上。这一运行结果决定了只要经济增长在可接受区间之内，我们绝不会贸然启动大规模经济刺激计划。言下之意，就是只要认为还过得去，就要让市场充分发挥作用，让地方和企业通过优胜劣汰实现结构优化。这最关键的是要看与基本民生相关的就业水平过得去还是过不去。过去，经济以两位数增长时，我国每年设立 1000 万个就业指标，即 GDP 每新增 1 个百分点，对城镇新增就业的贡献大概是 100 万个岗位，这是一个延续了多年的指标导向。最近几年，经济增速下降到了 7% 以下，但每年实际完成新增就业岗位达到 1300 万个以上。也就是说，GDP 每新增 1 个百分点能提供约 200 万个就业岗位。道理何在？显然，这与近些年我国的商事制度改革，鼓励大众创业、万众创新，给企业特别是草根创业创新的个体工商户、小微企业提供了便捷的注册通道，同时又大力推行结构性减税，以及鼓励轻资产型的服务业发展等密切相关。就业能有这样良好的表现，是结构得到优化、民生得到实惠、经济基本面获得支撑的综合作用结果。

另外，还要特别强调一下消费侧。我国经济增长速度虽然下行到了 7% 以下，但是社会消费品零售总额却一直呈现两位数增长的局面。这表明，中国老百姓更敢花钱了。按照学术上的说法，是经济领域中居民的边际消费倾向提高了，大家不再像过去那么担心家庭购房、子女教育、家庭成员大病医疗等支出。过去，在这些方面的压力之下，家庭要进行预防性储蓄。而近些年，人们的消费顾虑有所减轻，不仅充分花费了当期收入，甚至还动用了一部分储蓄。

所以，一边是收入增长和 GDP 增速大致同步，未达到两位数增长；另一边是社会消费品零售总额呈现两位数增长。这也表明了我国景气水平支撑之下的消费侧健康程度，以及经济生活中的亮点。

地方和企业面临的困难也不可忽视，但是困难已经出现了明显的分化。在阵痛中，北京、上海、广州、深圳等地较早地走出了阴影。民营企业虽然面临很多困难，但是华为、华大基因、科大讯飞等企业，以及 BAT（百度、阿里巴巴、腾讯）、京东等电商巨头，早早就呈现出了高歌猛进的势头。东北地区分化也比较明显，其中吉林带头好转。温州经历了以"跑路事件"为代表的阵痛过程，现在看来，阵痛正在逐渐被消化。经过几年的严峻考验之后，金融领域的指标也已经开始向好，信贷的投放量在上升，坏账率、不良贷款率在下降，反映的是在金融支持更有力度并有结构优化匹配的情况之下，实体经济和整个经济社会发展有可能会走出重拾声势的一波过程。

在困难问题成因的基本判断上，我认为并不是市场潜力和发展的纵深不足，中国无疑具有世界上最具代表性的巨大市场潜力。虽然国际上这几年时不时会有人抛出"中国崩溃论"，但还是不断地有投资主体盯着中国，前来寻找投资机会；中国有些方面向好，又会有人高唱"中国威胁论"。中国确实有自己的短板，但成长在加速度，超出了一般经济体的平均速度，这是显而易见的。中国的工业化和城镇化仍然有巨大的发展纵深空间。这体现在：中国在弥合二元经济结构的过程中，工业化要走完全过程（从全国来看，沿海地区工业化水平大致处于中后期，中部和西部地区仍处于中期或初中期），往往伴随着真实城镇化率的不断上升（中国现在户籍人口城镇化率只有 43%，加上常住人口城镇化率综合判断，中国的真实城镇化率只有 50% 左右），城镇化率至少还有 20 个百分点的上升空间，对应城镇化的高速发展期。即便真实城镇化率每年提高 1%，也还要走 20 年的时间。这一过程会带来未来近 4 亿人从农村地区转到城镇定居，会要求一轮一轮地扩大建成区、基础设施建设升级换代、产业结构作优化和升级调整，要求人力资本的培育不断体现出适应社会需要的新的特征和更为综合的高水平。

在释放市场潜力、追求可持续发展的过程中，我们需要警惕中国出现经济问题社会化、政治化的现象。这与其他经济体又不能简单地作比较。比如，日本已经实现了现代化，成为高收入经济体，经历了 20 年经济停滞之后，其社会还能保持基本稳定。日本国内发生的一些事件并不影响其国民的基本信心，民众不断地出手购买公债。日本公共部门的负债率已经高达 240%～250%（与 GDP 相比），公债存量相当于其国内生产总值的两倍半左右，但居然无人谈论日本经济会崩溃。中国在实践中已经积累了越来越多的经验，现在就是要维系"稳定压倒一切"的基本面。

三、对"凤凰计划"的认识

在新常态的概念背后，有 3 个关键词："中高速"是直观的表现，速度必须调整；"结构优化"是实质的追求，这才能有高质量；而达到结构优化要依靠"创新驱动"。这个"创新"，实际上就是供给侧结构性改革所说的由制度创新带动整个供给体系的创新，由全要素生产率形成新的动力体系。

现在浙江积极推进企业上市和并购重组的"凤凰计划"，体现了在供给侧结构性改革中，在政企联动的情况下，政府引导和助推企业插上股权投资的翅膀。这是一种区域性的战略部署，志在打造金融强省和经济强省，使浙江继续以长三角经济增长极的先发优势率先实现现代化。中央对长三角地区和珠三角地区寄予了厚望，要求它们率先实现现代化。那么，浙江推动的"凤凰计划"对应的是，在微观主体得到产权保护的制度环境之下，顺应社会化大生产的基本规律，来实现创新发展。创新发展应该特别注意形成有效的投资机制。这种选择性的、能够提供有效供给的聪明投资，要依靠调动市场主体内在的积极性，引导它们发挥聪明才智，释放潜力、活力。在产业升级过程中，包括浙江在内的长三角地区应乘势而上，力求靠活力释放和创新发展捷足先登。现在企业上市已经有了多种形式，包括主板、中小企业板、创业板、新三板等，另外还有"互联网+"探索的线上私募股权投资。

值得称道的 PPP，是以股权投资的形式形成特殊项目公司，在股权结构中，政府方面天然就不想一股独大，真正把舞台给了社会资本，国有企业和民营企业都可以一试身手。符合条件的国有企业，是必须和特定的地方政府既无产权纽带，又无行政隶属关系的。地方融资平台在未完成市场化转制之前，与本地政府无法形成合作伙伴关系，但是其他地方的融资平台却可以前来竞争参与PPP。大量的民营企业在此方面是有机会的。现在，大量的民营企业已经积极投入 PPP 项目投资领域。在投资中，产权是清晰的，而且股权具有现代企业制度的特征，是以股权带动投融资，形成风险共担、利益共享、绩效提升的机制。

从理论上分析，市场主体的投资路径大概有这么几条。第一条是通过资本积累来扩大再生产。比较典型的例子是"老干妈"，在其多年发展过程中未申请贷款，但要求购买者在提货时不能赊账。靠这种方式，"老干妈"实现了资本积累，得以扩大生产规模。第二条是资本金加间接融资。这是大多数企业考虑使用的方式：自己有一部分资本金，但又必须从银行等金融机构获得贷款支持。第三条是直接融资。现在股权投资有上市的，也有私募的，或者是发债的，这些都是直接融资方式。

就"凤凰计划"来看，直接锁定的股权投资具有对接"现代企业制度"和"公有制的重要实现形式"的特征。现代企业制度要求产权清晰，而股份制是最清晰的产权。中央早已认定股份制可以成为公有制的主要实现形式，混合所有制可以成为社会主义市场经济基本经济制度的重要实现形式。股权投资健康发展具有重大的经济和社会意义，同时伴随着中国未来巨大的发展空间。明晰产权、保护产权是现代市场经济体系的法理基石和微观市场主体的"护身符"。如果不能预期到以股权所代表的产权得到保护，那么市场主体怎么会安排下一步的生产经营活动？因此，一定要夯实产权保护的法理基石。只有这样，具有低交易成本和可持续性特征的股权投资才能成为现实，并成为一个可持续的经济活动过程，进而使企业在市场竞争中充分地调动潜力，焕发蓬勃的生机和活力；最终，有助于形成满足人民美好生活需要的有效供给。股权投资创新在前沿状态上表现为混合所有制：一家企业内部的股权结构可以是国有的、非国有的、法人的、自然人的等。通过股权混合，出资人对产权保障更加有信心，大家一起调动各自的比较优势和潜力，争取共赢。这是一个能调动一切积极因素、使参与者焕发生机和活力的运行机制，并以产权安排贯通经济生活中的新动力。

四、 企业应对挑战、创新发展的思路

改革开放以来，温州的发展实践生动地诠释了明晰产权和保护产权对于解放生产力的重要意义。20世纪80年代，温州本地社会成员、私营经济主体等具有创业创新的积极性，但对于产权保护仍

有顾虑、缺乏信心。到 20 世纪 90 年代初，我们开始讨论股份合作制。从理论分析来说，股份合作制"非驴非马"。股份制的决策机制是"一股一票"，合作制的决策机制是"一人一票"，那么，股份合作制企业在进行生产经营决策时，到底是"一股一票"，还是"一人一票"？当时我们讨论之后认为，未来有可能通过股份合作，对接到更加规范的现代企业制度。果不其然，再往后温州出现了越来越多的规范的股份制公司及上市公司。在"凤凰计划"实施过程中，更多的企业将能够上市。温州升级发展的过程告诉我们：只有清晰地依法保护产权，对接现代企业制度，运用股份制，释放潜力空间，我们才可能如愿实现经济可持续发展。在经受世界金融危机的洗礼之后，温州在金融综合改革实验区创新实践基础上，抓住浙江省规划的"凤凰计划"契机，进一步推动股权投资，大力支持实体经济升级发展。这显然将是供给侧结构性改革的"大手笔"。

（一）温州转型升级

应该充分地肯定，温州具有非常值得珍惜的市场经济商业文明和企业家精神的积淀。在温州，民营经济和县域经济在经历了最近几年世界金融危机冲击下的阵痛，以及结构调整的考验之后，应该能够打开股权投资创新发展的新局面。顺应混合所有制改革创新的大潮，结合股权投资、优化并购重组等，温州有希望再创辉煌。温州前些年的发展积累了较好基础，"跑路事件"确实让人出乎意料。它不光暴露了金融生态概念之下隐含的融资成本过高、常规金融被边缘化、高利贷"唱主角"等问题，而且暴露了当时发展外向型经济背景下应对市场不确定性的准备不足，实体经济升级换代碰到了"天花板"。温州的社会成员大量"走出去"以后，"温州经济"和"温州人经济"之间的对接，没有形成一个很好的反哺本土的机制。

直到出现"跑路事件"以后，金融方面的局部危机让我们看到，温州确实出现了实体经济空心化的相关问题。要解决这些问题，当然一定要贯彻中央强调的全面配套改革精神，从供给侧入手，抓制度创新和创新体系建设。如果温州能抓住"凤凰计划"的契机，应对新的挑战，形成全要素生产率式的新动力源，温州的比较优势将会重新一显身手。

当初声势浩大的"温州炒房团"遇阻之后，可用资金未能有效回流支持本土实体经济的升级转型。直到现在，温州可能还没有很好地解决"走出去"的这些投资者，在寻找投资机会时如何能够得到内在的动力，落到本土实体经济升级发展上。但是，温州设立的产业基金已经开了个好头：温州"走出去"的成功企业家，既站在在商言商的立场上，又有为家乡做贡献、为温州的发展发挥自己独特作用的情怀。企业家从投资要取得必要回报的立场出发，与政府的政策支持、新机制打造结合在一起，形成合力，促成了现在温州由政府的母基金支持、民间资本汇集的产业子基金的正式成立。随之，温州可以积极地探索以这种产业基金——母基金和子基金形成很好的可持续运行机制的方式，在政府理性供给管理的助力之下，在政府的大方向引导之下，由一线的企业家独立决策，去决定到底支持哪些项目。也就是说，既符合政府关于战略性新兴产业、绿色发展等发展方向，同时又由具有决策经验的企业家在一线做出决策，承担必要的风险，形成发展过程中良好的创新机制。这将可能使"温州经济"和"温州人经济"两个概念更好地融合，不只是"走出去"寻找广阔的外部发展机会，而且这些发展机会与温州本土的产业升级、实体经济的可持续发展也会形成更高水平的结合。

（二）对投资机遇的认知

所谓投资机遇，无非是顺应社会需要。因此，产业的产出要适应"人群之需要"。而机遇偏爱有准备的人，产业投资者要把握机遇，就要做足准备。该如何做准备呢？大体可以分三类。

第一类是根据市场主体的具体情况，看能不能顺应国家政策倾斜方向，在战略性新兴产业和绿色经济发展方面出绝招，具备相对优势。如果在绿色发展方面有一些诀窍，就要毫不犹豫地设计自己的发展方案并积极地向有关部门反映，争取得到国家政策的支持。

第二类是沿着高科技前沿创新的路径，一直到"互联网+"的创新，应该更多地汲取硅谷经验。政府最多提供"孵化器"的场所，明显的直接支持相对较少。从硅谷经验看，高科技创新具有极大的风险，科技精英在前沿做各种各样的奇思妙想，后面跟着风险投资、创业投资、天使投资等，由金融精英主导去寻找支持对象。虽然成功率很低，但若能成功获得三五个投资支持，便可能全局皆活，不仅所有的投入能收回，而且能取得超额利润。从中国的实践看，阿里巴巴取得了成功，但获得收益最丰厚的不是阿里巴巴，而是在关键时刻给阿里巴巴提供 2000 万美元天使投资的韩裔日本人孙正义。这种投资具有很独特的偏好，不同的企业家就得考虑自己适合不适合做这种类型的创业创新。

第三类是一般经济领域的创新升级发展。一些人反映没有切入点，比如餐饮是传统产业、非战略性新兴产业，又不涉及高科技，机遇何在？关键还是要适应现实社会的需要。比如，"人群之需要"可以按照年龄划分。中国现在已经进入老龄化社会，而且很快会进入超老龄社会，养老产业是一个重要的领域。在此方面要多样化地提供有效供给，这就是机遇。一些企业已经在养老方面捷足先登，在全国建设养老园区；还有一些企业已经在积极地考虑推出"居家养老"的新式养老服务等。孩子需要的，除了童装、童车之外，还有玩具。中国是"世界工厂"，珠三角地区生产全球80%~85%的玩具，但是这么多年却没有形成多少自己的品牌。这导致我们在价值链上的位置不理想，处在"微笑曲线"的中段，而"微笑曲线"左边和右边两个价值链高端位置，多被外国人占据。他们通过创意创新设计和品牌营销、售后服务，借助一轮一轮的新产品去拓展市场，所得到的比较高的投资回报都和我们无关。到中国本土出现类似于芭比娃娃这样的玩具品牌时，我们在价值链上的地位就不会停留在中间了，而是会上升到"微笑曲线"左边和右边的高回报位置。传统行业从"微笑曲线"的中间位置向左右高端发展的例子还有时尚用品、服装、化妆品等。

作为研究者，这些基本看法无非是取势、明道、精术。归纳一下，首先要看大势。总的来说，要对中国的未来有信心。其次，要有前进定力、战略耐心；要明道，即明确特定的行业、领域及企业深耕的专业领域的规律性。探索规律，当然需要有自己的独立思考，并不是简单地翻几本别人的书籍，看看别人总结的经验，就可以解决自己的问题了。最后，还要有企业家最有发言权的"精术"。在"细节决定成败"的所有环节上，企业家有内在动机做到极致，把取势、明道、精术贯通，乘着股权投资的大船，凝聚积极因素，调动潜力，焕发活力。

（三）"温州精神"具有韧性与张力

直言不讳地说，温州确实得承认曾经痛失好局。20世纪90年代初，"温州模式"还是充满争议的，很多人仍停留在过去传统的思维定势中，认为温州仍存在投机倒把的传统。但是可以看到，20

世纪 90 年代中后期，越来越多的社会评价已转向正面，大家认同了社会主义市场经济必须发展民营经济和县域经济。千年之交之后，几乎是众口一词地说：在"温州模式"和"苏南模式"的竞争中，"温州模式"胜出了。但是很遗憾，"跑路事件"发生以后，温州不得不检讨碰到了什么样的特定约束。简单地说，民间资本雄厚以后，没有很好地形成这种雄厚的资本赖以生存的金融生态，无法把高利贷挤出去，而且也缺乏能够支持本地实体经济突破"天花板"、实现升级换代的全套制度安排。"跑路事件"不仅暴露了金融生态方面的问题，而且暴露了温州在种种制约之下的产业空心化问题。

虽然经历了几年的阵痛，但温州市场主体、创业创新人士的表现令人敬佩。这是商业文明在温州实实在在的体现，即温州的投资者已经认同了敢闯服输的精神，认为有机会就敢去闯，如果没有成功，也能坦然接受失败，并且想方设法从头再来。这种温州精神具有韧性与张力。在总结经验的基础上，温州以后闯的方向是在供给侧结构性改革的定制化方面达到更高的水平。这种敢于承担风险的商业文明是市场主体非常可贵的品质，再加上温州雄厚的企业家精神的积淀，在当前股权投资已经可以更好地选择方向——锁定升级发展、绿色发展之后，相信温州一定会在未来给中国的现代化带来惊喜。

民营经济发展：认清大势，勇抓机遇，创新升级

时间：　2019 年
地点：　广州
会议：　企业家投资机遇论坛

党的十九大给出了具有顶层规划意义的指导方针和战略部署。中央认为，我们在与时俱进的过程中，对历史方位需有新判断，我们走过了"站起来"和"富起来"的时代，现在要面对的是实现现代化历史飞跃的"强起来"的新时代，进而提出"目标导向"下"新的两步走"的清晰战略规划：2035 年要基本建成社会主义现代化，21 世纪中叶要建成现代化强国。

中央特别强调：中国社会的主要矛盾已经转化为人民日益增长的美好生活需要和不平衡不充分的发展之间的矛盾。过去所说的"人民物质文化生活需要"，现在以更包容性的"美好生活需要"作为替代表述，实际上推到了具有更丰富内容的境界：物质、文化需要分别代表着物质文明和精神文明，现在所表述的"美好生活需要"，还要加上体现社会公平正义的政治文明、人的自我实现、人的全面发展。制约"美好生活需要"的发展"不充分"的问题是由"不平衡"导致的，而"不平衡"是结构问题。在制度结构方面，中国的经济社会转轨还没有完成，尚未消除的体制机制方面的问题和弊病，造成了供给体系的质量效率不能得到比较充分的提高，从而制约着人民美好生活的实现。所以，抓结构这个"矛盾的

主要方面"，就必须进一步强调：我们构建现代化经济体系的主线是供给侧结构性改革。这一改革就是要抓住供给侧这个主要矛盾，化解制约因素，以结构优化推动中国实现高质量、可持续发展。

中央还强调了这些新变化背后的不变，最关键的是"两个没有变"。

第一，必须认识到，我国仍处于并将长期处于社会主义初级阶段，这个基本国情没有变。习近平总书记强调，只有牢牢把握这个基本国情和这一"最大实际"，我们才能够坚定不移地抓住党的基本路线这一党和国家的生命线、人民的幸福线，进而保持极其重要的战略耐心和无比强大的前进定力。

第二，我国在发展中仍然存在一些短板和不足。党的十九大明确指出，我国仍然是世界上最大的发展中国家，这个国际地位没有变。这一判断具有强烈的现实意义，是改正"头脑发热"、保持理性认识的清醒剂。

一、宏观经济大势分析

从 2015 年下半年到 2018 年上半年，长达 12 个季度之久，中国经济增长出现一个 6.7%～6.9% 的平台运行状态。在这个发展过程中，经济增速在很窄的区间内波动，本来可以认为是带有中期特征的平台运行状态了。如果平台运行状态能够进一步稳定下来，就意味着经济"L 型转换"得到了确认。"L 型"是一个比喻，经济增速往下走的过程，可以理解为大写的"L"这一竖，当不再继续往下走了以后，"L"的尾巴就拉出来，变成一条横平演变的线条，也就是我们所说的"新常态"由"新"入"常"的直观特征。经济增长从高速往下落到中高速状态上，有其必然性。中国最关键的是，当中高速状态显现以后，经济增长的质量能够通过结构优化得到提高。中国进入中等收入经济体阵营后，与其他国家在此阶段的表现大同小异，经济增长速度有向下调整的趋势，原来说的"又快又好"要转为"又好又快"，并强调"稳"字当头，通过"软着陆"提高经济增长质量，以结构优化保持发展的可持续性和健康程度。如果经济稳在平台状态以后，市场主体又能摆脱预期经济继续下跌的焦虑，而形成经济向好的共识的话，又会反过来引导企业的行为。

本来我们很有希望在2018—2019年完成这一转换，但遇到了新的问题。外部压力对我们形成了明显的挑战，企业感受到了不确定性，市场预期向下调整。原来的经济平台运行状态下行，6.7%~6.9%这一区间已经被突破，2018年第3季度国内生产总值增速下降到了6.6%，第4季度下降到6.4%。虽然2018年全年经济增速为6.6%，达到了年度经济增长速度在6.5%左右的引导性目标，但是，原来的平台状态已不能维持。

我们现在结合宏观政策调整，在市场层面可以作出一个粗线条的判断：一开始市场上出现的那种恐慌心态，有"应激反应"式的夸张特征，现在已看得很清楚，并不像有人说的那样，整个市场向下的大调整不可避免，甚至会呈现断崖式下跌。但是确实大家在投资方面顾虑重重，已延续很长一段时间的较好的消费指标现在也在往下调整。在这样的氛围之下，我们现在如果考虑可做的事情，就要分析一下，前面一段时间宏观经济形势已经出现的平台状态，支撑它的基本面是不是也变了。如果支撑它的基本面没有出现太多变化，那么我们现在无非就是要在不确定性中找到确定性，争取经济往下调整之后仍然能完成"L型"的转换。2019年，经济增长有望守住6%的底线。6%的速度，其实就是2020年中国全面建成小康社会的一个保证速度。2020 年，在以宏观政策调整稳定人们预期的情况下，应力求消化外部的不确定性，调动自己的潜力，去对接全面小康社会。

二、 面对不确定性， 要抓牢自己的确定性

应对外部不确定性，关键在于把握我们自己的确定性。

（一） 变坏事为好事

要坚定不移地推进我们应该做、可选择、可做得更好的全面开放和在改革深水区攻坚克难。在实际生活中，开放会倒逼我们在改革方面做得更好。面对贸易摩擦这件不好的事情（坏事），我们要扩大开放。2018 年扩大开放的重点举措包括降低关税、放宽金融准入等。

当年，杜润生老前辈精辟地总结说，加入 WTO，中国必须清理自己的文件柜。就是说，原来的各级文件和法规，但凡与 WTO 条款相矛盾的，都要清理出去，与国际通行规则对接。"清理文件柜" 对于现在进一步打造高标准、法制化、与国际对接的营商环境意义重大。我们进一步 "清理文件柜" 就是 "变法"，"变法" 就是要国强、创新，就是在推进由开放倒逼的改革。这是实实在在的好处，是就全局而言进一步解放生产力、让企业在公平竞争环境中活起来的制度环境打造。

当年讨论加入世界贸易组织时，曾出现一些反对意见，其中有代表性的说法是，中国 "入世" 之后，所有的好处都是不确定的，而所有的坏处都是确定的（比如，国内农产品会受到进口廉价农产品的冲击、汽车行业会遭受重创等）。按照这种观点，中国就不要 "入世" 了。但是，当时的最高决策层抓住机会成功 "入世"。之后，不仅农业没有垮，传统燃油汽车还出现了前所未有的 10 多年

"与狼共舞"的蓬勃发展局面。不仅如此，中国在"清理文件柜"的过程中，改革上了一个台阶，企业更直接地体会到了公平竞争取向下的社会主义市场经济。我们现在对以开放倒逼改革、坏事变好事，要从全局利益上把握其重要意义。

（二）变压力为动力

没有压力的时候，很多改革的领域举步维艰，但有压力就不一样了。国家领导人在 2018 年博鳌亚洲论坛上宣布要放宽金融准入，这涉及金融改革的内容。接着相关金融部门很务实地列出十几项放宽金融准入的具体措施。在 2019 年"两会"、中国高层发展论坛及博鳌亚洲论坛上，国家又陆续推出了新的放宽金融准入的具体措施。压力变动力以后，把我们的事情做得更好，能激发更大的潜力和活力。在区域发展方面，原有三大重点。一是北方的京津冀一体化。比如建设北京城市副中心和雄安新区。二是长江中游经济带。在"中部崛起"的基础上，要在长江中游打造一个增长极式的经济带。三是"一带一路"。除了这三大区域发展重点，现在又多了一个：启动粤港澳大湾区建设。原来已经形成增长极的珠三角地区，现在要再上台阶。在粤港澳中，香港、澳门已经形成全套与国际接轨的规则。我们在粤港澳大湾区建设过程中，必然要对接的大手笔，实际上就是把原来"珠三角、泛珠三角"战略，优化调整到更坚定不移地对接外部市场的国际规则上，从而实质性地攻坚克难，推动珠三角地区率先在现代化过程中形成示范效应，发挥辐射、引领作用。这就是"变压力为动力"很好的现实案例。

（三）变被动为主动

这需要有更长期的战略耐心。前面说到的战略定力、战略耐心也具有基础：中国是世界上人口规模最大的经济体，市场潜力、成长性在投资界有目共睹。

特斯拉首席执行官马斯克于 2018 年 7 月到上海签约，要投资 500 亿元人民币在当地建设全球最大的外商投资单体工厂，生产特斯拉新能源汽车。特拉斯在中国建工厂给我们的启示是：不管未来的发展到底是很顺利还是不顺利，在有胆识的国外投资主体内，总有一批人盯着中国的市场潜力寻找机会。中国现在的市场潜力体现了工业化和城镇化发展还有相当的纵深空间这样一个基本事实。作为全球人口规模最大的发展中经济体，在未来几十年内，约有 4 亿人将从农村迁往城镇并成为市民。这要匹配一轮一轮的中心区建设及与中心区配套的基础设施的建设和升级换代，一轮一轮的产业互动和产业升级，一轮一轮的人力资本的培育及升级。这些都会不断地释放巨量需求而得到全国与全球的供给侧回应，使我们可以用和平的方式来支撑经济循环运行，实现中国带有超常规特征的和平发展与和平崛起。

在"和平与发展"时代主题下，中国要与美国"有理、有利、有节"地作长期双边博弈，并配之全球范围内的多边博弈来制约它。以曹德旺为代表的中国企业家到美国去投资，运行一段时间后，又追加了投资；马斯克来到中国做了大手笔的投资。这些都说明，从正向激励来讲，产业链越来越具备"你中有我、我中有你"的特征，而且共享经济势必得到越来越多的认同。

美国已经变成一个守成大国，中国则是一个新兴市场经济体且具有很大发展空间的崛起大国。有学者以中美实践数据给出了一个曲线并进行了比较，把 2017 年美国的 GDP 总量在直角坐标系上标出，再往前找到一个整数年份 1900 年，画出在这 117 年间美国经济成长的曲线形态，结果显示，美国 GDP 在此期间翻了 36 倍；关于中国，也把 2017 年作为截止日期，往前找中国 GDP 翻 36 倍的那个时间，结果是 1987 年，即 1987—2017 年中国 GDP 翻了 36 倍。在时间轴上对比看，中国是以 1 个时间单位，走完了美国用 3.9 个时间单位才完成的成长过程，这一研究结果令人印象深刻。

"变坏事为好事""变压力为动力"，要求我们坚定不移地推进改革开放。这不仅将造福于中国人民，也能造福于世界人民，是"摒弃你输我赢的旧思维"，打造"人类命运共同体"的共赢发展。

三、 充分打开"有效投资" 和"聪明投资" 的空间

要进一步调动中国的市场潜力，在对市场吸引力保持信心的同时，必须找到好的机制，进一步充分运用有效投资空间，以有效投资和活力释放带动中国消费潜力的释放。

在实际生活中，有效投资在中国俯拾皆是。比如，这几年政府与企业合作建设公共工程、基础设施，乃至产业新城建设和运营、连片开发等。具体看北京，其公共交通体系建设近几十年经历反复探索，现在的基本发展方向已经清楚：把北京建成拥有四通八达、密度足够的轨道交通网的城市。北京建设地铁 4 号线，地方政府资金不足，于是便运用了 PPP 模式，引进港商共同建设，使 4 号线成了一个政府和社会资本合作建设项目的成功案例。之后，北京建设地铁 16 号线也引入了 PPP 的方式。

除了北京，全中国还有 100 多个百万人口规模以上的城市，都要尽快着手布局轨道交通网。在建设轨道交通网的同时，还要配上停车场、停车位。有关部门表示，中国城镇区域缺 5000 万个左右的停车位，如果 1 个停车位按 10 万元投资计算，整个中国需要投入 5 万亿元。这是未来 10 年、20 年必须要做的事情。很多地方还需要建立体停车场，并配上充电桩，但政府的财力不足，这时候可

以调动民间资本参与进来，按 PPP 模式来做。这是"聪明投资"，一旦停车场、停车位建成投入使用，便可以收费的形式形成现金流，而一旦有了现金流，就可以把这件事情变成以政府和社会资本合作新机制来形成的有效供给。这是中国在下一阶段扩大内需方面，一定要抓住有效投资（聪明投资）的又一个案例。

四、 企业投资的路径和筹资模式

企业寻求有效投资，如果放到制造业——实体经济最核心的领域中来看，机会其实非常多。市场主体独立进行自主投资，在寻找投资机会之前，首先要有投资资金的筹集来源，路径上大概有三类。

第一，靠本钱（资本金）成立一家企业，然后实现自身的资本积累，在创业创新过程中扩大再生产。这个路径上最典型的就是"老干妈"，其多年来坚决不用贷款，同时也坚决不赊账，在产品形成了很好的市场口碑以后，逐步扩大生产规模和提高市场份额。这种成功的案例比较特别，没有普遍代表性。

第二，自己的本钱加上间接融资，即以企业法人身份取得贷款。大量民营企业、中小微企业面临的融资难、融资贵问题，首先指的就是这种间接融资。企业要取得一笔贷款，目的往往就是要冲破瓶颈期、真正能够在市场中立住脚，乃至解决进一步发展的现实问题。中国已经形成了为期多年的以间接融资为主的总格局，其优点和缺点都非常明显。银行等金融机构是在商业金融定位上"锦上添花"式地提供贷款，哪些项目安全度高、收益前景好、风险度低，就把贷款放给谁。但是同时，这一定位上却不能很好地"雪中送炭"，一些成长中的企业，以及希望获得特定政策支持的三农、小微、科技创新、绿色低碳等企业，就会遇到融资难、融资贵问题。

第三，以上市、发债等方式来进行直接融资。从主板、二板（创业板）、三板（股份代转让系统），一直到现在的科创板，应该形成一个金融产品丰富而不同类型企业可以"无缝对接"的直接融资供给体系，这是"公募"。另外还有"私募"，可以非上市地取得其他市场主体的入股资金。

此外，企业发债也是直接融资。早在20世纪就说企业可以发债，即发行企业债，但是在中国始终没有成气候。原因是在实际经济生活中形成了一种"刚性兑付"的局面：投资者购买企业债以后，一旦企业运行不好，还本付息出了问题，就会不甘心于按照原来的合同约定能拿到多少算多少。这迫使政府管理部门对企业债特别谨慎，真正货真价实的企业债批准发行的很少。

总体来说，这三条途径的企业投资资金来源，我们最看重的是间接融资和直接融资，以及它们如何能形成一个无缝对接、覆盖全面的有效供给体系，使创业创新主体的各类融资需要在其中都能够找到对应的项目。

其后就是在自负盈亏之下，企业如何取势、明道、精术了。"取势"，就是看清发展大势。若企业手中有足够的资金可用于投资，一定要坚信，不论未来如何风云变幻，中国仍然是一片投资热土，并愿意在祖国这个大市场中做一番创业创新的有益事业。跟着中国市场成长性的大势走，是一个最基本的取向。"明道"，是指企业家要在自己的特定投资领域中，努力认清相关的规律，做到心里有数，能够把握自身的比较优势，从而从容面对竞争局面。"精术"，就是要强调"细节决定成败"，在管理上把事项做到极致。企业家群体兢兢业业积累了不少管理经验，大家都可以借鉴。比如

"海底捞"有一套很独特的企业经营理念和管理方法，发展到现在，不仅实现了国内连锁经营，而且已"走出去"，在国际上进行投资。

五、 实体经济的投资机遇

什么叫投资机遇？就是把资金投进去以后，有可能取得意愿中的回报。如果投资以后，没有获得回报或回报过低，那就是没有实现投资的成功。显然，投资机遇的把握是要承担风险的。对投资机遇的把握，最基本的原则有两条。

第一，不论做什么投资，一定要"适合人群之需要"，使投资的产出能够具备在"用户体验"方面满足需要的基本功能。从人本主义立场上看，所有的投资都是以人为服务对象，要以产出和服务让人们的生活过得更好。因此，掌握好"适合人群之需要"并不容易，与机遇判断、自身内功、天时地利人和等因素都有关系。

第二，需牢记"机遇偏爱有准备的人"这句至理名言。很多市场投资机遇稍纵即逝，有准备的人可能就抓住了，以后可以占据有利的市场地位。

具体到实体经济中的制造业，寻找和把握机遇是非常重要的。概括来说，非实体经济主要涉及金融方面的一些虚拟经济，但它是要服务于实体经济的发展和升级换代的。制造业是实体经济中的骨干力量，是最关键的顶梁柱。

制造业方面的投资机遇具体可以分为三大类。

第一，顺应国家政策的战略性新兴产业和绿色经济等领域投资。七大战略性新兴产业包括新一代信息技术、新能源、新能源汽车、高端装备制造、生物、节能环保和新材料。后来又加上的文化创意产业，也是一大重点。针对这些战略性新兴产业，国家已明确要给予政策支持，并且政策支持动态优化也在不断地调整中。比如，针对新能源汽车的发展有补贴政策。

第二，前沿创业创新中的"互联网+"等高新科技领域投资。硅谷的经验是，创造一个非常宽松的区域性创业创新环境。硅谷寻找科技创新的突破口，然后引来一批金融精英，以风险投资、创业投资、天使投资等方式寻找支持对象。投资一旦成功，就可能全盘皆活，不仅能收回所有的成本，而且最后能得到超额利润。例如，阿里巴巴获得成功以后，收益最高的不是它自己，而是关键时候给了它2000万美元天使投资的韩裔日本人孙正义。当然，风险投资并不适合所有企业家，只有少数偏好承担风险的企业家，才适合走这条路。制造业的很多创新现在必须适应和跟从"互联网+"，线上线下相结合，对接智能化。

第三，一般竞争性领域内的创新升级投资。一般竞争性领域中的大量传统行业，它们看起来没有多少高科技含量，也没有什么特别的战略性新兴产业特征。比如餐饮业，该如何创新升级？其实，除了要有特色、能够吸引回头客这些一般的经验之外，还要注意在发展过程中，新的区域在后勤供应支持方面的新需求。现在这么多的开发区、保税区、物流中心、产业园区、产业新城、成片新区等，企业入驻以后，一般不愿意自己开设职工食堂。餐饮业就得注意，看能不能通过招投标获得市场机会。如果你是有心人，就会发现这是传统行业中实实在在的机遇。国外一些后勤盒饭已经弄得像模像样，比如日餐供应的盒饭，内容丰富，很讲究口味，说起来是工作餐，实际上已经到了中高档水平。从低档、中档到高档的后勤供应，在中国还有较大的发展空间。越来越多的后勤供应，会采取这种在市场上找到合适的供应商的方式，给自己的员工提供工作餐，以及提供其他的一些后勤保障。企业的很多后勤事项，从绿植到玻璃楼面清洗，现在都变成了通过对市场上有资质的主体进行招投标的方式获得供应。这些便都是传统行业的机遇。

展开来说，"人群之需要"是什么？比如说老人，中国现在已是人口老龄化社会，迫切的养老服务需求带来了养老产业的发展。从低端、中端到高端，大家都在探索养老形式，具体看，除了原来的机构养老（养老院），还有后来发展形成的园区养老。此外还有社区养老，过去有与社区结合很紧密的儿童日托，现在发展到了老人日托。除了社区养老，又出现了居家养老：有资质的公司可以派经过培训的护理人员入户，提供养老服务。这些显然都是通过"适应人群之需要"而抓住的机遇。

六、 制造业的"微笑曲线"

在制造业角度，要看看关于全球供应链和价值链上的"微笑曲线"。中国大量的制造业实体已经成为在加工生产方面颇具经验的企业。中国的加工生产在"微笑曲线"中间位置，收益率比较低，如图3-1所示。这个阶段确实促进了经济增长，增加了税收，提供了大量就业岗位，带来了社会稳定。但与此同时，本土主体的收益水平也比较低。比如，苹果手机加工大量是在国内富士康厂区完成的。富士康厂区做的就是"微笑曲线"中间位置的事，回报率较低，而苹果手机取得了高收益。

当前，中国制造业的升级发展要解决的主要问题是争取从加工生产阶段向"微笑曲线"左右两个高端位置靠近。只有这样，我们才能够真正在新时代实现结构优化、升级发展，通过提高供给体系质量和效率，开创新局面。例如，广州以日本本田的技术应用于中国生产的轿车"广本"，口碑非常好。但是，广州的生产厂家做的是"微笑曲线"中间位置的活，左右两端的高收益掌握在日本人手

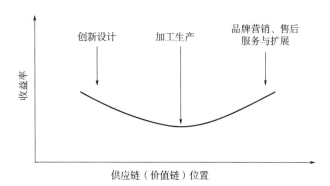

图 3-1   微笑曲线

中。值得注意的是，这几年广汽本田的生产厂家通过引进、消化、吸收和再创新，推出了一批升级换代的新产品，其中比较有代表性的"广汽传祺"在激烈的竞争中取得了良好的市场表现。这样一来，它就从"微笑曲线"中间位置向左右两边高端位置推进，实现了升级发展，对我们具有启发意义。中国制造业的升级发展，就是要追求这种向上的升级版、质的改变，而不再是简单地只做"世界工厂"；要从"中国制造"到"中国创造"，再到"中国智造"，迎接新经济、新机遇中中国智慧制造与企业发展的新境界。

综合考虑减税降负， 推动民营企业高质量发展

时间：2019 年 3 月
地点：北京
会议：大规模减税和民营企业高质量发展研讨会

更大规模减税和民营经济高质量发展，是当下企业界高度重视的供给侧结构性改革的重点。2019 年《政府工作报告》让我们印象深刻：在 2018 年提出减税降负 1.1 万亿元、实际报出 1.3 万亿元成绩的基础上，2019 年再减税降负 2 万亿元。这样做的目的是：减税降负要使市场主体在供给侧结构性改革这一推进现代化的主线上轻装上阵，更好地实现高质量发展，特别是帮助实体经济实现升级版的发展。

具体的减税降负任务，在 2019 年贯彻实施过程中，中央给出了时间表的要求：2019 年 4 月 1 日，开始贯彻第一大税——增值税降低两档税率的工作安排；2019 年 5 月 1 日以后，企业基本养老的缴费标准可以降到 16%。对于减税降负，我以研究者的身份作一些观察和点评。

一、 减税符合中国现在的税制结构

中国总体的税制结构以流转税为主，或者说以间接税为主，而中国的直接税是相当边缘化的。所以，我们不能简单照搬或照猫画虎式地学美国减直接税的做法，而要从中国的实际出发，减税从最主要的流转税开始。流转税中的第一大税——增值税，在"营改

增"以后，占到中国财政税收收入的 40% 左右。2019 年增值税下降迈出了相当可观的步伐。从经济学角度看，降税首先使企业受益。实际上，经济学中关于税收转嫁与归宿的研究成果早已说清楚：在竞争的市场环境下，企业必然会想方设法将流转税负担加在产品价格中，然后向后面转移。通过这样的机制，流转税最后或多或少（在很多情况下，相当大的部分）转到了最终消费环节，从而找到了它的归宿。

换句话说，中国现在使企业感到负担减轻的以流转税为主的大规模减税，最后是造福于消费大众的。就中国现状看，消费大众中多数属于中低收入阶层。中国在中产阶层增加的同时，不得不承认，总体上社会收入和财富分配的格局特征比较接近"金字塔形"，消费大众大部分处在金字塔的下半截。而减轻终端消费者的实际税负，就落实了党的十九大特别强调的方面：化解社会主要矛盾，使人民美好生活需要得到更好的有效供给与配套条件。从这个意义上说，减轻企业负担便有了更丰富的内涵，更值得我们把握好。通过改革，在人本主义立场上使实际减税效果，造福于全社会成员，特别是消费大众，使他们更好地享受改革开放的成果。

不过，这个过程还得继续推进、深化。国家决策层已清晰地表明，我们还需继续努力，通过深化增值税改革，把现在的三档税率变成两档。这里涉及一般纳税人的标准化三档税率（其实还有小规模纳税人及出口环节的退税）改革：由现在的 16%、10%、6% 三档分别变为 13%、9%、6% 三挡。按照中央所说的改革方向，我们还需继续讨论如何把增值税税率由三档变为两档。大逻辑肯定是把高的税率往下调，而不会把低的税率往上抬。那么，在条件成熟时，分步骤实现降税能不能三步并作两步，有没有可能迈出更大的步子来推进？这需要有关管理部门通过对全国相关情况进行更细致的统计测算，同时考虑到财政承受能力及方方面面的因素，积极而稳妥地设计实施方案。在这个方向上，中央已经锁定了增值税税率由三档变两档这一深化改革的基本要领。我们现在要使民营企业轻装上阵，得到高质量发展，要特别注意，在受益的民营企业中，除了规模以上的"一般纳税人"，还有大量小微企业。在目前全国市场主体中，绝大部分是在近些年商事制度改革，大众创业、万众创新过程中涌现的小微企业、个体工商户，它们已在税收方面享受到了相当优惠的"小规模纳税人"简易征收办法。

正税中的企业所得税，也是我们需要继续"打主意"的一个税种。虽然企业所得税对小微企业已经一降再降，但是不是可以考虑未来打开更大的空间？这从小微企业简易征收办法看，表现在了"起征点"上——由于企业的增值额和盈利水平很难精确测算，于是对营业额进行了简单处理，过去增值税起征点是 5000 元，现在抬高到了 10 万元。这明显放宽了可享受税收优惠的小微企业的标准，实际的起征点已经抬得比较高了。另外，年应纳税所得额的税基部分，在 100 万~300 万元的部分和不超过 100 万元的部分，有税负"减半"（50%）和"再减半"（25%）的规定。

另外，为了鼓励企业研发，原有的企业所得税税基加计扣除已经从 150% 提高到了 175%，以后或还有提升的空间。这也是鼓励企业高质量发展、升级发展的一个机制。在这种环境下，民营企业应该乘势更好地调动自身的潜力，发挥好不可忽视的作用，为全局发展做出应有的贡献。不管是规模以上的企业，还是小微企业，抑或国有企业和民营企业混合经营，都必须注意，中国还有一个正税之外的税外负担问题。国家已经注意到这个问题，所以减税之后，还要求降负。在讨论税收问题时，也需要把降负放到"全景图"中，认识它并对它进行分析；要强调在正税之外，降低税外负担也有明显的必要性。民众都很关心的基本养老缴费，是"五险一金"中分量最重的一项，它的实际负担水平如果能下降到16%的缴费率，我认为很有必要，但还要考虑它的机制问题。

二、 将基本养老"蓄水池" 统筹到全国层面

我认为，应该乘势把基本养老统筹的"蓄水池"提升到全国层面，将原来分散、碎片化、最高只到省级的"蓄水池"，合成一个全国统筹的"蓄水池"。这里并不存在有人说的哪个地方吃亏、哪个地方占便宜的问题。广东早有统筹实践，已经建立了这种机制，只不过只到省级层面：按照规则，基本养老该交多少交多少，一分钱也不会多交，到了该享受退休金的时候，自己应得的部分一分钱也不会少，只不过大家在这个"蓄水池"里分不同的时间段陆续取水，来解决退休人待遇问题。现在，我们只是想提升这个"蓄水池"的功能。广东的"蓄水池"已经有了蛇口、深圳支持韶关的实践，现在提到全社会层面，无非就是诸如广东的"蓄水池"能去支持东北地区。但这绝不是说谁吃亏、谁受益的问题，而是一种"帕累托改进"，大家一起享受"蓄水池"互济功能的提升，同时获得降低缴费率的减负效应。这一点一定要说清楚，因为现在社会上好像对此有误解，很多人没有理解"蓄水池"的全社会共济、互济功能。如果提升了统筹机制，便可以放大"蓄水池"的功能。

现在由个税改革带出一个新局面：管理部门的收费权完全交给了税务机关，税务机关统管全国基本养老收费的工作，这样一来，原来的所谓"利益固化的藩篱"一下子就被突破了。关于相关机构的人员如何分流和安置，中央也给出了方案。由此，基本养老统筹

提升到了全国层面，变成了一种只有人受益而无人受损的情况，这在中国改革领域中是极少见的"帕累托改进"。所以，我们应乘势消除一些具体技术上的阻碍，比如个人账户可以过渡（以名义账户过渡）。全国基本养老统筹到一个"蓄水池"之后，比如缴费率都是16%，那么各个地区原来的缴费率差异可以实现分段计算，而在数据支撑方面不会出现任何问题，最后谁也不会吃亏。总体来说，互济功能提高了，缴费标准就可以名正言顺地降低，进而能使一大批过去缴费不足的企业获得解脱。所以，我们需要积极地进行讨论，利用"帕累托改进"的空间，降低以基本养老为代表的税外负担，同时结合配套改革，解决提升"蓄水池"互济功能的机制创新问题。

三、 破解行政性收费过多的难题

除了税负，还有行政性收费。某企业反映要交500多项行政收费，于是国家发展改革委、财政部派工作组去核实，发现原来该企业把一些小项分别列出了，但小项并入大项之后，仍有370项行政收费。有些收费项目单体来看数量并不大，但合在一起，企业就不胜其扰了。这些都构成了企业的实际负担，应该积极予以消除。

对于这些情况，若能精简机构，把职能尽可能合理化，减少审批权，也就减少了后来派生出来的这些收费权。这还有一个好处：减少审批收费，实际又会减少它们派生出来的隐性负担中的"设租寻租权"。而面对这么多的机构，如何尽量减少审批权、收费权，减少设租权，使政府更亲民，就成为配套改革要处理好的关键问题。

在"全景图"中，企业关心的融资成本、物流成本等方面，更要在配套改革中一起考虑。2018年11月1日，习近平总书记在民营企业家座谈会上已经把民营企业定位为"自己人",并对金融机构支持民营企业提出了新的要求。其中包括对民营企业的支持在业务上要与业绩考核挂钩。对于这一要求,操作一线却遇到了难题:与业绩考核挂钩,仍然过不了责任终身追索和风控环节有人签字这个关卡。现在碰到的大量小微企业、民营企业,给予它们融资支持,具有风险度高、安全度低的特点,而且融资支持的成本较高——给大企业一笔贷款,规模可能高达几千万元、几亿元,甚至几十亿元,而小微企业的贷款规模可能只有几十万元,多了也就上百万元,每一单贷款都对应有管理成本,将这些固定成本合在一起,可能远远超出对大企业的贷款管理成本。大企业风险度低,银行一般都愿意以"锦上添花"的方式去支持它们,而小微企业最需要的是"雪中送炭",但谁也不愿意持续承担"雪中送炭"的风险。

对于这些问题,我们还要继续寻求解决之道。所以,要推动民营企业实现高质量发展,从减税到降负,到结合配套改革,再到降低融资成本、物流成本等,都应该纳入我们通盘考虑的"全景图"。只有这样,才能更好地适应新时代的现代化经济建设,以供给侧结构性改革去推动民营企业真正走上高质量发展之路。

财税改革给中小企业带来的机遇和挑战

时间： 2019 年 5 月 12 日

地点： 长沙

会议： 湖南大学 MBA/EMBA 名家讲堂： 新时代湖南民企创新发展论坛

就财税改革给中小企业带来的机遇与挑战，我想谈谈自己的一些基本认识。

一、 财税体系

首先说一说该如何对"财税"作一个勾画。在日常生活中，企业的直观感受就是要交税，财税合在一起说是约定俗成的。从学术上看，税是财政体系的一部分，所以要先讲财政。财政是什么？简要地说，可以把这两个汉字拆开，再合在一起，理解为一个"以政控财、以财行政"的分配体系。它的主体是国家各级政府，"以政控财"是其作为社会管理者的政治权力，运用社会管理者的政治权力，控制社会总产品中的一部分。这在现代经济生活中必然是在量上可通约的财力形式、价值形态的资金。"以政控财"以后做什么？就是"以财行政"——政府各种职能的履行，大到国家安全、国土开发整治，小到现实生活中大家都习以为常、实际上不可缺少的公共服务。比如，建成区的路面必须是硬化的，晚上必须有照明，人们在建成区里活动必须有路标、门牌号码等识别方式，事无巨细。若没有财力作为政府履行职能的后盾，这些公共产品、准公共产品都是不可能被提供出来的。关于财政对经济社会生活的影响，党的十八届三中全会给出了一个重要的概括："财政是国家治理的基础和重要支柱"。它处理的是公共资源的配置，又通过这种资源配置，影响、辐射、拉动整个社会经济资源的配置。财政中的税收非常重要，因为政府履行职能首先要解决物质条件支持的问题，财政分配首先是"钱从哪里来"的问题。现代社会所推崇的就是古已有之、现在更加强调的法定形式的税收，是规范的、可预期的、依法来形成的税收分配：在给政府筹集收入的同时，它还会调节经济和社会生活。

通俗地说，这种分配体系就是要有一套规矩、一套制度安排，一套社会成员都可预期的政府的钱从哪里来、怎么来、用到哪里去、怎么用的机制，要使政府能发挥应有的职能作用。实际上，政府所有的努力归宿应该都是为人民服务，应该都是行使公权而追求公共利益的最大化。按照这种理解，税就直接涉及政府和企业的关系，这是财政分配中非常重要的关系。当然，财政分配处理的实际经济利益调节关系可以进一步概括为三大关系的融汇。财政的制度安排要处理的，首先是政府和市场主体的分配关系，这个关系又被称为中国要通过改革实现现代化的核心问题。怎么把它处理好？中央政府和地方各级政府之间的分配关系，该如何优化？这两大关系都比较直观。在现实生活中，企业要交税，就会碰到政府和企业的关系，中央政府和地方政府之间也必须有财力方面的一套具体分配方案。放眼全中国，在现行体制之下，各个地方形成的本级全口径收入，必须在本级（以省这一级为例）按照体制规范，明确哪些进入中央库，哪些进入地方库，省以下的市县各级，也会遇到如何把财力合理化分配的问题。除了这两大关系，我们还应该强调第三大关系，即公权主体与社会成员（作为自然人的纳税人）的关系。

1994 年分税制改革以后，规范的个人所得税有了清楚的框架，再往后，自然人作为公民，越来越体会到面临着直接税的调节，而且以后可能也要走到更加直观化的流转税——价外税，就如现在有些增值税的发票非常清晰地把价和税分开列出。所以，我们需要更加全面地认识第三大关系。这三大关系汇合在一起，就是要通过分配的合理化，来服务于经济社会，达到在生产经营这一创造财富最根本的层面上，调动一切要素的潜力和活力；在创新发展作为第一动力的情况下，带动整个社会协调发展、绿色发展、开放发展；最后落到人民群众对美好生活的向往上，使全体社会成员可以不断地共享发展成果。

二、财税支持

在鼓励民营企业发展的大背景之下，要说说财政体制和财政的支持，包括税收支持方面的基本态势。1994 年 1 月 1 日，我国开始执行分税制体制改革方案。这个财政体制的大变革是把整个财政体制和中国当时 43 种工商税收合在一起，进行配套改革。要建设社会主义市场经济，就要让市场充分地起作用，就必须加快打造间接调控体系，即政府以经济手段为主，去影响市场上各种要素的价格信号。这个非常重要的间接调控体系，在 1994 年分税制改革之前，已经有了一些铺垫。比如，通过一系列努力，人民银行去除一切金融业务而变成一个管理部门，即中央银行。它再以经济手段为主，形成一个垂直系统，管理调控当时被称为四大专业银行的工农中建（中国工商银行、中国农业银行、中国银行、中国建设银行），并建立和发展交通银行、民生银行等股份制银行，形成一个商业金融运行体系。

1994 年 1 月 1 日实行分税制之后，中国终于摆脱了过去在财政体制安排方面"放、乱、收、死"的循环，形成了一个阳光化的制度环境。支持企业发展，分税制在其中的贡献是什么？就是把原来的行政性分权终于转成了经济性分权。分税制最突出的制度贡献是使所有的企业，包括现在已经发展起来的大量民营企业，在处理和政府利益分配的关系时，于法律明确规定之下依法纳税。企业不分经济性质、无论规模大小、不看行政级别、不讲隶属关系，都需要按照法律规定交税。这些税交到政府的"金库"之后，哪些是国税，哪些是地方税，哪些是共享税，就是由政府体制自己处理的问题了。企业交完税以后，税后可分配的部分，按照产权规范和政策环境自主进行分配。到了这个时候，才真正画出了各种类型的企业公平竞争的一条起跑线。这就提供了间接调控最基本的微观市场经济主体焕发活力的基础条件。

也就是说，正是有了 1994 年这样一个正确处理政府和企业关系的分税制改革，才有了后来跨隶属关系、跨行政区划的企业要素流动、兼并重组，以及国有企业高管也可以在市场竞争中产生。如果没有 1994 年的分税制改革，这些都是无法想象的。所以，1994 年分税制改革里程碑式的历史贡献的第一条，还不是正确处理了中央与地方的关系，而是正确处理了政府和企业的关系。这对于我们推进民营企业继续发展，是一个最基本的公平竞争保障条件。

在发展过程中，我们仍然要非常明确地得到这样一个保障条件，即可以跨行政区划，不讲隶属关系，在要素流动过程中，在公平竞争时，形成越来越有影响力的混合所有制产权结构。它可以使国有企业、民营企业在总体公平竞争的情况下寻求共赢的前途。财政体制对于民营企业发展的保障，就是在分税制的制度基础之上，要继续对接最前沿的"竞争中性"和"所有制中性"概念，并且适应中小微企业的特点，有针对性地设计必要的扶持政策。财政体制在运行中首先要解决政府履行职能的"钱从哪里来"的问题，即税收。针对绝大多数的中小微企业，这些年在减税降负方面取得了一系列进展，值得充分肯定。根据政策规定，中小企业在整个"十三五"期间企业所得税减半。至于小微企业所得税简易征收办法，更是把门槛（类似于"起征点"）从原来每月 5000 元提到了 10 万元。流转税方面，在"营改增"以后，小微企业作为"小规模纳税人"按照 3% 的增值税率征税，实际上等于把流转税和所得税合在了一起。这对于民营企业的主体——大量的小微企业，是非常优惠的税收待遇，同时也使这些企业作为市场主体、投资主体能够更好地在竞争中轻装上阵，体现了"活水养鱼"的道理。

除了减税，还有自 2019 年 4 月 1 日起，增值税对于一般纳税人的税率大力度下调体现出来的年度主打措施。增值税标准税率下降之后，从 2019 年 5 月 1 日开始，覆盖了所有企业。社会保障"五险一金"中最有分量的基本养老保障，缴费标准可以降到 16%，这也能实实在在地降低企业负担。当然更复杂的问题是，有些地方降到 16% 以后，支付能力更不足了怎么办？那就需要推进配套改革。我的观点非常明确：应该正视推动基本养老金统筹的机制升级，落到全社会统筹上。这就是把统筹所带来的互济功能、供给功能升级，并不会产生新的利益分配模式。所有按规则需要缴纳基本养老金的社会成员还是按规矩来，不会额外多交一分钱；所有到了退休年龄该享受退休待遇的人，也不会减少待遇中的一分钱。但整个社会的基本养老"蓄水池"提到全社会统筹以后，它的互济功能放大了，调剂能力增强了，随之就有可能进一步降低缴费标准。

除了减税和调降"五险一金",我们还得注意各种行政性收费。某企业宣称,自己遇到的行政性收费项目多达 500 项以上。国家发改委和财政部马上派了工作组去核查,提出有些小项应该归并在大项里。即便这样处理以后,仍然有 370 项以上的行政性收费。这个例子说明,我们在考虑降低企业负担的时候,绝不能只限于税收。这几百种行政性收费,并不是说每项负担都沉重,但它们非常麻烦,而且还会带来很多企业精力的耗费并产生不规范、不合理的操作。所以,财税支持企业更好地发展,在现实生活中一定要推动减税降负、减少各种行政性收费负担,推动配套改革,这样才能从根本意义上形成新的境界。只有通过配套改革,才能真正解决让企业进一步焕发活力的这个高标准、法治化环境建设的问题。

三、克服困难,抓住机遇

民营企业家必须在商言商,脚踏实地,在市场竞争一线抓住机遇。财税,这个为现代国家治理打造坚实的基础和重要支柱的制度安排,延伸到实际生活中,创新发展的大思路一定要维系 1994 年分税制改革的基本制度成果,进一步优化完善"竞争中性"及"所有制中性",寻求多种经济成分的共赢。在此过程中,企业在轻装上阵的同时,还要顺应时代发展的挑战,积极应对外部压力和内部矛盾凸显交织的局面,在这些不确定性面前,把握我们的确定性。我们要坚定不移地在改革深水区攻坚克难,啃"硬骨头",贯彻落实"冲破利益固化的藩篱"精神,所有的市场主体都应该密切跟随中央的全面改革部署。我们既要有自上而下的顶层规划,也要有自下而上的首创精神,在奋斗中还要把握创新弹性空间。

企业家在不断处理生产经营竞争中的具体问题时,必须苦练内功、打造、形成自己的核心竞争力。企业不论大小，在竞争中都希望能够屹立不倒，并且扩大市场份额，发展壮大。虽然按照客观规律大量的中小微企业最后能够发展成大企业的是极少数，但是这个过程体现了中小微企业对于整个经济社会的贡献。它们不断付诸种种努力，包括各种各样的创新，少数企业闯出路径以后，很多全局性的正面效应随之而来。

在把握机遇方面，需要注意两点。

第一，企业作为市场主体和投资经营主体，其产出必须"适合人群之需要"。考虑问题的基本点，正是我们现在说的人本主义立场，判断供给是不是有效，要看其与需求方、老百姓的美好生活需要能否匹配。若以供给侧的创新形成了有效供给，适合了"人群之需要"，那么在现实生活中，企业生产经营的产出就要经过市场检验。

第二，机遇偏爱有准备的人。市场竞争中很多的机遇稍纵即逝，如果有所准备，能够抓住它捷足先登，局面可能就会完全不一样。

在财税营造出相关的必要环境和政策支持之外，企业家对这两点要有明确的认知。

通过自己的努力，掌握好要点——适合社会"人群之需要"，在现实生活中也不一定都是靠高科技。如果有高科技，那么我们当然要乘势而上。高科技领域最主要的支持力量并不是财政给的奖励、政府给的一些政策支持，最关键的是高科技创新企业如何突破瓶颈期——前期"烧钱"阶段。国际经验早已经表明，必须有风险投资、创业投资、天使投资等市场主体、金融精英，去对接那些创新中的科技精英，由它们来给予特定的支持。虽然支持的成功率可能不高，但一旦成功，它带来的效应将是全局性的。

很多企业家可能要问：我没有这样的核心竞争力，在高科技领域做不了这种"烧钱"式的创新，我也没有国家战略性新兴产业定义中直接对应的竞争力要素，作为一般传统产业的企业，该怎么抓住机遇？实际上，一些传统产业面对社会需求，仍然有大量的机遇。比如，有些从事餐饮的企业，既不属于战略新兴产业，也无高科技，但可以注意一下：除了街上的餐饮店等一些经营场所，现在很多新区、开发区、产业园区、物流中心、保税区等，在招商引资形成势头以后，入住的那些企业很少有愿意办职工食堂的，这就是机会。这种逐渐发展起来的园区服务模式，为餐饮企业提供了"适合人群之需要"的机会。

与此同时，中国的老龄化趋势明显，养老产业是未来一个非常广阔的市场。而且，养老产业中细分的、多种类型的、不同层次的养老需求都要得到有效供给——这里面也未必涉及多少高科技，但一定要借鉴经验，组织有效的团队，形成有效的供给。企业自己具体的定位，可能是园区养老、机构养老，也可能是社区养老、居家养老，就看如何设计定制化解决方案了。这就是供给侧结构性改革以具体化的方案覆盖所有市场主体的过程。它的特点是不像过去讲扩大内需、需求管理的时候那么简单——企业家知道国家银根是放松还是抽紧，跟着采取措施就行了，现在企业在注意总量调节的同时，还要追求结构优化，而优化结构要面对非常复杂的挑战性问题。在具体的生产经营战略、策略贯彻实施中，必须要尽可能高水平地形成能够支持自己创新发展的定制化解决方案。我们要适应市场经济竞争中的普遍规律：大量的中小微企业在不断的动态运行发展过程中，有其自身的风险控制机制和再生机制。优胜劣汰不可避免，但是我们主观上一定是要以顺应时代潮流的高水平的定制化供给侧改革解决方案指导竞争行动。这就要求我们顺应大势，把政策用足，用"一企一策"打造核心竞争优势，做出无愧于时代发展的贡献。

金融如何支持民营企业发展

时间：2019 年 5 月 18 日

地点：南昌

会议：中部发展金融论坛

一、 对民营经济的地位形成更清晰的认识

有关金融如何支持民营经济的发展，第一个层次，要对民营经济的地位形成更清晰的认识。2018 年 11 月 1 日，习近平总书记在民营企业家座谈会上提到一个重要的概念——"自己人"，强调"民营企业和民营企业家是我们自己人"。这个"自己人"地位的确定，后面的背景是民营企业在改革开放 40 多年之久，中国追求现代化的超常规发展中，从全国来说，已经成为不可忽视的力量。

把民营企业确定为"自己人"之后，我们也注意到，有关管理部门，比如金融领域的管理部门，对标国际前沿概念，明确了"竞争中性"的表述。其实，"竞争中性"讲的就是改革开放以来我们反复提倡的"公平竞争"，所有企业作为市场主体，都应该在同一条起跑线上开展经济活动，而金融支持要消除以往实践中存在的歧视性因素。

另一个已经被高层管理部门和专家所涉及的概念，是"所有制中性"。各种所有制定义之下的经济成分，在中国特色社会主义市场经济这个目标模式进一步完善的过程中，它们的前景是什么？中

央已经明确强调了现代企业制度的标准形式——股份制，是"公有制的主要实现形式"，混合所有制是"基本经济制度的重要实现形式"。在对社会主义初级阶段这个中国最大实际、最基本的国情的认识基础上，发展混合所有制的基本逻辑，就是民营企业与国有企业、公有制企业与非公有制企业共荣共赢、共同发展。

二、 支持民营企业发展的政策举措必须落实到位

在民营企业家座谈会上，习近平总书记已明确地提出，要抓好六个方面的政策举措落实。关于金融支持，要求"改革和完善金融机构监管考核和内部激励机制，把银行业绩考核同支持民营经济发展挂钩，解决不敢贷、不愿贷的问题"。

民营企业现在占据了中国投资市场主体中的绝大部分。在中国的企业总数中，98%以上是中小微企业，而这其中绝大多数又是民营企业。在技术层面，商业性金融作为一种"锦上添花"的机制，很难对小微企业形成稳定的支持（可称为技术性歧视），本是无可厚非的。商业性金融的基本属性，决定其必然要考虑风险控制：哪些支持对象的风险度较低，能使银行的运营成本较低，银行就愿意把贷款等金融产品提供给哪些对象。同样在银行贷款，大企业一单贷款的规模可能达到几千万元、几亿元，甚至几十亿元，而小微企业一单贷款的规模可能只有几十万元。可想而知，银行给大企业做一单贷款可以覆盖小微企业多少单贷款。从固定成本看，银行针对小微企业贷款的成本一单一单地加起来，远远超出对大企业贷款的成本。在风险方面，一般来说，小微企业风险较高，安全性较低，而商业性金融必须按照它"锦上添花"的机制特点来实现资源优化配置，因此对小微企业的支持不足，这也无可厚非。但这种情况必然造成对于民营企业融资"雪中送炭"需求的技术性歧视。在商业

性金融机构给民营企业提供融资支持时，具体操作环节并不能改变早已经明确形成的贷款损失、呆坏账，责任要终身追索的制度约束。在具体发放贷款的风控环节，必须有人签字，而签字人要承受终身追索问责压力，导致很多人不敢贸然签字。如此这般，金融机构很多一线工作者深感被夹在了中间：一方面要面对业绩上支持民营企业的年度考核；另一方面，我们并不能解决现在过风控关口的技术难题。这样的问题摆在面前，我们就要进一步探讨，到底该如何破解以小微企业为主的民营企业的融资难、融资贵问题。

信息技术革命扩展了商业性金融的边界，在一定程度上改变了原来的技术性歧视。比如，阿里巴巴公司发展了阿里小贷，在网络上接受大量小微贷款的申请。阿里巴巴在软件中设计好了风控机制，软件系统可以自动识别风险程度，在"零人工干预"的情况之下，就可以不断地审批、放出小额贷款，最低的甚至只有几千元。

这种小贷模式对于个体工商户、小微企业来说，无异于久旱逢甘霖。过去，它们要想在银行等常规金融机构那里获得资金支持，基本没有可能。金融支持的阳光，终于通过技术创新，照到了这些过去无望得到金融支持的主体身上。但是它亦有局限性。受支持主体一定要在大系统、大数据中可以找到其电子痕迹，否则就无法通过贷款审批。对于"三农"概念下的农户来说，他们虽然在生产经营活动中需要金融支持，但由于过去并没有留下相关电子痕迹信息，所以仍然无法通过审核，即在阿里巴巴这样的风控系统下，并不能获得支持。当然，还有一些民营企业，最开始在创新阶段，可能也受到信息方面的种种限制。要进一步突破这样的限制，就要正视一个很现实的问题：信息技术的进步，仍然不足以完全解决以金融支持民营企业发展的全部问题。

三、 乘势大力化解技术性歧视

化解技术性歧视可从如下 5 个方面着手。

第一，在将阿里小贷为代表的间接融资定位为商业性金融的同时，要继续开拓它的空间。在实际生活中，企业界的很多人士还在积极努力，在并不要求政府给予政策支持的情况下，就把商业性金融更多样化地覆盖了民营企业的生产经营活动。

第二，在支持间接金融发展的同时，要特别注意金融体系的多样化，促进直接金融的发展。直接金融中的新三板、科技版、企业债等，都需要积极得到发展。对于最新推出的科创板，见仁见智，也有一些不同的意见，但主流观点应该肯定它是符合金融产品多样化大方向、符合中国必须提高直接金融比重的改革逻辑和客观要求的。企业债遇到了更棘手的制约因素。由于中国的企业债实际上都是刚性兑付的，即一旦企业自己投资不成功，企业债的兑付责任就变成了政府的压力。最后，政府不得不介入，推行刚性兑付。这样一来，有关部门对企业债的审批就变得非常审慎。在实际生活中，我们承认要谨慎探索民营企业发行企业债的机制，但是这个方向必须坚持；在配套改革中，探索如何逐渐促使直接融资中的企业债市场发展起来。

第三，要积极推进政策性融资体系机制的发展。中国在 20 世纪 80 年代后期就意识到要走这条路，要把工农中建（工行、农行、中行、建行，当时称为四大专业银行）的政策性融资功能剥离出来，另外组建政策性银行与金融机构。要把它处理好，必须强调政策性融资整个体系涉及的各个主体要风险共担，支持对象必须施以规范化、阳光化遴选的支持机制，否则，就可能出现借政策性融资之名拉关系的不良状态。政策性融资非常容易在"双轨制"的格局之下出问题，但是我们不能因为怕它出问题，就弃而不用。事实反复证明，中国的政策性融资体系必须放在战略层面上考虑，使它可持续健康运行。党的十八大、十九大以后，最高决策层又明确地重申了要发展政策性金融和开发性金融，包括绿色金融、小微金融、草根金融、普惠金融、精准扶贫的金融支持等。

如果没有以财政为后盾的可持续支持，普惠金融、绿色金融、小微金融等都很难形成可持续状态，最后终会流为空话。在实际生活中，以财政为后盾的支持措施，过去我们就有财政贴息、政策性信用担保等方面的探索，并积累了一些初步的经验。最近几年，又有产业引导基金方面更明确的概念。在探索开拓的过程中，我们还可以对接 PPP 模式。不管是贴息，还是政策性信用担保，抑或 PPP 的财政可行性缺口补贴，寻求的都是"四两拨千斤"效应，贯彻发展战略、产业政策、技术经济政策。而其中最关键的问题是让它们健康可持续发展，就如 PPP 模式，一定要强调规范化，归结到法治化、阳光化、专业化上。

在此过程中，民营企业的发展应得到以财政为后盾的"政策性资金、市场化运作、专业化管理、杠杆式放大"的融资支持。这在中国是无可回避的问题。

第四，要积极发展核心企业带动上下游小微民营企业的"供应链金融"。这些小微企业在产业集群中往往已经与一些大中型企业形成了上下游客户关系。供应链金融就是以核心企业加上融资的一些机制创新，使大企业、中型企业和上下游小微企业形成"命运共同体"，更好地解决增信、风控和融资的问题，这也值得我们作进一步探索。某些区域、某些行业在此方面已经积累了初步的经验。

第五，必须适应商业性金融、政策性金融"双轨"运行的格局，改进金融监管和金融机构业绩考核的指标体系。中国的超常规发展是必然的命题，工业革命以后，中国被甩在后面，改革开放几十年使我们得以急起直追，正在逐步缩小与发达经济体的差距，但未来还要保持超常规的、"守正出奇"的发展。这种"守正出奇"发展，特别强调要引领创新。如果认识到了商业性金融和政策金融必须"双轨"运行很长时间这个基本事实，那么对于防范风险，监管方面第一要强调：无论是商业性金融，还是政策性金融，都应给出一定的试错空间，要弹性地掌握创新，形成市场主体可施展手脚的条件。特别是在政策性融资方面，不能照搬商业性金融的那套监管规则，必须另外考虑构建差异化的考核指标体系，形成对民营企业的差异化支持。这当然要落到技术层面的具体设计上，实现由粗到细动态优化。

第四章
收入分配与跨越"中等收入陷阱"

中国收入分配格局基本认知和代表性问题分析

原发表媒体:《经济学动态》2018 年第 3 期。感谢彭鹏博士和杨青青硕士研究生为此文提供的数据处理支持。

中国的收入分配格局及其相关制度机制如何优化,是经济社会转轨中推进国家治理体系和治理能力现代化的重大现实问题。本文首先考察现阶段中国收入分配的基本格局及其中的关键问题,随后勾画培育壮大中产阶级所面临的特定挑战,并讨论与收入分配相关的中国企业负担这一热点案例。

一、 居民收入增长关键问题应聚焦于"非公平、 非规范"及其制度性成因

在我国改革开放以来的经济社会发展中,国民收入分配总体格局发生了一系列演变。2000—2014 年,居民收入与人均国内生产总值增速之比,经历了先走低、后抬高的过程,前面 8 年 (2000—2008 年),我国人均 GDP 实际年均增长率为 10%,城镇居民人均可支配收入的实际年均增长率为 9.9%,农村居民人均纯收入的实际年均增长率为 6.4%,均低于经济增长速度,但后面 6 年 (2008—2014 年),人均 GDP 的实际年均增长率为 8.1%,而城镇居民人均可支配收入与农村居民人均纯收入的实际年均增长率分别为 8.2% 和 10%,都超过了经济增幅。可知居民家庭收入在国民收入中的占比在经历了下降过程之后,又转为上升过程。

根据国家统计局的数据，可计算出 2000—2014 年我国政府、企业、居民三部门在国民收入初次分配与二次分配中的占比情况，见表 4-1、表 4-2。

表 4-1　2000—2014 年国民收入初次分配格局

年份	初次分配/亿元				占比（%）			
	住户	政府	非金融企业	金融机构	住户	政府	非金融企业	金融机构
2000	65 811.00	12 865.20	18 529.92	794.40	67.15	13.13	18.91	0.81
2001	71 248.72	13 697.28	21 617.68	1 504.54	65.93	12.67	20.00	1.39
2002	76 801.57	16 599.95	23 666.49	2 027.70	64.49	13.94	19.87	1.70
2003	86 512.46	18 387.52	27 132.28	2 944.75	64.09	13.62	20.10	2.18
2004	97 489.67	21 912.66	36 979.34	3 071.90	61.14	13.74	23.19	1.93
2005	112 517.06	26 073.94	41 532.18	3 494.24	61.28	14.20	22.62	1.90
2006	131 114.93	31 372.99	48 192.56	5 223.88	60.73	14.53	22.32	2.42
2007	158 805.28	39 266.86	61 525.47	6 824.39	59.61	14.74	23.09	2.56
2008	185 395.44	46 549.14	74 609.24	9 476.51	58.66	14.73	23.61	3.00
2009	206 544.03	49 606.34	73 275.18	10 894.40	60.69	14.58	21.53	3.20
2010	241 864.51	59 926.74	83 385.82	14 582.48	60.50	14.99	20.86	3.65
2011	284 282.94	72 066.93	94 853.93	17 358.58	60.67	15.38	20.24	3.70
2012	319 462.37	80 975.88	97 023.47	20 753.02	61.65	15.63	18.72	4.00
2013	353 759.88	88 745.04	120 826.03	19 865.78	60.66	15.22	20.72	3.41
2014	387 473.11	98 266.40	137 142.34	21 909.25	60.09	15.24	21.27	3.40

注：资料来源于 2008 年、2013 年经济普查修订的资金流量表。

表 4-2　2000—2014 年国民收入二次分配格局

年份	再次分配/亿元				占比（%）			
	住户	政府	非金融企业	金融机构	住户	政府	非金融企业	金融机构
2000	66 538.67	14 314.06	17 152.68	517.59	67.90	14.61	17.50	0.53
2001	71 865.34	16 324.18	19 327.19	1 254.42	66.50	15.11	17.88	1.16
2002	77 423.32	19 505.94	21 313.62	1 927.53	65.01	16.38	17.90	1.62

（续）

年份	再次分配/亿元				占比（%）			
	住户	政府	非金融企业	金融机构	住户	政府	非金融企业	金融机构
2003	87 268.45	21 946.82	24 339.09	2 866.89	64.65	16.26	18.03	2.12
2004	98 508.92	26 517.58	33 246.66	3 075.63	61.78	16.63	20.85	1.93
2005	112 910.16	32 573.69	36 987.87	3 100.65	61.49	17.74	20.14	1.69
2006	131 426.42	39 724.85	42 687.11	4 303.44	60.87	18.40	19.77	1.99
2007	158 558.63	51 192.09	54 207.96	5 284.53	59.51	19.21	20.35	1.98
2008	185 926.31	60 544.07	65 450.94	7 106.18	58.83	19.16	20.71	2.25
2009	207 302.37	62 603.34	64 171.08	8 405.70	60.91	18.40	18.86	2.47
2010	243 121.74	74 116.25	72 069.17	13 206.55	60.82	18.54	18.03	3.30
2011	285 772.58	90 203.21	78 990.47	15 179.18	60.99	19.25	16.86	3.24
2012	321 399.16	101 301.11	78 875.93	16 855.35	62.02	19.55	15.22	3.25
2013	357 113.36	110 375.99	100 204.35	14 963.20	61.23	18.93	17.18	2.57
2014	391 109.95	121 574.23	116 262.29	15 932.81	60.66	18.85	18.03	2.47

注：资料来源于2008年、2013年经济普查修订的资金流量表。

根据表4-1、表4-2反映的情况，居民所占比重在经历下降后走过2008年的低点而有所回升，但总体上此期间下降了6个百分点左右。这种"蛋糕三分情况"的变化曾一度成为多方关注与讨论的热点，认为与我国消费率偏低等现象密切相关。白重恩等学者的相关研究测算了这个"比重走低"问题，具有中国学界主流观点的影响力。

但根据经济学家王小鲁的研究，我国国民收入分配中存在巨额的灰色收入，未能反映在国家统计局的数据中，属于隐性收入，在2008年约为4.6万亿元的总规模。后根据他的又一轮估算，基本结论是，2011年，我国隐性收入总规模为6.2万亿元，相当于GDP的12.2%，而且这种隐性收入的分布是极不均衡的：这块收入中的

63%集中在前 10% 的高收入家庭，80%集中在前 20% 的高收入家庭。

根据王小鲁这一同样广泛引起关注和重视、形成主流观点影响力的研究成果，白重恩等学者根据官方统计数据得出的研究结论，恰恰与之是"冰炭不能同器"的观点：居民收入占比考虑了这一巨额的影响成分后，非但不是下降的，依基本逻辑关系，还应当是有所上升的。到底如何，自然会有见仁见智的讨论，但限于种种条件制约，各种观点的量化结果均不可能十分精确。但应当看到，王小鲁这一研究结果的独特价值却是无可否认的，即把实际生活中人们早已可感受到的非规范收入问题，纳入严肃的学术研究框架，得出其规模巨大的一种量化分析结果——具体量值上的难以精确，并不能否定问题性质上的重大现实意义，即我们不应局限于国家统计局的官方数字来认识中国收入分配问题，也不宜局限于居民部门所占比重的下降问题，特别是应深入探究"隐性灰色收入"问题背后的收入分配结构问题，即收入差距、财产差距问题，收入分配的公正性、规范性问题，以及与之相关的深层次制度性成因。

关于中国居民收入分配结构视角的"收入差距过大"问题，早已引起各方关注，以基尼系数的官方数据衡量，2008 年达到了历史最高值 0.491，之后逐渐走低，但 2016 年仍在 0.46 以上，属于过高状态；而非官方研究群体对于中国基尼系数的测算结果，往往明显高于官方数值，如西南财经大学甘犁团队中国家庭金融调查（CHFS）的研究结论，2012 年基尼系数高达 0.61。与之相随，居民财产分布的基尼系数更高，北京大学中国家庭追踪调查（CFPS）形成的《中国民生发展报告 2015》基于全国 25 个省市 160 个区县 14960 个家庭的基线样本，得出的结果是，全国居民家庭财产基尼系数已从 1995 年的 0.45 扩大为 2012 年的 0.73. 顶端 1% 的家庭占有全国约 1/3 的财产, 底端 25% 的家庭拥有的财产总量仅占 1% 左右, 见表 4-3。

表 4-3　各类来源基尼系数比较

年份	基尼系数		
	国家统计局	西南财大 CHFS	北大 CFPS
2002	0.454		0.55（财产）
2003	0.479		
2004	0.473		
2005	0.485		
2006	0.487		
2007	0.484		
2008	0.491		
2009	0.490		
2010	0.481	0.60	
2011	0.477		
2012	0.474	0.61	0.49/0.73（财产）
2013	0.473		
2014	0.469		
2015	0.462	0.60	
2016	0.465		

注：资料根据公开报道整理。

特别关键性的认识是：与居民收入、财富差距扩大形影不离的, 是收入分配的不规范、不公正问题。大量的隐性收入, 包括"灰色"（涉及尚不宜直接认定为违法乱纪的种种不规范分配）收入和其中的"黑色"（涉及腐败等犯罪行径）收入, 在分配格局中占据不容忽视、相当可观的分量。探究其成因, 自然应聚焦在相关制度供给的有效性不足问题上，进而探求以改革来矫治之路。

如把王小鲁估算的 5 万亿~6 万亿元规模的不规范灰色收入考虑在内，我国居民部门所得在这些年间并非减少了份额，而且很可能其份额还会有所增加，只是关于具体增加了多少的认定，的确成为一个棘手难题，无法形成权威解释。然而，我们依据常识和相关指标的逻辑关系，应可知，王小鲁所指称的隐性收入，一部分是会在财务与统计信息中"偷梁换柱"地从非居民部门转到居民部门内的，这一块只影响"蛋糕"的切分结构，不影响我国GDP 的总量；另一部分却会以"坐支方式"不进入财务与统计信息，于是合乎逻辑地说，这一块应是以做"加法"的因素影响我国 GDP 的总量，即构成使"蛋糕"增大的贡献因子。但实际上，这个"加法"也肯定将难以为官方统计部门所接受。我们愿意在此特别强调的是，在种种制约条件下，依王小鲁的研究成果而量化地调升中国 GDP 的总规模，虽然可以认为不具备可操作性，但在中国 GDP 内部结构视角上，适当调升居民部门份额，却显然是合理的、必要的。至于调升多少，确实也难以精确论定，但至少，这个审视已显著冲淡了关注"居民所得比重下降"问题的必要性，而启示我们更多地把注意力放在中国国民收入分配的真问题——不规范、不公正、差距悬殊上来，特别是应循着改革逻辑深刻认识其所关联的深层制度性成因，进而探求有效对策。

刘鹤指出："收入分配差距是中国经济最大的不平衡"（为彭文生 2013 年出版的专著《渐行渐远的红利——寻求中国新平衡》而写的评语）。这种收入分配差距中内含的非规范性、非公正性，与现实生活中主要源于制度供给有效性不足而发生的各种乱象实为一体，事关人民的基本福祉、社会的公平正义和国家的命运与前途，是当代中国正确处理收入分配所需解决的核心与要害问题之所在。

二、 培育和壮大中等收入群体面临的挑战

对于中国收入分配基本格局的认知，还需特别注重中国中等收入群体的状况及如何使其得到培育和壮大的问题。

中国在实施现代化战略中的基本诉求，是基于人本主义立场、维护和促进内外部和谐状态下的"和平崛起"。把收入分配联系于社会和谐状态的追求，有一条十分为人们所看重的基本经验，即培育和壮大中等收入群体是促进与实现社会稳定和谐的重要条件。在一个中等收入群体成为社会成员主体的社会之中，巨富者和贫困者只占少数，可形象地称为"橄榄型"（"两头小，中间大"，形似橄榄）的社会，是最具有稳定、和谐特征的社会。因为大量有"恒产"的中等收入者容易具有敬业乐群的"恒心"，富人及低收入者相对较少，则客观上有利于缓解高收入者和低收入者两端的矛盾。不少发达经济体的实证情况，正是这一判断的基本依据，而中国与这一类型社会的明显差异，被认为是需要努力加以改变之处。这即是"培育和壮大中等收入群体"内在逻辑与必要性的缘由。

从传统体制下的平均主义演变为改革开放中"一部分人、一部分地区先富起来"，中等收入群体的增加应是顺理成章的。但在当下如何估量中国中等收入群体的发育程度，还有不同的认识与不少纠结。在此特别阐明如下两个层次上的基本认识。

第一，在相关的概念上应强调，中等收入群体是一个相对的、定性的概念。所谓相对概念，就是说不要太计较与别的经济体在绝对数值上的对比，主要应看居民于所在经济体内的上下对比关系。所谓定性概念，就是要理解中等收入群体应该是这样的一些社会成员：他们有"恒产"——中国人特别看重的有房有车（特别是有

房的时候，不应以痛苦的当"房奴"的状态去占有它），还要有一定量的储蓄，有相匹配的教育、医疗等方面中高水平的生活服务，并与社保体系融为一体，而且还应具备享受旅游等生活闲暇的能力，等等。对于这样的中等收入群体，从定性上来认识它，值得进一步探究在参考现有的官方统计数据方面，要如何消除一些假象并努力接近真实图景。

按照国家统计局的数据，2016 年，全国居民五等份收入分组基本情况见表 4-4 和图 4-1。

表 4-4　2016 年全国居民五等份收入分组统计表

组别	人均可支配收入/元	占总人均可支配收入的比重（％）
低收入组	5 529	4.23
中等偏下收入组	12 899	9.88
中等收入组	20 924	16.02
中等偏上收入组	31 990	24.49
高收入组	59 259	45.37

注：1. 全国居民五等份收入分组是指将所有调查户按人均收入水平从低到高顺序排列，平均分为五个等份，处于最高 20％ 的收入群体为高收入组，依此类推依次为中等偏上收入组、中等收入组、中等偏下收入组、低收入组。

　　2. 资料来源于国家统计局网站《中华人民共和国 2016 年国民经济和社会发展统计公报》。

官方统计数据表明，中国人现在的"收入五等份"直观看上去，高收入和中等偏上收入这两组合计占总人均可支配收入的 69.86％，其中高收入组占 45.37％，即按社会成员收入结构比重的分布来看，1/5 的家庭掌握了近 1/2 的总收入，其次的 1/5 家庭掌握了约 1/4 的总收入。这从有别于基尼系数的另一个统计视角表明了中国社会收入分配的悬殊状况。应当指出，这一统计结果对中国社会真实收入差异的反映仍是严重不足的，非常重要的原因就是这一套五等份

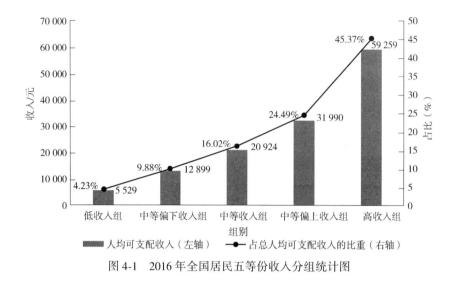

图 4-1　2016 年全国居民五等份收入分组统计图

统计数据主要来自家计调查，而家计调查是人们自愿填报的（抽取调查户时，不自愿即跳过）。在现实生活中，真正的富人是不愿意填报的。王小鲁教授做过深入研究的那些拥有灰色收入、黑色收入的人们，一般也不会填报，即使填报，也不会如实透露自己的灰色收入、黑色收入。所以，这些家计调查数据放在一起，我们不能说它没有意义，但它跟中国社会的真相尚有相当大的距离。它无法充分揭示中国居民收入分配视角上实际的收入、财富占有"倒金字塔型"和人口比重"正金字塔型"之间的结构差异特征，也会由此掩盖一些有关中等收入群体的真实情况，导致关于中国中等收入群体成长性的相关判断偏于乐观。

第二，中国已有的中等收入群体陷于较明显的焦虑，折射着现阶段很突出的挑战性问题。

应指出，在已经形成的我国"新中产"人群中，客观上的种种原因，促成了他们主观心理状态上较高程度的焦虑，表现为与其他经济体中等收入群体心态稳定特征的明显不同。2016 年 7 月，英国《经济学人》杂志在专题报道中称，中国中等收入群体有 2.25 亿人，他们是世界上最焦虑的一群人。该报道把中国中等收入群体定义为：家庭年收入在 1.15 万~4.3 万美元之间的人，大致为家庭年收入为 8 万~30 万元人民币的群体数量区间，特别是未按家庭人均年收入这个更准确的指标来衡量，值得商榷，标准偏低，但数量规模低得还不算太离谱。与之大同小异的，是麦肯锡和波士顿咨询的规模估计：2020 年，中国的中等收入群体人数将达到 3 亿人或再多一些。换言之，近 14 亿人中，除了为数不多（肯定达不到 1 亿人）的高收入群体和这 3 亿人左右的中等收入群体外，其余全部都是中低收入者与低收入者。

中等收入群体所焦虑的，主要是住房价位的节节升高，环境安全威胁明显，子女教育、医疗、未来的养老等负担趋于沉重，以及加班太多、个人时间被挤占所带来的紧张等。如何消除这些焦虑，使他们充分发挥助益社会稳定的作用，是中国在培育、壮大中等收入群体方面所面临的特定挑战。

三、 热点案例观察一："曹德旺议题" 与中国的企业负担如何降低与合理化

2016 年 12 月，福耀玻璃董事长曹德旺的一番言论 "一石激起千层浪"，引起了社会热议。他在谈到去美国投资办厂时，强调了中美对比之下的企业负担问题，实际上所讨论的是国民收入分配体系中的税、费及其他分配机制应如何合理化的问题。从这个视角可正面表述为如下命题：中外税、费及其他企业负担的 "全景图" 和相关改革的分析认识。相关考察可简要展述如下。

（一）"曹德旺议题"很重要，但结论还不到位

"曹德旺议题"所涉及的中国和美国对比的企业人工费、电费、天然气成本、物流中的过路费，其他开销里的厂房、土地、融资、清关、配件等相关负担，其实与税没有直接关系，也不是税的概念能涵盖的。他对这些项目进行了相关考量以后，最后得出的总结是：中国综合税负比美国高35%。这就需要澄清一点：他到底说的是税，还是税和其他负担的总和？显然，他实际上已在全盘考虑后者，结论却未说到位。我们作为研究者进行学术探讨，更应该按后者，即税内税外的所有负担，来把握"全景图"。

（二）企业负担问题决不限于税，但可以先从减税开始讨论

社会热议中的"曹德旺要跑"之说使他感到十分委屈，是可以理解的。曹德旺其实早在20年前就已在美国布局，早早就"走出去"，现在发展到了新的阶段，在生产经营方面，有进一步乘势扩大规模的意愿和现实的可能性。汽车玻璃专业化生产要跟着汽车产能走，中国国内的产能和美国的产能都在发展，他两边都得跟上。

但社会关注的企业家会否"跑掉"问题，并不是无中生有。在全球发展过程中，实际上确实存在不同主体会"用脚投票"来实施要素流动、实现资源配置的竞争。在此方面，曹德旺提出这样一个引起大家普遍关注的企业负担的重要问题，形成社会广泛的讨论之后，应该乘势引发理性认识，更好地、更清晰地形成对真实情况的把握、分析，然后力求建设性地提出应该尽快采取的一些对策和措施。

中国企业普遍反映的"负担沉重"情况，与其他经济体相比，既有共性（几乎所有企业都存在"税收厌恶"情绪，都说税负重，主张轻些更好），又有个性（中国的企业负担与其他经济体相比名目更多、更复杂），考虑在全球化背景下企业"用脚投票"的竞争

中提升中国投资环境的吸引力，减轻企业负担，需考虑的绝不限于税，但可以先从减税开始讨论。

"减税"显然是回应社会诉求的"得人心"之举。中国现在设立的正税为 17 种，具体减什么是关键的问题，见表 4-5。

表 4-5　中国税种一览表（17 种）

税种类别	税种内容
流转税（3 种税）	增值税、消费税、关税
所得税（2 种税）	企业所得税、个人所得税
财产税类（3 种税）	房产税、车船税、船舶吨税
行为目的税类（6 种税）	印花税、土地增值税、耕地占用税、契税、车辆购置税、环境税
资源税类（2 种税）	资源税、城镇土地使用税
农业税类（1 种税）	烟叶税

注：按照全国人大常委会 2016 年 12 月审批通过的《环境保护税法》，我国于 2018 年 1 月 1 日起开征环境保护税，现时我国实际开征的税种总数为 17 种。

如果按照决策层要稳定或降低宏观税负，同时又要"逐渐提高直接税比重"的要求，就要以降低间接税的税负（主要是表 4-5 中第一类）为大方向。

（三）降低间接税的同时需考虑提高直接税比重

在减税的同时，必须维持整个政府系统的支出能满足一系列的社会目标要求，比如要保民生改善与"社会政策托底"的很多事情，涉及一系列与"精准扶贫"相关的财力投入，涉及维持社会保障事项（从住房保障到教育、医疗、就业、养老）相关的所有投入。可预计的财政支出是要不断加码的，在收支缺口压力之下，我国财政赤字率在 2016 年和 2017 年已抬到了 3%，今后赤字率再往上抬一些不是不行，但是需更加审慎。

虽然纳税人都不愿意加税，但是选择性加税，实际上是在努力降低可打主意降负的流转税、维持适当的宏观税负水平和优化税制结构、加强直接税再分配功能、遏止两极分化这些大前提之下，必须处理的配套改革问题。如要"降低宏观税负"，在以税改提高直接税比重方面的要求可相应宽松一点，但要增加直接税毕竟是十分棘手的改革难题，即使行动起来，其收入的上升估计也必是一个较慢的变量。以这个很慢的变量匹配一个很快的向下调整的变量（就是减少间接税），必须找到短期内填补其缺口的收入来源（如增加政府举债），而这又将面临越收越紧的约束条件。

"曹德旺议题"的热度与美国总统特朗普的减税方案有关。特朗普的减税与当年里根的减税基本在一个套路上，主要都是减降美国联邦政府的财力支柱来源——个人所得税，也包括减降州政府为主导征收的公司所得税，是直接税概念下的减税。

中国的情况则是，在直接税中，个人所得税几乎无足轻重（近年来仅占全部税收收入的 6% 左右），企业所得税已经减了许多（标准税率早已降为 25%，高科技企业更早已优惠至 15%，中小企业减半征收即为 12.5%，许多地方政府提供"两免三减"等），继续减降空间很有限。而且只讲减间接税，就变成了仍在"顺周期"框架里的"东施效颦"（经济偏热时会继续升温，偏冷时升温会很有限，还会刺激地方政府"正税损失非税补"的"刮地皮"扭曲行为），非但没有"自动稳定器"功能，还会对我国的一些矛盾问题（粗放发展、累退分配、价格波动等）形成推波助澜。

那么，综合考察以上情况，具体考虑中国企业税收上还能减什么，应主要有两个方向。

第一，"营改增"这一"结构性减税"，已经于 2016 年 5 月 1

日之后在框架上做到了全覆盖，细处还有一些问题，需调查研究后寻求解决办法，具体落实到改进措施的设计与实施。如若干年后条件具备时，不排除对增值税的标准税率水平进行一轮较明显的向下调整（此事近期似不具备可行性）。

第二，企业所得税标准税率，还可讨论从 25% 进一步调低到 20% 左右——这是介乎"微调"与"中调"之间的调整；在小型企业所得税的征收上，"起征点"还可以再抬高，但抬高后，一家企业也不过每月减降一两千元的税，对企业来说未必有多大帮助；企业研发支出得到企业所得税最高 175% 的抵减这一优惠政策，亦可讨论能否进一步提高优惠程度，但也已非多大力度的减税措施。从这些可以感受到，在我国正税框架中，我们所面对的减负空间的局限性已比较明显。

（四）减降正税不是减轻企业负担问题的全部

按照国际货币基金组织（IMF）标准口径作对比，中国企业的税负大致和发展中国家平均宏观税负相当：近年来不到 35%，明显低于发达国家宏观税负的平均值（参见韩洁、刘红霞《中国宏观税负低于世界水平》，《人民日报》（海外版）2017 年 1 月 17 日；《专家：中国宏观税负水平总体较低》，中国新闻网 2016 年 12 月 21 日）。

但我们至少应把正税之外中国特别需要讨论的行政性收费，五险一金，还有一些隐性的、在政策环境中明规则之外起作用而形成的各种成本因素（很多是隐性的、但企业不得不承担的成本）综合起来考虑。那么，至少必须强调以下 3 个方面。

1. 减少行政收费关联大部制改革等方面的攻坚克难

行政性收费需要减降，关键在于该怎么减。

我国对行政性收费若干年间已做了不少的整合、清理,有关部门多次表示能取消的取消、能降低的降低之后,仍然形成了这方面我国企业明显高于其他经济体的负担。某企业反映的高达500项以上的各种收费,经有关部门核对,可归并的归并之后,仍高达300多项。这背后是相关公共权力环节的各个部门,在这方面已经形成了一定的既得利益,部门的审批权后面,跟着的往往就有明的收费权和暗的"设租"权。很多的具体收费,是被这种公权在手的"权力行使"带出来的。

降低行政性收费遇到一个难题,即整个政府的架构该如何完成"脱胎换骨",至少"伤筋动骨",最好是整合在一起进行改造,实施大部制、扁平化的改革。但实际上,我国的大部制改革只走了一点"小碎步""小花步"。这是中国改革"深水区"要给实权部门"拆香火"的难题。

2. 降低"五险一金"水平,必须解决社保基金制度机制问题

关于"五险一金"的减降,有空间,有基本共识,但潜力空间需要通过改革才能打开。

如果基本养老的全社会统筹做不到位,现在所讨论的"五险一金"要往下降,有些地方支付压力大到过不去怎么办?如果真正冲破省级统筹局限,做到全社会统筹,"过不去"就变成"过得去"了,因为至少30多个(实际上为数更多)"蓄水池"(社保基金池)变成了一个,互济、共济的功能将马上大大提高,降低"五险一金"自然而然就跟上来了。整个"蓄水池"系统潜在的调节功能,可以承担降低"五险一金"的调整压力,但如果没有这个"蓄水池"的改造,总也"过不去",问题就这么简单。但这又属触动既得利益的"攻坚克难"的改革任务。

3. 企业的隐性负担问题需引起重视

中国企业负担中的一大"特色"是隐性负担沉重。比如，企业开办时，至少要盖几十个章，实际上必然产生一系列、合成一大块的隐性成本与综合成本；待企业运行起来了，与几十个公权部门的沟通，也成为企业不小的成本。中国要发展，就必须重视这些问题的解决。

所以，正税减降不是中国减轻企业负担问题的全部，甚至已不是最主要的部分。减轻企业负担的讨论，实际上需要从"减税"切入而自然而然地对应现实情况，扩展到关于如何整顿、改进整个市场营商环境的讨论，特别是延伸到如何遏制种种不规范造成的设租、寻租等现象。近年来，企业反映还有另一种变相的负担："为官不为"。这同样也是负担，拖着企业的时间，最后可能把企业拖死。要破除这些约束，依靠什么？需要依靠习近平总书记多次强调的"冲破利益固化的藩篱"，实质性推进配套改革。

（五）如何看待人工费、电费、过路费等企业负担

接下来，还需讨论更多种类的企业负担问题。

1. 人工费能不能减

现在中国在人工费用方面对美国还有比较优势，但对东南亚等地已成劣势。应该注意到，人工费的上升合乎这些年中国进入中等收入阶段后的阶段转换，大趋势是未来人工成本还会继续上升。换言之，低廉劳动成本"比较优势"对中国经济增长的支撑力还会继续减少。从正面讲，这是中国经济发展到"中等收入阶段"、走过"刘易斯转换点"后，劳动者，特别是低端劳动者（粗工、壮工、农民工等）随"民工荒、招工难、用工贵"而在市场环境中提高了工资的要价能力，代表着劳动者能够更好地"共享改革开放成

果"的新境界；从负面讲，则是在中国出现发展阶段变化后，旧的比较优势和动力体系支持力在滑坡，代表着产业结构"腾笼换鸟"等挑战带来了严峻的新考验，迫切需要以供给侧结构性改革增加"全要素生产率"的贡献，实现动力体系转型升级，对冲下行因素。人工费的高低总体由市场决定，不是企业决策者想减就能减的。

2. 电费要借改革压低，但中国不能与美国比拼电价

曹德旺提到，美国电费是中国的一半。那中国有没有可能继续降电费？电力部门的改革可以部分地解决这个问题，但电力改革又是一个攻坚克难的问题。如能在电力改革中使供电回归商品定位，竞争性机制产生选择性，电的成本有可能依靠一些改革带来的潜力释放而下降，这是非常值得我们争取的。

但中国的基本能源禀赋与美国大不相同，今后一个很长的时间内，中国电力供应的70%左右还将来自以煤为能源的火电。煤有很多实际的"外部性"，其清洁使用是最难的，烧煤发电的综合成本，特别是环境污染造成的社会成本，还没有很好地体现在电价里。我国必须准备在很长的一段时间里，在其他化石能源替代空间已很有限、可再生能源发展"远水解不了近渴"，不得不以煤为主的情况下，"不惜工本"地突破煤的清洁利用这个关口，使煤的清洁利用在中国能够面对自己的"胡焕庸线半壁压强型三重叠加"的"非常之局"，产生以非常之策升级支持可持续发展、与国情特点相匹配的绿色发展效应。那么，要减少环境方面的污染，最合理的方法应该是实行适当的高电价政策，逼着企业千方百计地开发有利于绿色、低碳发展的节能、降耗、减排的工艺技术和产品，这才有利于在经济压力形成动力的情况下，去解决中国如何突破"非常之局"的历史性考验问题。中国作为拥有近14亿人口的大国，加上"胡焕庸线"这样的"半壁压强型三重叠加"的格局，造成在绿色发展方面，别的经济体都不能与中国同日而语的国情。适当提高电价，以经济手段引出相对少烧煤，虽不能让我国的煤炭消耗绝对量马上下降，但可在努力控制绝对量的同时，让每个单位产出里所含的关联污染的比重下降。以经济手段为主，减少煤的耗费和电力能源的耗费，从而治理污染，是一个中国特别国情之下必须说清楚的机制构建问题上的正确选择。

3. 中国不宜与美国比拼过路费

在很长一段时间内，中国做不到美国那样对交通干道、高速公路基本不收费，因为我们还不得不依靠贷款和 PPP 途径融资，然后以收过桥费、过路费的方式，形成在这样一个循环中加快基础设施建设的机制。这是中国现代化过程中从追赶到赶超的特色之一，虽然也引起了百姓的一些不满，但是同时必须说清楚，百姓在这方面总体而言是受益的。关键是要提高收费机制阳光化的程度，让社会一起监督，使这些钱滚动式地真正用到加快基础设施建设和升级换代方面。要承认这其中会发生一定的人工维持费与管理成本，但是不能过分，不应在透明度不高的情况下，少数人把它处理成一种既得利益的固化，然后再在其间膨胀小团体利益和私人利益，引出很多不符合公共利益最大化的偏差来——这又涉及制度机制的改革。

4. 公路对车辆滥罚款的痼疾，要靠制度完善来解决

在中国公路网上运行的货运车辆，多年来面临一种悖论：一方面由于过路费和罚款太高，车主不超载就赚不到钱；另一方面，正是依靠普遍的货车超载而不断形成违规罚款的依据和罚金收入的来源，政府"加强管理干劲十足"，这种恶性循环是怎么形成的？简

言之，这是法治不到位和阳光化监督机制不到位造成的，使罚纳双方陷入螺旋上升的畸形博弈。要解决这一问题，显然已与税制、税改无关，而是应考虑如何通过建立相关良法、实现阳光化执法、动真格整顿吏治等措施，来处理好公路货运的一整套制度安排问题。

（六）如何看待土地、厂房成本和融资成本

1. 土地、厂房成本降低涉及基础性制度建设和优惠政策的可实现性

企业用地方面，取向上当然要尽可能地控制成本，但一般情况下，当一个区域的经济发展到一定程度，地价也会随之提高，用地企业需要给出对价，具体的价位水平没有定规，是在要素流动的市场竞争环境中生成的。关键是，为什么这些年靠土地批租抬高收入水平的一些地方政府的短期行为不能得到有效遏制？为什么一定要"单打一"地依靠土地批租收入？而国际上一些仍以直接税为主的国家，他们也有相当于地租的一部分政府收入，但最关键的是，地方政府具有由土地开发形成不动产后在其保有环节早已确立的财产税收入来源，这种直接税一年一年稳定地构成地方政府最主要的大宗收入，而使之不必一味依靠土地批租"一次把钱拿足"。机制优化了，相关的地价和土地上形成的厂房等不动产的价格会更平稳，不会"地王"频出，企业用地的相关负担也不会动辄提升。现在我们别无选择，需要积极向房地产税等"基础性制度建设"靠近。党的十八届三中全会要求"加快房地产税立法并适时推进改革"。在实践中历经数年寸步难行，已表现了其异乎寻常的难度，这也唯有"攻坚克难"才能取得进步。

至于曹德旺在美国办厂发生的用地、厂房方面的费用，由于得到州政府的补助而冲销，这种情况在中国不少地方（特别是中西部

地区）也有相对应的优惠政策，但如果其他配套条件跟不上，还是缺少其"可实现性"，难以迎来招商引资的成功，因为投资者不会只看不动产的成本这一项相关因素。

2. 如何考虑融资等方面的成本

中国企业的融资成本有高有低，但总体而言，大量民营企业融资既难又贵，是影响它们发展的一个非常重要的因素。

前些年的"温州跑路事件"（当地一批成规模的民营企业资金链断裂，企业家"跑路"避祸）表明：由于正规金融"低利贷"其实已边缘化，大量灰色金融和高利贷式高成本融资唱了主角，潜规则强制替代明规则，国际金融危机发生以后，这种高利贷的畸高融资成本的脆弱性引致企业资金链断裂，爆发局部危机，形成"跑路事件"，最终暴露了温州当地产业空心化、实体经济升级发展受阻的问题。

当然，也有正面案例和十分值得肯定的创新突破，如阿里巴巴公司提供的小额贷款（以下简称"小贷"），在没有政府特定政策配套支持的情况下，主要依靠现代信息技术，不要求抵押，也不用见面办理，处理程序上"零人工操作"，由软件系统基于大数据、云计算掌握风控，可以很快确定小贷具体支持对象，使贷款得以按照比官方规定利率略高一点的水平源源不断地发放。这就是对小微企业融资实实在在的贡献。

我国整个金融体系应力求在改革中实现金融产品供给的多样化，形成"无缝对接"的供给体系，从而达到对需求侧的多种需求类型全覆盖，并使政策性金融（如普惠金融、绿色金融、小微金融、"精准扶贫的金融支持"等）健康地可持续运行，在充分竞争和金融深化过程中，降低融资成本，把高利贷边缘化并从市场上挤出去。这又是依靠配套改革才能有出路的解决方案。

（七）"减税减负"的同时也要"增税负、加税种"——以直接税制度建设为例

中国实施减税措施的同时，还有客观存在的"增税负、加税种"的税制改革任务。党的十八届三中全会在改革部署中所要求的"逐步提高直接税的比重"，是属于无可回避的增税、加税方面。

1. 个人所得税是典型的直接税，其改革中应有减税、有加税

个人所得税（以下简称"个税"）的减税在中低端，加税在高端，关键是要实现综合与分类相结合，加上必要的专项扣除，以家庭为单位按年征收，这是已讨论多年的个税建设发展的大方向。我国的个税改革还会有较漫长的路要走，启动个税法律下一轮的修订时，应把工薪收入与其他可归堆的收入归堆，合并在一起实行超额累进税率；直接投资产生的资本利得可另做处理（原则上是按比例税处理），鼓励直接投资。另外，还应加上一些符合国际惯例、顺应民众要求的考虑家庭赡养系数和住房按揭"月供"利息负担等特定调整、专项扣除。与之相匹配的个人所得税的信息系统建设运行与征收管理，也都是具有挑战性的问题。

2. 房地产税需从无到有，攻坚克难

从全局、长远考虑，中国住房保有环节的房地产税，是另一项势在必行的直接税制度建设。它属于有多种正面效应的基础性制度改革任务，也是我们打造房地产领域健康发展长效机制，亦是使整个税制与社会走向现代化必须经受的历史性考验。房地产税改革是供给侧结构性改革中一个"啃硬骨头"的典型。狭义上讲，这个改革要解决的是我国不动产中消费性质住房持有环节上的税收，要从无到有。上海、重庆两地已经有这方面的改革试点。党的十八届三中全会要求"加快房地产税立法并适时推进改革",但迄今为止一直未见"加快"。房地产税对中国现在特别重视的共享发展、收入再分配有独特意义,亦有久拖不决的高难度特点。从构建现代化经济体系的客观需要看,房地产税改革应尽快提上议事日程。其作为直接税,除了筹集政府收入,特别重要的是会发挥按照支付能力原则在税收上"抽肥"的作用,让有豪宅、有多套房的社会成员多作一些税收贡献,而使这些资金进国库的"抽肥"之后,就能"补瘦",即政府将此种税收收入支出用于扶助弱势群体,加强保障房建设,促进社会福利。这种"抽肥"不是让先富起来的人伤筋动骨,而是让他们在发展过程中适当让渡一部分物质利益,本质上是一种能促进社会和谐的"共赢"的税收。我国在经过了多年物业税模拟试点和上海、重庆两地房地产税试点后,房地产税的改革任务应排除阻力,争取尽快得到推进,在"税收法定"轨道上,尽快落实党的十八届三中全会关于"加快房地产税立法"的指导意见。一旦立法完成,就可在房价上涨压力大的一二线城市率先开征。

首先,必须立法先行,最关键的是要先进入一审,把有关部门在内部研究了很多年的草案公之于众,征求全社会的意见。

其次,在税率的设置上,应该根据房产的价值(市场影子价格)等因素确定税基和税率。对满足生活基本需求的房屋面积可实行零税率,对超过住房标准的房屋面积实行各地标准税率,使高收入群体在享有大面积住房的同时也承担更多税负。

再次,要注重广义口径上和房地产相关的所有税费的整合和配套改革。

最后,要对地方充分授权,于立法完成后在不同区域酌情分步实施。

综合看，在强调住房保有环节征税势在必行的同时，又必须设计可行方案给出家庭住房"第一单位"的扣除，否则社会接受不了，建不起框架来。相关的立法程序，亟应争取尽快启动。

3. 展望中长期，还需研究开征遗产税和赠予税

遗产税是一种税负不能转移的直接税，实践中通常要与赠与税一起设计、配套实施。据研究者统计，世界上有 90 余个国家征收此税。在我国税制体系中，其实一直有其概念和一席之地，在 20世纪 80 年代后的改革讨论中，也曾明确提到此税，但一直没有开征。改革开放多年后，社会发生巨大变化，财富的积累与增长有目共睹，社会阶层的分化和矛盾凸显也十分刺目。于是乎在近 10 年间，遗产税成了一个更为敏感的问题，在官方的文件和公开场合已久不提及。2012 年，研究开征此税问题写入了国家有关部门关于收入分配制度改革的指导文件，于是社会重开议论。深化相关的理性讨论很有必要，也无法回避。从中国现代化过程中"先富共富"的战略思维考虑问题，显然要认同开征遗产税的"价值取向"，它主要体现在调节收入与财产分配、促进慈善公益事业发展和合理协调"先富共富"关系 3 个方面，有促使收入分配机制优化的功能和在中国研究开征的必要。但还需考虑此税关联的一系列配套条件与制度建设问题，其开征所应具备的前提条件要求与房地产税相比有过之而无不及，比如居民财产的登记、报告、查验、保护制度需达到较高的水平，官员财产的报告与公示制度有必要先行，还需充分准备如何匹配对先富人群的包容式引导和持续创业发展的激励、对中等收入人群的培养、对"第三部门"的扶持与规范，以及一系列与社会可接受性和技术性相关的问题。因此，此项改革的排序在中国直接税体系建设事项中相对靠后，应是比较理性的选择，在充分肯

定其大方向后,"研究有必要,快进不现实",需从长计议,积极稳步地寻求推进。

(八)需要面对"全景图",在改革攻坚克难中解决"真问题",配套改革包括构建直接税体系的历史性任务

综上所述,我们必须把曹德旺所说的企业负担问题,以及由此生发的积极讨论,引导到更全面地看待正税负担、非税收入负担、税外隐形负担、社会环境里的综合成本等所有相关因素的"全景图"上,切忌"盲人摸象",各执一词。如果仅从某一个特定视角来强调,比如简单化、概念化地指责"死亡税率",显然无法中肯地引导共识和形成建设性的解决方案。

必须特别强调,对这些降低负担和使负担合理化的要做之事,关键点与难点在于其所匹配的改革,敢不敢"啃硬骨头",能不能真正通过改革攻坚克难形成有效的制度供给,构建一个高标准、法治化、低负担、公平竞争的营商环境和社会和谐环境,这是中国企业降负、减少制度性成本的真问题之所在。同时,企业税负与负担相关的改革,还"牵一发动全身"地必然关联整个社会中自然人、家庭所应有的直接税制度改革。

税负不能(或极难)转嫁的直接税,是调节社会成员收入分配、财产配置的规范化再分配工具,其比重目前在中国税收中还很低,不超过30%,作用还很弱。其中个税实际上已严重边缘化,在年度税收总额中仅占6%左右。但中国为完成现代化而构建现代税制的过程中,必须借鉴市场经济共性经验"顺势而为",同时也要应对民众"税收厌恶"与渐进改革中日渐强大的既得利益阻力"逆势而行",在配套改革"攻坚克难"中完成逐步构建和完善直接税体系的历史性任务。否则,中国收入分配调节机制的合理化,将在越来越大的程度上滞后于经济社会进步的客观需要而沦为空谈。

四、 热点案例观察二： 财政分配的"三元悖论" 及中国如何应对"特朗普减税" 冲击

公众对于减税、增加公共福利支出和控制政府赤字与举债水平，都是持拥护支持态度的，但贾康和苏京春于 2012 年比照蒙代尔与克鲁格曼的"不可能三角"与"三元悖论"的直观形式，考察财政分配的内在制约，已指出可以于常规限定条件下得出财政分配的"三元悖论"，即在财政经常性支出的管理水平、政府的行政成本水平和政府举债资金融资乘数既定情况下，在财政分配中减少税收、增加公共福利支出和控制政府债务及赤字水平三大目标，至多只能同时实现其中两项，而不可能全部实现。

图 4-2 直观地表明，在前述限定条件下，财政分配的"不可能三角"：任一特定时期，人们在减少税收、增加公共福利支出和控制政府债务及赤字水平这 3 个通常看来都"很有道理"的目标之中，其实只能进行以下 3 种选择：第一，若在财政分配中"减少税收"和"控制政府债务及赤字水平"，那么必须以减少（而不可能是增加）公共福利支出为前提；第二，若在财政分配中"减少税收"和"增加公共福利"，那么必须通过提升（而不可能是控制）政府债务及赤字水平来实现；第三，若在财政分配中"控制政府债务及赤字水平"和"增加公共福利"，那么必须通过增加（而不可能减少）以税收代表的政府非债收入来实现。

由此，出现了图 4-3 财政分配"三元悖论"。

图 4-3 表明，在"三元悖论"关系下，只有三角型 3 条边上各自成一条线上的 3 个选项的组合，才是可行的。其实，这其中关键

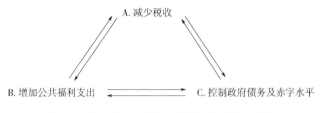

图 4-2　限定条件下财政分配"不可能三角"

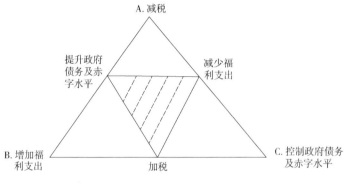

图 4-3　财政分配"三元悖论"

性的数量关系十分明白，因而相关的公众关切与分类取向所可能产生的内在悖谬这层"窗户纸"，也是很容易捅破的，即为：A，减税可减少企业、居民负担，因而会受到广泛欢迎；B，增加公共服务方面的福利性支出会增加社会成员的实惠，因而也会受到广泛欢迎；但这两者并行恰会扩大政府收支缺口，必然带来 C，即增加赤字，从而提升为弥补赤字必须举借的政府债务的总水平——这便涉及"安全问题"。其实，公众对这个问题也并不缺少"常识"：因为一说到"政府债台高筑"，又往往会引出公众广泛的忧虑与不满。所以可知，"巧妇难为无米之炊""鱼与熊掌不可兼得"的常识，在财政分配中不过是说：税为收入，福利为支出，两者必须是顺向匹配的，一般情况下，加则同加，减则同减。如果一定要顺向增加福利，而逆向削减税收，那就必须找到另一个收入项——举债，来顺向地提高它，以支撑原来的匹配关系。前述 A、B、C 三者中，要同时保 A、B，就必须放弃对 C 项的控制，但这又会遇到公共风险的客观制约。若想"三全其美"，则绝无可能。这里体现的约束是客观规律，并一定会引申、联通到整个经济社会生活"可持续"概念下的终极约束。

以上分析可归结出一个基本认识：虽然公众福利的增进是经济社会发展的出发点与归宿，但在一个经济体发展的任一特定阶段、具体条件下，公众福利的水平（可以用公共福利支出规模为代表）却并非越高越好，高过了一定的点，对于经济发展的支撑作用会迅速降低，甚至导致经济增长过程不可持续。

福利支出水平带来的福利增进对于经济发展的正面效应及其转变，在直角坐标系上可简明表示为图 4-4。图 4-4 中横轴表示公共福利水平（以公共福利支出水平为代表），纵轴表示福利增进对于经济可持续发展的正面效应或支撑作用（亦可按一定数值单位量

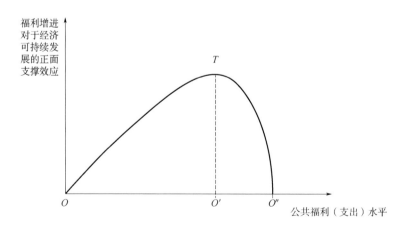

图 4-4 福利增进的效应转变曲线

化），在原点 O，假设为无福利，其正面效应当然无从谈起，其右方一旦有一定的公共福利，便会随其水平上升迅速表现为对经济成长的正面支撑效应的上升（现实生活中常被称为人民群众的积极性因基于物质利益原则的激发与调动等措施而促成经济活力的上升），一直可上升到对应于横轴上 O' 点的曲线上 T 这一最高点（最佳值），但若还一味继续增进福利，其正面效应的下滑（现实生活中表现为经济体成长活力的迅速滑落）将迅速导致 O'' 点上正面效应丧失殆尽而进入负值区间（可与实际生活中可观察的拉美式"中等收入陷阱"案例比照），而 $O' \sim O''$ 的距离是相当短的。也就是说，公共福利水平一旦超出最佳值，其对一国经济可持续发展的正面支撑作用会很快转变为迅速下滑后的负面效应，所以对调控当局而言，必须精心、审慎地把状态控制在接近或达到峰值，但不超过临界点的区间内。

这一福利增进效应转变曲线与贾康于 20 世纪 90 年代提出的国债规模正面效应变化曲线十分相似，两者的内在逻辑完全一致，在某种意义上可认为是同一演变过程的不同角度表述。

2017 年，美国政府公布减税方案，有媒体称这将掀起世界范围的减税潮，人们也在关注这一举措对中国可能形成的"竞争"影响乃至"冲击"，一时众说纷纭。结合上述财政"三元悖论"认识框架和中美两国相关情况，可得出的基本看法简述如下。

（一）减税是美国、中国的共同选项，并都有原已积累的理性认识和经验

美国早在 20 世纪 80 年代即有所称"里根经济学"指导的减税实践；中国也是从改革开放开始，就在力行"减税让利、搞活企业"的方略——均已积累了相关经验，取得了积极的成果。当下，在国际金融危机的负面影响需要继续加以消除的背景下，美国总统特朗普要兑现其"让美国重归伟大"与"大规模减税"的竞选承诺，中国要认识、适应和引领"新常态"而深化供给侧结构性改革，进一步简政放权和减税，这是两大经济体在税收取向上的共性表现。作为共同的选项，其内含的学理支撑因素也是一致的：需要通过减税，进一步降低市场主体的实际负担，在供给侧激发微观层面创业、创新的潜力与活力。"拉弗曲线"运用定量研究的曲线方式，至少在原理上定性地表明了一个最佳（宏观）税负点的存在，如果越过了这一点，即使税率设计得更高，实际上政府的收入也会下降，同时经济活动将明显趋于低迷。所以，现实生活中的政策制定者，就一定要把可能越过这一点的税负因素明智地调减下来，以优化经济运行，同时从中长期看，这也将会优化政府收入。在政府设计层面，美国已有当年供给学派政策主张之下的减税方案的经验可资借鉴，中国则已有30余年间减税让利与税制改革基础上近年以"营改增"为代表的"结构性减税"经验，以及将继续贯彻实施的各项安排。

（二）美国方面以减税取得一定成效是大概率事件

特朗普赢得大选被称为"黑天鹅事件"，是表示其胜选颇为出乎意料，他的减税承诺及上任百天即明确宣布的兑现方案，体现了他作为原长期居于市场竞争一线的企业家，基于亲身感受而选择的政策设计取向，以及他现在作为总统回应广大市场主体诉求的鲜明态度。估计这一力度较大的减税方案在依照美国决策程序推进到具体实施的过程中，还会受到美国国会等方面的制约，不排除其方案会有某些调整，但以减税为特征而得到适当"打磨"之后获得通过，并在实施后取得成效，应是大概率事件。

但减税作为一柄"双刃剑"，也将会加大美国的赤字与公共部门债务压力，如果再配上特朗普已明确表态要推行的大规模基础设施升级建设，这种压力就会更为可观。客观地说，由于有财政"三元悖论"原理揭示的"减税、增加公共支出与控制政府债务和赤字水平三大目标至多只能同时实现两项"的现实制约，美国政府还需认真考虑和权衡，把握其减税、加大基础设施开支与控制赤字、举债风险的临界点。估计PPP会由此在美国引起更高程度的重视和更为有声有色的推行，以助益于其权衡中临界点的外移而力求"少花钱、多办事、办好事"。另外，还要特别指出，美国在全球掌握的独一无二"美元霸权"，即世界货币主导权，也可以为特朗普上述"新政"匹配上放松其自身所受财政"三元悖论"约束的有利条件，因为其由此抬得较高的赤字和债务水平所带来的风险因素，可以在很大程度上分散到全球各经济体（包括中国）美元资产持有者身上来共同消化、共同承担。当然，这种共担机制只是扩大了"可容忍"的边界，并不能否定"三元悖论"的终极制约。

（三）中国方面自应"顺势而为"进一步减税，但最为关键的是"全景图"概念下的减负

在全球化时代，国际合作与竞争中的互动影响是客观存在、必然发生的。特朗普减税，也会以吸引包括中国在内的市场主体选择"要素流动"方向而调整预期的机制竞争压力，使中国有关部门更加注重把减税做实、做好、做充分——如把这种互动称为"减税竞争"，似乎也未尝不可。但中国并不应惧怕这种国际合作与竞争中的"税收竞争"，因为中国从自身发展战略出发，确实也有进一步减税的必要和相应的弹性空间，特别是中美之间"要素流动"的竞争绝不会仅仅由一个税收因素决定，这还广泛涉及"高标准、法治化营商环境"概念下众多的其他因素，和由于国情发展阶段等客观决定的其他"比较优势"因素。美国降低税负，客观上对于中国降税也会形成外部促进因素，但更为重要的是，中国的"降税"与"降负"的关系比美国要复杂得多，必须确立"全景图"的视野。

以中国正税负担而言（即狭义的宏观税负），现在不到 GDP 的 20%，并不比美国高，但说到税外负担中的行政性收费、社保"五险一金"缴纳等负担（合成广义的宏观税负），中国已接近 GDP 的 35%，并且这些众多的税外负担给市场主体实际造成的负担还涉及未统计的时间成本、管理成本等隐性成本与综合成本。中国应由此痛下决心，以深化配套改革来减负。必须指明，"减税"在中国决不代表减轻企业负担的全部问题，甚至已不是企业减负的最主要的问题，关键是在中国"全景图"之下如何能够"啃硬骨头"，把减轻企业负担中正税之外的负担做实做好。

（四）中美税制结构迥然不同，切忌邯郸学步

美国减税主要是大幅削减企业所得税和个人所得税，中国"照猫画虎"是学不来的，因为中国的企业所得税标准税率早已下调到大企业为 25% 和小企业普遍的"减半征收"，还有地方政府广泛提供的"三免五减"等政策，哪里有美国从 35% 水平向下调为 15%（实际从 35% 降至 21%）的空间？至于中国的个税，更是与美国完全不可同日而语。美国个税占美国政府税收收入的 47% 左右（同时也对州与地方政府做出 10% 左右的贡献），而在中国，个税只占全部税收收入的 6% 左右，减税的空间不大。中国的税收制度结构是一个以间接税（增值税、消费税等）为主体的框架，其实不必再强调"学"美国减税，我们已做到了"营改增"全覆盖，真正的学习任务，是如何借鉴美国经验（也是一般市场经济体的共性经验），

真正贯彻落实党的十八届三中全会指明的"逐渐提高直接税比重"的税制改革任务——虽然难度极大，需要"冲破利益固化的藩篱"，但中国若要走向现代社会，构建现代税制，这是别无选择的路径。如能真正构建、培育起具有"自动稳定器"和"抽肥补瘦"优化全社会再分配功能的直接税体系，中国也就具备了进一步考虑削减间接税负担的"本钱"与可能。这样一来，具体到中国对美国减税与税制应有的学习借鉴，哪里只是"减税"二字所能概括。在中国，实为减税、减负（税外负担）和适当增税（增直接税）的配套改革任务。

我国成语中早有"东施效颦""邯郸学步"的典故，就是先人早已总结了"画虎不成反类犬"的教训，强调应结合自己的实际情况和"比较优势"、可能空间，制订合理正确的借鉴学习方案（特别是税制改革方案）。特朗普减税举措所应带来的中国的"学习"反应，当如是观！

（五）中国除减税、减负、税改外，还应该做好两件大事

中国税制与美国有极大不同，中国必须"量体裁衣"来应对美国减税的"冲击"。除必要的继续减税、降负和积极的税改之外，中国至少还应抓住两件大事不放：一是以政府精简机构压低行政成本开支；二是大力推进 PPP 创新，以融资合作提升绩效。

由财政"三元悖论"可知，减税会衍生一个新问题：在保证政府财政赤字可控的前提下使公共服务供给支出受限。如何在实现降低企业综合负担、不扩大政府赤字的同时，尽可能保证公共服务的供给数量和质量，是需要政策制定者深入思考的关键所在。这在中国就需要抓住使既有财政"三元悖论"式制约边界外推扩围或内部松动的创新方式，努力缩小政府规模与充分发展 PPP 的必要性，

由此便更加凸显了。

1. 以"大部制""扁平化"改革缩小政府规模

大部制（以归并和减少政府机构为代表）与扁平化（以省直管县为代表）的改革方向早已确立，但10余年间的推进比较有限。政府机构、部门设置过多，引出的问题是行政成本高昂，而且企业要拜的"香火"过多；部门权力派生的，是过多的明的"收费权"和暗的"设租权"抬高了企业实际负担，令企业苦不堪言，也使政府开支中的行政成本（自身运转的维持费用）居高不下。显然，行政收费减免等涉及大部制改革等"拆香火"式的实质性问题：一方面要对企业降费；另一方面要精简政府机构，从而通过进一步降低行政开支来保障公共开支。由此看来，改革中缩小政府规模是降费、降行政成本并服务于改善民生的不二选择。所以，必须这样理解：中国式减税降负决不是单纯靠税务部门能够独立完成的任务，需要各部门、整个体系的配套改革联动。即便我们在减降正税上空间有限，未来动作不会太大（直接税逐步替代间接税则需要税制改革的大决心、大动作），但通过优化政府规模，依然可以取得削减企业实际负担的效果，对冲美国"税收洼地"的吸引力。由于缩小政府规模的改革是"啃硬骨头"，更需要各方凝聚共识，积极研讨可行的操作方案，力求付诸实施。只有这样，才能达到更少税外负担、更少行政开支的境界，也就在财政"三元悖论"于中国实际制约的边界之内，形成了减税、控制赤字债务和加大公共支出的新的组合空间，优化了公共资源配置。

2. 以积极推进PPP这一制度供给创新，扩大融资提升绩效

众所周知，政府发挥职能是现代国家治理不可缺少的组成要素，由此看来，政府规模不可能无限小，这使得我们必须在供给机

制上关注除缩小政府规模之外的一项另辟蹊径的创新，即在传统公共服务供给方面别开生面、定将有所建树的 PPP。

以公共支出形成基础设施等公共服务供给是政府的责任之一，需要持续稳定的资金支撑。传统上，我国公共服务由政府独家提供，然而，许多不尽如人意的地方不容忽视。一是以税收方式筹资往往导致供给不足，而以赤字方式支付又会带来公共债务膨胀和代际负担不公；二是上下级政府之间信息不对称，权责不清晰，上级政府无法准确判断下级政府的真实需求，地方政府之间为了争夺财政资金而"创造必需"的竞争现象会加剧区域差异和若干不均；三是政府支出用于公共工程等项目建设，往往引发超概算、拖工期、低质量及竣工使用后服务水平差等多年来为人所诟病的问题。

千年之交后，我国进入中等收入阶段，民众的公共服务需求被进一步激活。在多方压力之下，财政赤字率已于近年升高至 3%，地方财政也持续增压，截至 2015 年年末，我国地方政府的债务余额已达 16 万亿元（全国人大常委会预算工作委员会 2015 年 12 月 15 日地方债调研报告）。可以预见，在减税降负的过程中，至少短期内财政收入会趋紧，如果其他条件不变，在不增加政府财政赤字与举债规模的情况下，可用于公共服务供给的资金就会进一步减少。如果单纯靠财政资金支持公共服务供给，不但很难回应美国减税，而且供给能力不足与绩效难达意愿将是显而易见的，在财政"三元悖论"制约之下的捉襟见肘更是无法得到改善，还会加剧矛盾的凸显。现阶段，面对经济社会发展对国家治理提出的更高要求，以 PPP 创新拉动政府体外业已十分雄厚的民间资本、社会资金，与政府合作共同形成有效供给来适应公共服务的多元需求，从种种公共工程相关的"托底"事项和发展事项来改善民生、增进公共福利满足民众诉求，是公共服务供给机制的有效升级。这还将使政府、企业、专业机构在合作伙伴关系中形成"1+1+1>3"的绩效提升机制，不仅使政府少花钱、多办事，而且能办好事、获好评。凭借 PPP 这一制度供给创新，可把财政"三元悖论"在中国的制约边界安全地往外推。这当然是在特朗普减税冲击下我们更应该做得有声有色的一件大事。其多种正面效应，除能使政府、企业、民众受益之外，还会促进混合所有制改革、引领新常态中对冲经济下行压力，并倒逼、催化法治化等方面。作一项粗线条框算：在今后3—4 年间，中国如果把公共部门负债率同口径提高到 50% 左右（仍在安全区内），可增加的公共工程投资资金规模至少将达 7 万亿元以上，结合 PPP，有望较好地拉动民间资本跟进，以发挥乘数效应。PPP 作为制度供给的创新模式，在我国供给侧结构性改革中，能够在保证减税降负及适当控制财政赤字的同时，开启更多更好增加公共服务供给的新篇章。

五、 热点案例观察三： 加强科研经费管理与如何尊重科研规律走通"创新型国家" 之路

改革开放之初，邓小平再次强调了"科学技术是第一生产力"，全国科技大会带来"科学的春天"的社会氛围，决策层逐步提炼、最终清晰表述了"科教兴国"的基本国策，在 20 世纪 80 年代反复要求"尊重知识、尊重人才""落实党的知识分子政策"之后，于问题导向下积极推进科研管理体制等相关制度机制的创新，采取了一系列政策措施和收入分配制度改革安排。20 世纪 90 年代后，决策层明确提出了走创新型国家发展道路的全局性指导方针，并于千年之交后组织全社会专家力量编制《国家中长期科技发展规划纲要（2006—2020 年）》，以求我国在新技术革命时代激烈的国际竞争

中抓住创新发展机遇，为加快推进社会主义现代化建设的全局服务。

近些年，在我国科技创新取得多方面成绩的同时，相关的收入分配机制优化问题仍持续成为现实生活中的热点与难点。党的十八大之后，在严格加强党员干部和行政官员廉政管理的"八项规定"和一系列有关收入分配的制度文件推出之后，我国高校、科研事业单位的"比照"式加强管理蔚然成风，科研经费管理与创新激励机制方面的弊病与问题屡屡成为舆论关注的重点。几年间，批评的主要取向曾是"管理不严"，科研人员被认定为贪污科研经费而锒铛入狱的报道也时有所闻，然而"一种倾向掩盖另一种倾向"，"加强管理"中的偏颇已不容忽视并引起了决策层高度重视，自2016年以来连续发文作出实际上的纠偏指导。加强科研经费管理的思路和机制问题是关键之所在，事关如何遵循科研规律，把科研创新应有的"激励-约束机制"搞对，从而支持我们如愿走通创新型国家之路、实现现代化"中国梦"。

科技作为"第一生产力"，具体分析观察，它并不是对传统生产力三要素（劳动力、劳动对象、劳动工具）做加法来加个第四项，而是做乘法，即产生一个乘数的放大效应。所以科技的创新成为"第一"，其成功可以带来颠覆性创新、革命性进步、阶跃式变迁，但在实际的推动过程中，它面临的又是具体事项上表现出的不确定性。

首先，很显然科研成果产业化的突破是具有不确定性的。比如，现在人们主要看到的是在应用互联网现代信息技术成果方面阿里巴巴等公司的巨大成功，其实在前些年，曾有不少公司冲进这一创新领域"烧钱"，结果以失败告终。20世纪90年代，中国有很多努力创新并在当时在业界引领潮流的互联网公司，现在一般公众已经听不到它们的名字了。这些人在大量探索中扮演了"铺路石"的角色，而真正能一飞冲天的成功者，是幸运的。

其次，与科技创新成果产业化突破的不确定性相伴的，显然还有基础科研成果应用的不确定性，甚至成果已为人们所接受，但仍会如此。一位院士曾感慨，其最主要的科研成就是古地质学的一项论证，并被全世界接受，但苦恼的是，自己终身引以为豪的这项成果和现实生活的关系在哪里？很多科研成果都具有或一度具有这样的特点。丁肇中博士现在还在孜孜以求地努力研究暗物质，调动大量的资源，建设和运行全世界功率最大的欧洲粒子加速器，在尽其所能寻求突破。但是人们问他，你的这项成果研发出来以后，对人类社会的影响何在？他说他不知道。然而，人类社会的发展需要不需要这些科研呢？这些伴随巨大的不确定性的基础性科研推进过程，后来却有可能在某个时候一下表现出特别重大的意义。与爱因斯坦的相对论公式相关，约100年前科学家所说的引力波，它到底跟人类社会的功利性联系在哪里？我们早已经看到了相对论公式所揭示的原子能，其影响是划时代的，并且新近引力波又已经被具体的实验观测所证实，但认识引力波对人类社会的影响，不知有无可能在未来某一时点，一下清楚地表现出来。

可知，我们所需要的科技第一生产力，从基础理论上和在实际的成果应用方面，有这样的规律性特点：在某些临界点没有达到之前，看到的只是科研人员的苦苦追寻，可能是一系列这方面的纠结，一旦成功，它的第一生产力的作用、颠覆性创新的作用，就会极为强烈地表现出来。

最后，如果确认科技是第一生产力，那么为使这个供给侧要素中如此重要的因素发挥其作用，当然就要注意如何在符合科研规律的情况下力求科研创新者心无旁骛、孜孜以求，持之以恒地从事面对巨大不确定性的创新活动。这其中一定需要匹配制度供给，即制度所营造的创新环境内含的包容性与人文关怀符合科研规律的持续激励、合理约束；一定要解决的是以有效制度供给的巨大能动性打开创新主体的潜力区间，使这种不确定性的科技创新活动得到长效机制的支持。政府必须在此方面提供的（由硅谷经验所表明）应是带有公共产品性质的看起来"无为而治"的宽松环境，实际上体现深刻的人文关怀，体现对于创新者、创新主体的好奇心、个性与人格尊严的爱护，对他们的创新弹性空间及其背后的科研规律的充分认知，以及需由政府在此方面提供的法治保障。

这种经验在中国过去确实传递不足，一般只知道"硅谷经验"中政府展现了开明的姿态，税收方面比较宽松，然后让这些科技精英在那里奇思异想，一大群天使投资、风险投资、创业投资寻找可支持的对象……这听起来似乎很简单，但美国硅谷就是这么获得成功的，日后引领了全世界信息革命的潮流，直到现在仍然是最前沿科技的引领者。但是，其中隐含的政府如何更好地发挥作用的哲理，对于一线创新者首先从人文关怀方面表现出来的尊重，以及顺应科研规律，真正能够融合到深层次的创新保障，恰是在中国现实生活中明显可以看到巨大差异的一个重要视角。

考察分析近年来实际生活中中国科研工作者碰到的苦恼和困扰，恰是在反证我们现在走创新型国家之路过程中制度创新的意义和作用：在基本没有人再谈知识分子政策问题的近年，碰到了令人遗憾的情况。2014 年，第十二届全国政协主席俞正声曾特别强调，不要把"八项规定"用来约束官员的一些规则，包括经费管理的一些条条框框，简单地套用到知识分子、科研人员身上，但这却不幸而言中；2015—2016 年这段时间，高校、科研机构及其"主管部门"管理环节手上有实权的人员，非常起劲地对知识分子的科研活动、"产学研"合作一线的课题研究等"加强管理"，而加强管理所依据的最基本的规则是官本位、行政化的一套。国家有关优化学术环境的文件下发后，李克强总理在很多场合多次强调要砍掉科研管理领域中的繁文缛节。除了这一文件中专门提到去官本位、行政化的指导方针之外，还有后来中央专门发出强调尊重人才、培养人才，让人才充分发挥作用的文件。

在大量现实案例中，我国有关方面加强管理遵循的规则是什么？正是官本位、行政化等做法，把知识分子、教授、研究员都按照行政级别来对号入座。学术带头人、教授、研究员、老科学家……哪怕他们已经白发苍苍，但是如果没有行政上的司局级待遇，那么在国内出行坐高铁就不能坐一等座，只能坐二等座——这样的"加强管理"，这类"繁文缛节"式的约束，在实际生活中却可以大行其道。在这种情况下，高校、研究机构的研究骨干的积极性受到较大打击。

从科研规律讲，要调动起创新者内生的积极性，当然要有一些物质条件的因素，但一定还要有最基本的人文关怀，至少时间、氛围上应有传统体制下我国科研管理上就有说法的 5/6 以上的时间投入到科研的条件与心情。如果科研人员十分苦恼地整天翻账本，填表，写检查，编思想认识汇报等，还怎么能获得可持续的创新大潮，在创新之路上取得成功？

总而言之，要解决好创新动力体系的可持续性问题，使科技人员在创新中面对种种不确定性，能够内生地形成较充分的积极性。

这样一个制度环境问题，即是把"激励-约束机制"建设好的制度供给问题，一定要在问题导向下于我国真正解决好。如果按此视角来说，在制度、科技、管理三层次创新互动下，应该抓住的解决问题的要领，就是我们所有的创新者、高校研究人员，以及产学研互动一线的课题研究人员，应该更多地正面宣传科研常识，更多地与管理者进行积极的沟通，共同促进"激励-约束机制"的建设。中国到了当下这样一个只有把创新作为第一动力，才能激发后面的协调发展、绿色发展、开放发展、共享发展而引领新常态的新阶段，为实现现代化，针对现实问题，必须在追赶过程中走通创新型国家之路。在创新视角上，"第一动力"的打造构建，显然需要从学理认识出发把握好中国经济社会完成转轨过程中的制度创新这个"龙头"因素，落实到科研经费管理制度的合理优化，以制度创新真正打开科技创新、管理创新的空间，形成可持续的长效的创新发展机制。

创新管理机制，降低社会保险费率

时间：2019 年 2 月 26 日

地点：北京

会议：中国宏观经济高层研讨会暨中国季度宏观经济模型（CQMM）2019 年春季预测发布会

企业、纳税人、社会成员都特别关心怎么减轻负担，除了进一步降低正税，还必须降费，必须考虑通过什么样的减税降费机制才能增加经济社会发展的活力。

厦门大学的研究成果对这一重大问题有聚焦、有分析，但亦有相对缺憾之处，即明确提出了应该在我国适当降低社会保险费率，但是没有接着探讨如何降低。在这一问题上，我谈谈自己的看法。

第一，降低社会保险费率有必要性，这方面已经形成清晰的共识。多年来的研究表明，"五险一金"社会保险缴费尽管各地有一些区别，但总体来看，已占到工资总额的接近 40%。与国际上各经济体进行横向比较就会发现，这一比例显然较高。因此，此前的研究已反复强调，对这样的高水平社会保险缴费率，应该考虑向下调整，它关系到中国能否在实现现代化的道路上充分调动一切发展潜力和活力，实现高质量发展，关系到能否通过降负赋予作为市场主体的企业更多内生的活力，减轻它们的社会保障负担。

第二，降低社会保险费率有空间。这一空间的客观存在，与社会保障制度建设在取得成绩的同时尚存在明显缺陷有关。打开降低社会保险费率的空间，一定要结合改革这一命题。中国的改革已经进入了深水区，我们讨论多年的降低社会保障负担问题，其难点就在于改革碰到了"硬骨头"。"利益固化的藩篱"问题在这个领域中表现得非常明显。既得利益所造成的阻力在最近10多年一直比较顽固，因此，尽管大家都认为有必要采取降低社会保险费率措施，但多年来未能有效打开相关的制度建设空间。

第三，要降低社会保险费率，必须在改革取向下进行机制创新，解决关键的"怎么办"的可操作性问题。其中，最为核心的内容就是要把最有代表性的基本养老保险缴费后的资金统筹扩展到全社会。这是一块"硬骨头"，但必须要啃。现在已经出现一个乘势能把"硬骨头"啃下来的可能性：2018年个税改革所引出的配套措施，将所有基本养老保险缴费的管理职责明确统一到税务机关。而税务机关接手后，发现全国有3/4左右的企业基本养老保险缴费没有缴纳到位。关于税务机关会不会追缴以前欠缴的部分这一问题，曾引起了热议。有关部门明确表示，不允许往前追溯。这是非常有必要的。因为过去企业欠缴基本养老保险的原因太复杂，尤其是大量中小微企业存在欠缴现象，若现在都要追缴，肯定是不可行的。

但接下来说原则上不能再增加企业负担，表述的模糊性随之而来。具体考察一下，这3/4欠缴基本养老保险的企业的欠缴程度各不相同，那么，原则上不增加企业负担这条线该划在哪儿？是基本养老保险费中等水平以上的不增加负担、中等水平以下的要把负担提上来，还是一下降到最低？

当然，降到最低也是不可能的。因此，不增加企业实际负担的原则，只能理解为政府给出了一种过渡期缓冲的余地，关键还是要将相关制度规范的建设问题落到可操作方面。总体上说，这已使降低社会保险费率有了明显的紧迫性。尽管困难和问题摆在面前，但这恰恰也是一个不可忽视的契机：在操作层面，我们可以乘势把多年没有理顺的机制争取予以理顺。

我们要特别强调统筹机制的原理和意义。统筹社会保障基本养老保险，就是要形成一个"蓄水池"，每个人所在企业的缴费合在一起进入"蓄水池"后，所产生的是互助、共济的功能。这种统筹很早就有过，但过去经过努力，最高也只达到了省级统筹的水平，多年来没能继续往前推进，最近一两年才开始有了少量的中央调剂金。

如果说全国是一个统一的市场，那么，从原则上说，最合适的设计就应该是匹配全社会统筹这个最大的"蓄水池"，使共济功能更充分地得以发挥，可以化解很多矛盾。现实社会中有一个突出的矛盾，即东北老工业基地的基本养老支出早已入不敷出，需要中央介入，给它特殊的资源。只有这样，才能填补东北地区基本养老缺口，让应该享受养老待遇的老工人能够按照标准获得基本的生活支撑。另一个典型的地方是珠江三角洲地区。广东省劳动人员的年龄结构相当年轻，基本养老保险"蓄水池"的水位越涨越高。在满足当地的支付需要之后，多出来的部分该怎么处理？多年以前，我们就知道广东将这笔资金委托给了中央的社会保障理事会，由其代行安全投资并寻求增值，但所有权仍然属于广东，没有任何可能调剂资金去支持东北，以解其燃眉之急。这是过去的基本事实：总体上看已经有了统筹基本养老基金的"蓄水池"机制，全国合计有这么多"米"可以供人吃饭，但是，由于"蓄水池"是碎片化的，并无联通，于是有的地方仍在喊饥饿，这可称为"持米叫饥"。该如何克服这一系统的缺陷？应该考虑合乎逻辑地将其扩展、提升到全社会统筹层面。

不过，全社会统筹会不会动了广东等地方的"奶酪"？有人说，广东省贡献的收入解了东北的燃眉之急，会使广东人吃亏。其实，这话不对。广东当地人所应缴纳的基本养老基金一分钱也不会多，所有在广东应该享受基本养老待遇的受益者，到了退休时，该得到的退休金一分钱也不会少。标准是法定的，只是这些人一起在"蓄水池"里依规则先后取水用而已。在共济的过程中，如果统筹的池子大了，就会放大"蓄水池"的功能，保证所有人在按照法律规则、在缴费标准和收益水平可以兑现的情况下，提高整个系统的绩效，而缴费标准和企业负担也会随之得到降低，这就是改革所带来的红利。不过，对于这个道理，现在社会上仍有很多人想不通。通过提高"蓄水池"的统筹层级、放大其功能，来支持过去传统体制下和过渡阶段中为全社会做出贡献的老工人更顺畅地获得养老金待遇——这种总体统筹机制是国际经验和国内实践都可以证明的，不会损害统筹体系内任何人的实际利益。当然，目前各地标准有差异，未来走向全社会统筹之后，完全可以分段计算，退休时获得清晰兑现。

要讲清楚这个道理，决策层和有关部门需要下定决心，在基本养老收费管理已统归税务部门之后，乘势把基本养老全社会统筹这块"硬骨头"啃下来。实际上，基本养老收费归税务机关统管后，已经形成了在中国改革事项中很少见的只有人受益而无人受损的"帕累托改进"状态。"蓄水池"的共济功能提高后，就可以名正言顺地降低以基本养老金缴费为代表的社会保障负担标准，以解脱缴费不足的企业面临的现实窘境。现在只要费率标准降低了，一大批企业就能解脱出来，并可以按降低后的规范标准，实现企业和个人的缴费。

对缴足社会保险费的企业，我们应当承认它们过去所做的贡献，现在它们也可以跟着一起改进。因为面临的约束条件不同，这些企业过去社会保险费缴得比较足，未来它们跟着大家一起降低缴费标准，也属于"帕累托改进"。

这些都十分值得继续讨论，力求形成基本共识，乘势找到操作路径和要领，促使有关部门下决心，将已被写入"十二五"和"十三五"规划，但迄今仍未兑现的基本养老全社会统筹改革落到实处。

中国养老保障体系的制度建设框架和当下的现实问题

原发表媒体:《北方经济》 2019 年第 5 期
作者: 贾康

目前，中国社会未富先老，且将较快进入超老龄社会。据预测，未来的基本养老保障和整个养老保障体系年度的资金支付高峰期将于 2030 年左右到来。与中国养老保障体系运行可持续性相关的制度建设，一直为我国决策层高度重视，明确要求不断充实全国层面由社保基金理事会管理的战略储备资金。但是，如何建成能够常态化运行、覆盖全体社会成员的"三支柱"养老保障体系，还在进一步的探讨和渐进实施过程中。

中国养老保障体系运行中可持续性的制度建设，应该是逐渐趋向于全社会一体化的养老保障体系。在中国过去城乡分治的情况下，城市和农村相互独立，现在虽不可能短期内使得农村区域的支付标准与城市完全一致，但至少在概念与取向上开始付诸城乡一体化的努力。

一、 中国"三支柱" 相关制度现状与制约条件

养老"三支柱"模式，目前是国际上普遍采用，也是我国正在采用的养老金制度模式，即由作为第一支柱的法律强制的公共养老金（基本养老金）、作为第二支柱的企业个人共同缴费的职业养老金计划（企业年金与职业年金）和作为第三支柱的个人养老储蓄计

划（商业性养老保险）共同组成养老保障体系。在三大支柱中，第一支柱是基础保障，第二、第三支柱用于进一步提升养老期的生活品质。

（一）第一支柱碎片化，亟待实现"全社会统筹"

目前，我国养老第一支柱，即基本养老金的统筹已形成了带有互济功能的"蓄水池"功能，但其存在状态是碎片化的，最高只做到了省级统筹，甚至还有些只做到了市县级统筹的"小蓄水池"。具体实践中，"全社会统筹"的改革目标10余年前就已写入了国家经济和社会发展的五年规划，但却一直未能实现。我们亟应在制度设计和推进改革中，把"蓄水池"提升到与全国统一市场相匹配的"全社会统筹"状态，进而以"蓄水池"内在互济功能的提高，体现第一支柱应有的绩效。

（二）第二支柱比重尚微弱、作用边缘化

企业年金、职业年金是"三支柱"里的第二支柱。在中国整个养老保障体系中，其现在所占的比重还很微弱，支撑作用有限，而个人所得税"递延缴纳"试点的步子也不够大。因为企业年金、职业年金原则上带有自愿性质，生产经营结果在其财务表现上比较好的企业、机构及其员工，会愿意更多地按照自愿原则，形成比较有力度的企业年金与职业年金的认缴给付。但同时，我们必须注意到，我国现正处于深化改革过程中，还没有很好地解决一个问题：企业机构财务指标上的好坏，是不是都是在公平竞争环境下源于自身努力形成的？在不少情况下，答案是否定的，即会涉及一些垄断因素、非公平竞争因素。所以，我国有关部门在推进企业年金制度建设方面还是比较谨慎的。以配套改革促进企业间的公平竞争，并加快推进与收入分配相关的改革，使之更为公平，对于促进第二支

柱的发展有很重要的影响力。

(三) 多数社会成员缺乏条件参与第三支柱

以个人商业性养老保险为主的个人养老储蓄计划是"'三支柱'养老保险体系"中的第三支柱。我国政府有关部门的指导方针是要加紧制定和出台对个人养老金计划给予税收优惠或者政府补贴的政策。同时,在制度设计中要体现公益性和开放性的原则,让各个金融行业都能公平参与第三支柱领域的相关业务。但是,我们要注意到,目前中国有意愿购买商业性养老保险的社会群体,多是中国先富起来的阶层,他们的相关金融意识、保险意识较强,并有能力去买。但在中国整个社会中,大量的社会成员属于中低收入群体,他们大都有心无力,尚不能够按照现在的收入条件积极参与第三支柱。

二、 加快改革进程, 尽快把基本养老金统筹提升到"全社会统筹" 层级

总体上讲,对"'三支柱'养老保险体系"建设,我们要进一步凝聚共识,针对性地解决一些可能产生阻碍因素的问题,降低摩擦系数,以积极推进其建设发展,适应经济社会发展中对于养老保障体系的客观需要。比如,与第一支柱制度建设相关的基本养老金提高"统筹层级",是一个颇具代表性的现实问题,值得抓住此类问题并求得重点突破。

(一) "基本养老金统筹" 的 "蓄水池" 功能面临的结构性矛盾

目前,我国"基本养老金统筹"这个"大蓄水池"功能作用尚未充分发挥,现实中面临这一极为突出的结构性矛盾。比如东北等老工业基地,基本养老的支出早已经入不敷出,需要中央政府强

力介入，进行各种各样的特殊调节，给予特殊支援，才能让那里应该享受养老待遇的退休人员能够按照标准得到基本生活的支撑。但在另外一些地方，最典型的是包括广州、深圳在内的珠江三角洲等地，劳动人员的年龄结构相当年轻化，基本养老金大量滚存结余在当地的统筹"蓄水池"里，使水位越涨越高。在满足每个当期的当地支付需要之后，多出来这部分，广东等地干脆一笔划到国家战略储备层面中央的社会保障基金理事会，由其代行安全投资。这一安全投资的滚存结余部分和增值部分，当然在所有权上仍然属于广东的统筹主体，一分钱也不能调到其他地方，如东北，去解燃眉之急，这就是我们过去的基本现实。

总体来说，目前所谓统筹的基本养老的"蓄水池"机制，在全国看来叫做"持米叫饥"，即整个系统看着它的存量——滚存结余合计下来越滚越大、规模越抬越高，通俗点说，看似有很多的富余米可以供饥饿人吃饭，但是，碎片化地分散在大大小小至少几十个地方"蓄水池"中的资金，是无法越界调用的，而困难的地方已在苦于对付"饥饿"威胁。

（二）缴费制度缺陷造成基本养老金全社会统筹推行受阻

从原理上来说，中国的社会主义市场经济是一个统一市场，统一市场中最好的要素供给机制之一，应该是使劳动力无壁垒自由流动，与之相关联的最好的基本养老待遇，应该是全社会一致的。其中的道理，颇相仿于个人所得税不能在各地设立不同的"起征点"标准，因为这是违背人力资本作为生产要素自由流动应该尽量减少壁垒与摩擦这一内在要求的。基本养老缴费之所以形成目前的各个地方自己统筹、总是提不上全国层级的一个重要原因，就是我们一开始采取的基本养老缴费制度，各个地方允许有一定的差异，形成了直观的"不同利益主体"，并在各个地方先后由相关管理部门建立机构、配置人员。这就在全国的管理部门概念上形成了拥有众多管理人员的机构体系，进而更带来既得利益问题，以至造成"说了十几年却始终不能够突破省或省以下统筹局限"的实际情况。

（三）亟应以改革意识助推标准建立，乘势做到全社会统筹

当下，亟应明确两点。第一，各地缴费水平的高低不同，在一旦形成全社会统筹大"蓄水池"之后，所有养老金受益人依规则到时"取水"（领养老金）的标准，可以依数据库的技术支持进行分段计算（就像前些年已实行的"农民工"改变工作地时的分段计算一样），而新阶段上的全国统一缴费标准则会新增减少劳动力流动摩擦因素的正面效应，更会带来"蓄水池"功能大幅提高、缴费标准可随之适当降低（养老待遇却不必降低）的极大好处。第二，随着 2018 年的个人所得税改革，中央已下决心将所有基本养老的缴费统归税务部门管理，也一定会解决原有部门收费机构人员的安置、分流问题，原来的既得利益阻碍因素将得以消除，今后面临的是"只有人受益而无人受损"的"帕累托改进"。

当下，亟应以改革意识助推标准建立，乘势做到全社会统筹："蓄水池"的功能提高了，随之就可以降低缴费标准，也就回应了市场主体——广大企业关于降低负担的诉求，并会解脱一大批按原标准缴费不足的企业，从而改变中央调剂金目前只能发挥很边缘化的一点调节作用的局面。我们应乘势抓住这个可以有"帕累托改进"的新局面，在"只有人受益而无人受损"的情况下，争取把基本养老保障制度建设中的统筹机制这很关键的一点提升到应有的水平。

(四) 创新基本养老制度建设，提高供给体系质量和效率

若想充分发挥基本养老金大"蓄水池"的功能，化解社会矛盾，应该考虑合乎逻辑地把统筹的层级提高到全社会，把"米"（资金）归大堆，调剂使用。

这种全社会统筹方式会不会动了广东等地方的"奶酪"呢？其实，不可能出现所谓局部利益受损的情况。比如，在提高统筹层级之后，让广东生成的部分收入去解东北的燃眉之急，实际上并不会损害广东的利益。广东所有缴费者所缴的基本养老资金一分钱也不会增加，一分钱也不会减少，因为所有在广东应该享受养老待遇的受益者，到了退休的时候该得到的待遇的标准是法定的。这只会使大家在"蓄水池"里先后取水用，拿来做饭过程中放大"共济"功能。这个统筹机制寻求解决的，是在保证所有人的缴费标准和受益水平按照法定规则不变和可以兑现的情况之下，整个系统的绩效得到提高。"蓄水池"越大，功能和绩效越能合乎意愿地提高，标准的缴费率就可以相应降低，这就是我们提高统筹层次的改革要带来的红利，会使全国缴费人员一起受益。

总而言之，在供给侧结构性改革的背景下，中央指导的建设现代化经济体系的这一主线，体现在基本养老制度建设方面，我们一定要不失时机地通过制度创新，形成合理化的有效制度供给，提高整个供给体系的质量和效率。

个税快速增长，到底为什么？

原发表媒体：《环球时报》 2018 年 8 月 15 日

根据财政部公布的 2018 年 1—7 月的累计数据：全国个人所得税（以下简称"个税"）收入为 9225 亿元，同比增长 20.6%。有媒体在报道时提到这一数字已超过了 2015 年全年个税收入。这给不少人一种感觉：都在说减税，怎么个税还能增长这么快？在此试作分析如下。

首先要说明的是，我国前一段时间的减税没有涉及个税。包括"营改增"与企业所得税有关的各种减税措施多是针对行业、企业，特别是中小微企业，以及研发活动的减税安排。而个税方面，既无减税，也无增税，关于起征点提高和增加抵扣项，日前才刚刚结束公开征求意见，距离落实还会有一段时间。

这次财政部公布的数据之所以出现个税大增情况，首要原因只可能在于居民收入的增长，特别是那些收入水平位于起征点以上的企业与机构的员工。受前一轮国有企业和不少民营企业利润水平上升、市场机构收入增长带来薪酬增加的影响，以代扣代缴机制上缴的个税随之显著增加。正由于这部分人的个税缴纳是企业和单位代扣代缴，所以不会发生遗漏。

中国这些年推进供给侧结构性改革、优化产业结构，逐渐从寻求"软着陆"、认识适应新常态，转变为更能动地引领新常态，使国内生产总值连续 12 个季度实现 6.7%~6.9%的中高速增长，并带来更多企业盈利水平的提升。有了这个基础，才会有更多个税的上缴。这从财政部的企业所得税数据中也能看出：2018 年 1—7 月，企业所得税达 29197 亿元，同比增长 13.4%。

有人说，个税增长这么快，还谈什么获得感、幸福感。其实，从基本面的角度思考，就能得到不一样的结论。所得税顾名思义就是从收入所得额中征来的税。收入增加了，才能缴更多的税。不能说税收增加了，就没有获得感。其实，在前道环节上，一定是个税纳税人拿到手里的钱确实更多了。无论是个人，还是企业，在税制不调整的情况下，一定是先有应税所得额的增加，才会有后面所得税纳税额的增加；如果税率低于 50%，一定是净收入增加得更多。

还有一点影响人们感受的需注意的情况：GDP 的数据是扣掉物价因素的不变价，而税收是不扣除物价因素的现价，因此，如果拿税收增幅和 GDP 增幅作同口径比较，就需要相应扣掉物价上涨的部分，这样一来，两者就不会像直观感受到的差距那么大了。

其实关系到企业负担，财政部报告中还有一个内容值得关注：2018 年 1—7 月，非税收入为 14082 亿元，同比下降 13.4%。这是值得肯定的趋势。在我国非税收入中，很重要的一个大项是行政性收费，其规范程度相对较低，但一般也都有文件作为依据。我们在减税的同时，也需要下大力量减少包括行政性收费在内的非税收入，因为这符合深化改革、支持企业搞活搞好的意愿和要求。不久前，某企业曾经反映自己缴纳了 500 多种收费，虽然相关部门核查后减到 300 多项，但依然是一份长长的清单，体现着沉重的负担。目前，我国所有的正税加在一起才 17 种，一家企业不会全部碰到，所以在对企业继续减税的同时，减少各种非税收入是大势所趋的必选项目，应借助配套改革来继续推进。

最后，2018年1—7月，我国个税以两位数增长，主要反映的是国民经济增长质量积极向好，居民收入稳步提高。当然，这也在一定程度上表现了下一阶段对个税低中端纳税人适当减轻税负的空间和必要性。个人税负是不是如数字显示的那样快速增加，纳税人还是要以自己的切身感受和具体计算为准，切莫把一些简单的全局数字对比直接套到自己头上。如果通过计算发现这一段时间自己缴纳的个税增加了，那么你的总收入和最后入袋的净收入一定增加得更多。

新时代如何跨越"中等收入陷阱"

时间： 2018 年 10 月 21 日

地点： 上海

会议： 博物馆下午茶第 158 期

如何跨越"中等收入陷阱"，是一个重大的现实问题。在讨论场合，学者们对有没有"中等收入陷阱"，以及这个概念能不能成立，其实是有明显不同意见的。亚洲开发银行和世界银行（它们都是国际上很有影响力的开发性金融机构）的研究团队首先使用了"中等收入陷阱"概念。世界银行有全套的数据支持，来把全球范围内的经济体划分为低收入、中等收入、高收入三大组别。在具体的数量界限上，以美元为计量单位，人均国民收入在 3000 美元以上，算是进入了中等收入阶段，达到 1.2 万美元，可认为到了高收入阶段的门槛。但是世界银行对中等收入的具体划分标准不是一成不变的，而是每隔几年调整一次，每次调整平均提高 2.5 个百分点左右。比如现在看是 3000～1.2 万美元，再过 5 年、8 年，就不是这个界限了。但是，世界银行毕竟是拿一个一视同仁的动态调整标准套用到各个经济体。在特定时点上，各经济体可以在世界银行划分的参考系里，找到自己到底处于发展程度的哪一梯队。

十几年前，世界银行的研究团队所形成的研究报告中使用的"中等收入陷阱"这一概念，其实是指一个统计现象。世界银行对所有的数据进行了梳理之后，观察哪些国家和地区的人均收入水平达到中等收入阶段以后，由于种种原因不能顺利地继续进入高收入经济体行列。其中的原因非常复杂，一般来说，不能保持经济持续增长、不能完成发展方式应有的转变、没有处理好经济转轨正确的路径选择和生产关系的协调等，都可能成为原因。在这些原因之下，还有更具体的或深层次的原因。

停留在中等收入阶段，不能继续往上走，是很多经济体碰到的现实问题。在前面大半个世纪，成功跨越"中等收入陷阱"的经济体是极少数。在世界银行列出的 113 个经济体中，只有 13 个如愿成长为高收入经济体，其他经济体则经历了经济发展失速问题，继续往上走时，碰到了种种矛盾和制约，好像落入了陷阱状态，甚至一蹶不振几十年。最典型的是拉丁美洲国家，它们的共性是发展到一定阶段就停滞不前了。亚洲也有这种情况，十几年前的亚洲"四小虎"（泰国、马来西亚、菲律宾和印度尼西亚），现在都趴在了中等收入阶段上，再往上走困难重重，也是落入"中等收入陷阱"的具体案例。

一、 成功经济体的经验能借鉴多少？

中国在中等收入阶段已经运行了若干年。2010 年，人均国民收入接近 4000 美元，稳稳坐在了中等收入阶段的阵营里。而现在中国人均国民收入已经超过 8000 美元，进入了中等收入阶段细分的上半部分，属于中上等收入经济体了。

按照中国现在的经济增长速度往前走，10 年之内，中国应该能够跨过人均国民收入 1.2 万~1.3 万美元的门槛，进入高收入经济体阵营。这就可引出进一步的问题：如果往回追溯，看其他经济体的前车之鉴，在 100 多个经济体中，90% 到了中等收入阶段以后，不能如愿进入高收入经济体行列，而是遭遇了矛盾缠身的窘境，进入停滞的陷阱状态，那么，谁敢说中国就注定能成为这90%之外的成功者？因此，我们必须充分重视跨越"中等收入陷阱"的问题，力求跨越中等收入阶段，转换为高收入经济体。

这个局面并不是仅靠意愿就能得来的。90%的不成功者的问题都可以做具体分析。少数成功者的经验是否可以拿来借鉴？梳理一遍就会发现，中国可借鉴的经验并不多。比如，赤道几内亚是13个成功进入高收入阶段的经济体之一，由于其近海发现了丰富的石油资源，靠卖石油把人均收入抬到了高收入行列，而对中国来说，这毫无借鉴意义。毛里求斯旅游业发展得好，有时到了高收入阶段，但再往上走遇到了天花板，过几年世界银行调整标准之后，又回到了中等收入行列，现在还在中等收入阶段和高收入阶段之间拉锯。所以，严格来说，在13个经济体中，真正能认定为成功跨越"中等收入陷阱"的只有12个。前面20多年，没有一个经济体成功跨越了中等收入阶段。

再往回追溯，比较典型的、中国可借鉴的成规模的经济体是日本。第二次世界大战之后，日本一路发展成了高收入经济体。其经济的奇迹发展过程有些像后来的中国，百姓收入得到一定增长之后，排浪式地出现了家庭耐用消费品的生产和消费，推动经济一波一波地往上提升。20世纪60年代，日本的经济增长促使其成功申办东京奥运会，同时该国也决定建设新干线（这是当时世界上最高水平的高铁。

1966年以后，日本继续高速前进，成功进入高收入经济体行列。但是再往后，到了20世纪90年代，日本经济继续发展的态势突然中断，在高收入阶段陷入停滞期。改革开放之后，中国经济一路高歌猛进，当前经济总量已把日本甩在了后面，排在世界第2

位。虽然从总量上看中国超越了日本，但日本的发达程度仍然明显高于中国，它现在的人均 GDP 超过 4 万美元。同时，美国人均 GDP 接近 6 万美元；挪威、罗森堡等国这一指标更是在 10 万美元以上。而中国现在人均 GDP 只有 8000 多美元，是美国的 1/7，与日本相比也有非常大的差距。

中国能不能搬用日本的经验？日本在第二次世界大战以后的情况非常特殊，美军占领日本期间，日本完成了宪政制度的建设和全套的法律体系建设，从宪法开始进行了规范化的制度建设；城乡关系方面，日本在农村区域实行了"土改"，学中国"耕者有其田"的办法，使农村区域稳定下来；城镇区域方面，在产业发展过程中得到了美国全球战略下的一系列支持。对于日本发展历程中的这些特定因素与要求，中国在推进现代化进程中要想直接套用，是不行的。

除了日本，还有哪些成功经济体的经验可以借鉴？韩国是其中之一。韩国人口规模较小，它的发展过程也跌跌撞撞，但近些年已确切无疑进入了高收入经济体行列。20 世纪 80 年代以后，韩国经济起飞的势头非常明显。20 世纪 90 年代初，韩国 GDP 增长速度达到两位数。同时，韩国的社会矛盾也凸显出来，百姓和政府之间的冲突加剧。在矛盾冲突激烈、社会动荡的情况之下，要努力找到社会代价最小的方式去处理。韩国用了什么方式呢？用催泪弹驱散人群。甚至由于有这种客观的需要，韩国形成了世界上最高水平的催泪弹生产工艺。

有意思的是，韩国的学潮、工人罢工后来慢慢平息了，现在很少能再听到类似事件。韩国从"宫廷解决"变成了"广场解决"，后来又变成了"会场解决"，即投票选出总统，一旦出了什么事，就要经过法庭，以会场方式问责总统。该国发展的社会代价越来越小。不过，其中的不少特殊经验并不适用于中国。韩国在前期发展得非常好，但以 1997 年亚洲金融危机爆发为转折点，一夜之间被打回了"原形"。那时，整个韩国社会的资金链面临断裂，不得不申请国际货币基金组织（IMF）的救援。而 IMF 提出了非常苛刻的条件，即韩国必须进行内部改进和结构调整，否则就不施以援手。韩国只好接受了 IMF 的条件。同时，韩国人也很有血性，全国家家户户不约而同地把自己的黄金、首饰、珠宝等捐献出来，共同解决国家的困难，抵御亚洲金融危机。后来到了 2008 年国际金融危机，韩国经济受到的冲击就没有亚洲金融危机时那么大了。不仅如此，国际金融危机冲击波过去之后，韩国政府自豪地宣称，该国确切无疑成了高收入经济体。不过，韩国经验对中国的借鉴意义也有限。

还有新加坡。中国向新加坡派了很多学习团组，前去学习经验。新加坡名义上允许反对党和政治竞争，但是这么多年来一直是一党执政。不过，新加坡的经验与中国的对应性有限。新加坡人口只有几百万，政府没有必要分层。新加坡的经验还应继续研究，但是中国拿来套用，发挥作用的空间有限。

"亚洲四小龙"中除了韩国，新加坡也以华人社会为主。李光耀说，新加坡取得成功的关键并不是儒家文化，而是英国的法治制度。但是，新加坡的法制化在有些方面也受到了国际社会的质疑。这些对中国也没有多少可借鉴之处。但新加坡的法治化经验是中国一定要学习的。

中国法治化谈何容易？"法治"和"法制"可是有重大区别的，我们可以简称为"刀治"和"水治"。"刀治"的制度在秦始皇时期就有，被称为秦律，以后历朝历代都有这套制度，但这不是我们所要寻求的真正的法治化。"水治",讲的是权和法的关系,所有的权力是放在法的约束之下,要把权力关进法治的笼子里。法是怎么形成的呢?是要反映公众意愿,使全体社会成员的意愿通过合理的立法程序,形成一种法治化的约束。

二、 防患于未然, 充分重视"中等收入陷阱"

探讨之后会发现,中国可借鉴的成功者的经验,非常单薄。中国自己该怎么考虑以后的发展?作为一个约有 14 亿人口的大国,下一个 10 年应争取把人均国民收入抬高到 1.3 万美元。到了那个时候,我们就可以踏实一点了,当然也要注意有可能出现反复。同时,我们应看到,"黄金发展期"的特征确实在褪色。这几年一直在引领新常态,其实就是经济增长的高速度不能再持续了。如果硬要维持,资源和环境的承载力就支撑不起来,社会矛盾也会越来越突出——老百姓对空气质量不满,对土壤污染、水流污染、食品安全等方面也比较焦虑。在这种情况下,中国要继续维持经济两位数的高速度增长,会出现更多的问题。

2011 年以后,中央明确提出,经济增长从高速转为中高速,形成"软着陆"。在此过程中,我们需要认识、适应和引领新常态。现在,经济增长速度落到了 7% 以下。

实际生活中的矛盾太多了,说起来是经济问题,其实涉及的可能是利益分配机制不健全、利益格局处理得不好的问题,从而致使经济问题社会化、政治化。在中等收入阶段,这些矛盾是否会带来掉入陷阱的威胁?我们要秉持居安思危、防患于未然的战略思维,充分重视"中等收入陷阱"这个统计现象。现在矛盾凸现,如果不能正确认识和有效化解威胁,经济往前走就有可能突然失速。失速以后,所有的矛盾会进一步被激发出来,这是最糟糕的情况,也是现实生活中的重大问题。

从理论上说，不同的思路大相径庭。有一种观念是否定派，认为"中等收入陷阱"概念不成立，有人甚至说这是国际敌对势力用来打压中国崛起的概念陷阱，是一个伪问题，根本不用讨论它。我们完全不认同这种看法。"中等收入陷阱"是一个统计现象，没有必要给它贴上敌对势力的标签，实事求是地讨论问题最好。乐观派认为，中国现在跨越"中等收入陷阱"不成问题，只要往上走，不久之后就能跨越这个陷阱。如果经济真的能按照年均7%的增长速度往前走，哪怕更低一点，那么，确实再过10年，我们就能跨过去。但是，谁敢说未来10年不会出现一些特殊情况？比如外部压力，谁能清楚地预测未来几年它的演变路径？不同人的预测是不同的，决策者该如何判断？这都是摆在面前的问题。所以，乐观派的观点也不可取。我们应该相对谨慎地充分认识"中等收入陷阱"的统计现象所昭示的"中国的坎"。

总体来说，我们在取向上必须居安思危，防患于未然。我们要注重借鉴成功者的经验，但同时要意识到其局限性，不可简单照搬。从具体梳理来看，在成功的13个经济体中，跨越"中等收入陷阱"平均下来要走16年的时间。中国从2010年到现在走了8年，未来10年将面临最关键的"过坎"的历史考验。

未来10年，要掌握解化解矛盾的方法，贯彻国家的现代化战略，面对的是在改革中的攻坚克难。改革到了"深水区"，步履维艰。经济发展已经面临阶段转换，在引领新常态的同时，又遇到了外部压力的冲击。把握好可持续发展路径，实现和谐发展，面临很多挑战性的问题。

美国通过两次工业革命，实现了"追赶-赶超"，最后确立了世界头号强国地位。图 4-5 显示了 1929—2016 年美国人均 GDP 增长趋势。可以看出，从 1929 年经济大萧条开始追溯，美国经济发展强劲的时间段是 1970 年以后。当时，世界上出现了石油危机，美国宣布，不再将美元作为世界头号硬通货，美元不再与黄金挂钩，即不再任何时候都可以拿 35 美元兑换 1 盎司黄金，变成了任其随市场定价（布雷顿森林体系瓦解）。之后，美国走上了轻装上阵的发展过程。1971 年以后，美国人均 GDP 上升的速度比较明显，一路发展到现在的接近 6 万美元（以人均国民收入衡量，没有太大的差异）。美国世界头号强国的地位，是伴随着人均 GDP 的一路上升而实现的。

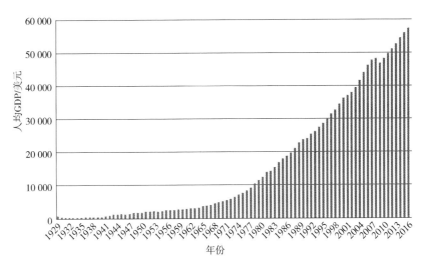

图 4-5　1929—2016 年美国人均 GDP 增长趋势

可以把中国、日本、以色列和美国的人均 GDP 曲线放在一起作比较，如图 4-6 所示。如果以 1960 年人均 GDP 情况进行对比，左轴表示日本、以色列和美国的人均 GDP，右轴表示中国的人均 GDP。先看中国数据，截至 2015 年，人均 GDP 不到 7000 美元。美国人均GDP接近6万美元；日本人均GDP现在也在4万美元以上，但已经停滞20年了；以色列人均GDP一路上升，现在是3.3万~3.4万美元。

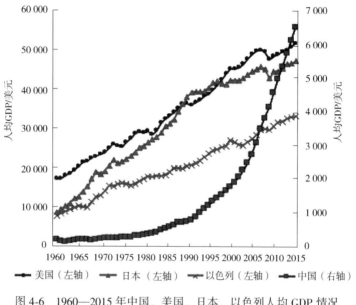

图4-6 1960—2015年中国、美国、日本、以色列人均GDP情况

美国、日本和以色列都算是成功跨越"中等收入陷阱"的国家，中国与它们的差距还非常明显。拉丁美洲经济体中最典型的是阿根廷，100多年前，阿根廷与美国人均GDP处于同一个水平上，但100多年过去了，阿根廷还停留在"中等收入陷阱"中。

按人均GDP指标的表现看，拉丁美洲发展中国家在1975年以后曾经有比较好的上升趋势，1980年以后又停滞下来，一直到2005年，稍有上升，如图4-7所示。波动之间，拉丁美洲发展中国家人均GDP近乎原地踏步，在7000美元水平维持了很长时间。最近10年，拉丁美洲人均GDP总体往上走，但也只是冲到了9000美元。拉丁美洲能不能摆脱不利局面？现在看起来并不乐观。

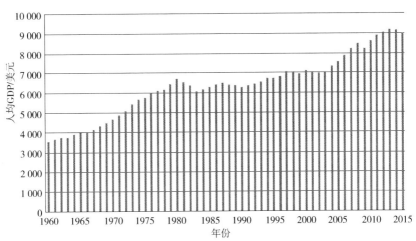

图 4-7　1960—2015 年拉丁美洲发展中国家人均 GDP 情况

　　图 4-8 左轴表示亚洲"四小虎"的人均 GDP，右轴表示新加坡和韩国的人均 GDP。可以看出，新加坡人均 GDP 已经达到 5 万美元以上，韩国人均 GDP 为 2.5 万美元以上，下方 4 条线中，表现最好的马来西亚也只有 1 万美元出头。

　　中国与拉丁美洲发展中国家有一定的相似之处，但也有一些自己的特殊约束。在整个国家的非常之局中，具有代表性的特征是"胡焕庸线"所体现的半壁压强效应，这是第一重压力。在整个中国版图上，以右上角黑龙江黑河为起点画一条直线，向左下角连到云南腾冲，这个大概 45°斜线右下方的部分，可以称为东南半壁。

　　中国近 14 亿人中，96% 居住在"胡焕庸线"右下方的东南半壁。这部分国土面积只占中国国土面积的 40% 左右。这相当于在中国一小半国土上聚集、生息着全中国 96% 的居民。将这些居民的密度放在 960 万平方千米的国土面积上进行人均和放在 40% 的国土面积上作人

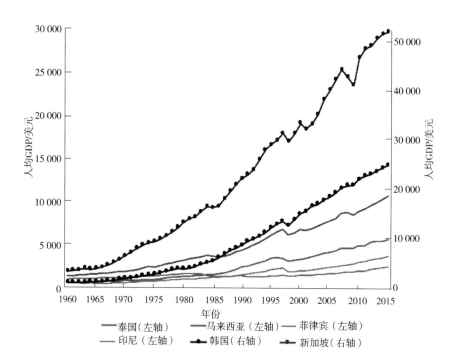

图 4-8　1960—2015 年亚洲"四小虎"与新加坡、韩国人均 GDP 情况对比

均计算,所体现的经济意义大相径庭。我们强调可持续发展,就要关注"胡焕庸线"右下方东南半壁的环境、资源承受力。这个右下方所称的半壁压强上,又叠加了改革开放以后,中国经济起飞过程中经历的粗放发展阶段——任何经济体在这个阶段都不可能一下子进入集约发展状态。而粗放发展意味着使用资源和能源带有浪费特征,会引发令民众不满和焦虑的空气污染,以及土壤、水流等环境污染问题。可以说,这第二重压力致使中国可持续发展受到的制约更严重。

第三重压力是整个中国继续发展所要用的基础能源仍将是煤。前些年,中国努力利用比较清洁的石油、天然气,后来发现本土石油、天然气资源比较短缺,只好越来越多地依赖进口。中国对石油、天然气的进口依存度曾一度上升到近 70%。另外,我们虽然希望新能源——风电、光电和水电等方面发挥更大作用，但所有这些还不能撑起中国未来可预见的相当长时期内的能源供应大梁。现在能真正能挑起大梁的是煤，而煤的清洁利用是最困难的。在未来很长一段时间内，煤仍将是中国基础能源供应的主要来源，这就是我国的特殊国情，如图 4-9 所示。

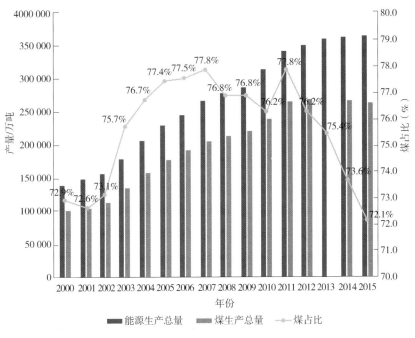

图 4-9 2000—2015 年我国能源结构中煤占比情况

美国的能源供应以清洁能源为主，根据实际情况，美国在全球进口原油、天然气——其战略水平之高就体现在这里。在摆脱布雷顿森林体系的约束以后，美国实际上以石油美元左右了整个世界的石油交易。在价格合适时，美国大量进口原油、天然气，并且封存起来。这些年美国在本土页岩油提炼方面的进步，使其战略资源支撑又得到了一个数量级的保障。

中国与美国不同，前面提到的三重压力叠加，一个是东南半壁的压强；一个是粗放发展特征带来的局面严峻化；还有一个是未来相当长一段时间内，基础能源供应的支撑仍将是煤，而以煤为主又会带来环境污染问题。

水电在中国电力供应中占比不到20%，核电占比也只有几个百分点。日本福岛核事故发生以后，核电站建设受到影响。水电、核电在未来的比重只会收缩，不会再起到更多的支撑作用。我国这几年努力发展风电和太阳能电池，虽然增长率很高，但是它们的基数仍然很小，在整个电力供应中的比重不高。而且配套的智能电网建设不到位，出现了"弃风""弃光"现象，好不容易发出来的光电和风电却用不上，这些都是中国现在遇到的实际困扰。中国要跨越"中等收入陷阱"，化解凸显的矛盾，必须关注能源供给基本格局的问题，探讨如何在"非常之局"中形成"非常之策"。煤在能源结构中所占的比重是趋于下降的，但仍然在70%以上，以后能降到70%以下吗？什么时候煤占比变成小头？当然还需要很长的时间。

另外，中国还存在人口老龄化问题。未富先老——还处在中等收入阶段，但人口结构老龄化程度已经与发达经济体不相上下，而且从发展趋势看，用不了多少年，中国就要进入超老龄社会，65岁以上的社会成员要占到整个社会人口的15%以上（这是超老龄社会的国际标准）。这样一来，再加上人口红利的消失，整个社会该如何解决老龄化社会来临所产生的一系列现实问题？老龄化社会带来的拖累效应将越来越有影响力。

如果找不到新的动力源去对冲这些制约因素，减少下行风险，中国的良好发展局面就会被破坏。

三、 解决中国的实际问题

中国要面对自己的实际问题，真正走好现代化"行百里者半九十"的后半程。如果处理不好，过了某个临界点，发展空间就会受到限制。

收入分配问题与实际生活息息相关。改革开放40多年来，我国一部分地区、一部分人先富起来了，同时带动全体人民收入水平的提高。但是矛盾凸显在哪里呢？就是邓小平后来指出的：发展起来以后，问题并不比不发展的时候少。邓小平特别强调要实现共同富裕，"南方谈话"时专门提到，先富起来的地方要回过头来支持欠发达地区。所以到2000年，中央推出了西部大开发战略。这与邓小平的思路密切相关。

走向共同富裕，到底该怎么做？在实际中是非常困难的。比如，现在调节收入差距主要靠经济手段，而经济手段中的税收就遭遇了阻力。上海和重庆带头推行房地产税试点，但多年过去了，其他地方并未跟进。房地产税除了能对房地产市场的发展起到压舱石的稳定作用，还能调节收入分配差距，但是我国迟迟不能形成应有的制度建设。

另外一个讨论多年的是遗产税（遗产和赠与税）。20世纪80年代，我们曾讨论过遗产税。千年之交后，面对收入分配矛盾的凸显，研究开征遗产税被写入中央指导文件。到现在为止，关于遗产税的研究也并没有取得太多进展，因为它跟现实的距离太远了。简单地说，要想对社会成员开征遗产和赠与税，必须先向他们解释清楚，是否会先建立官员财产报告制度。官员的财产报告制度和一定级别官员的财产公示制度，是世界绝大多数经济体都已建立的制度。如果中国没有建立这些制度，又怎么能要求百姓接受遗产和赠与税的调节呢？

一方面我们说从未如此接近中华民族伟大复兴的愿景；另一方面，我们要真正推进现代化、化解社会矛盾、促进社会和谐，谈何容易？所以从这个角度，就是要把党的十八届三中全会所确立的现代国家治理理念，对应到焕发经济活力的现代市场体系，使市场发挥决定性作用，同时也使政府更好地发挥作用；再对应到支撑政府合理发挥职能作用的"以政控财、以财行政"的现代财政制度，以及全面依法治国的现代政治文明和现代发展理念——创新是引领发展的第一动力，带动协调发展、绿色发展、开放发展，最后带来老百姓对美好生活的愿望变成现实的共享发展。

党的十九大指出，要使人民日益增长的美好生活需要和不平衡不充分的发展之间的矛盾得到有效化解。一系列攻坚克难的制度建设和相关社会生活进步的问题，都摆在我们面前。新供给经济学强调攻坚克难，形成有效的制度供给，放松中等收入阶段的要素约束，使这些要素得以充分流动；在公平正义的社会环境中，公平竞争带来潜力和活力的释放及整个社会文明的提升，助力完成经济社会的转型升级；以制度创新支撑全社会凝聚基本共识，使中国在现代化道路上继续大踏步前行，在和平发展中实现中华民族的伟大复兴。

包容性发展面临的历史性考验是跨越中等收入阶段。跨越这个阶段，关键是前面走过的 10 年所取得的成就。现在对种种不确定性也不可掉以轻心。

在此基本认识之下，谈谈当下经济的动态。我国经济增长速度已经下降到7%以下，但如果没有遇到外部压力，我们很有希望在2018 年确认始于 2015 年下半年连续 12 个季度的经济平台运行状态——经济在 6.7% ~ 6.9% 增速区间波动。权威人士认为，中国经济进入了"L 型"转换阶段。在经济学中，3 年就属于中期概念，所以经济连续 12 个季度的平台运行状态其实已经中期化了。基于这些年努力调整结构、提高效率、惠及民生等带来的效应，经济增长速度虽一降再降，但是城镇新增就业岗位数量一直表现不错。GDP 增速对就业的贡献率已经翻倍，过去 GDP 每提高 1 个百分点对应 100 万个新增就业岗位，现在对应约 200 万个新增就业岗位。如今，外部压力给经济带来了不确定性，但是我们不必悲观，只要我们做好自己的事情，经济增长速度下滑是在可控范围内的。只要确保 2019 年和 2020 年经济增速保持在 6% 以上，达成全面建成小康社会的目标是不成问题的。

农村区域的精准扶贫是最典型的攻坚战之一，也是社会政策托底的代表性事情。各地以政府领导立军令状的方式，力求一定要达到精准扶贫的目标。若没有完成本地、本辖区精准扶贫任务，地方领导第一不被提拔，第二不许调动。所以，2020 年全面建成小康社会悬念不大。关键在于，全面建成小康社会以后，我们能不能经受住接下来的考验，比如能否顺利跨越"中等收入陷阱"。我们一定要把外部压力这个坏事变成好事，把压力变成动力，逐步变被动为主动。我们要真正做好自己的事，在改革方面攻坚克难。另外，我们要坚定地以全面开放倒逼改革，争取和美国及其他经济体形成"你中有我、我中有你"的局面。这是和平发展最好的保障。

中美之间，既有以福耀玻璃集团创始人曹德旺为代表的中国人跟着产能走，带领企业前去美国建厂，又有以特斯拉首席执行官马斯克为代表的美国人，在中美贸易摩擦之时，到上海签约，要建世界上最大的外资单体工厂，生产新能源汽车。这就叫"你中有我、我中有你"。如果按照这个路径走，实际上大家会逐渐认同共赢发展。

中国最大的可能性还是要通过和平发展，来达成现代化战略目标，实现中华民族的伟大复兴。但如果不能很好地坚持改革开放大政方针，那么未来面对"中等收入陷阱"，就很可能遭遇矛盾凸显的局面，把发展拖进不良状态。当然，我们要一起努力避免出现不良状态。

-提问环节-

提问 1： 我有两个问题。第一个问题是，如果实行大规模的减税，那么必然以缩减政府开支或者扩大政府债务为基础。根据这一情况，您认为大规模减税有没有可行性？第二个问题是，减税的目的是要改善企业现金流，使其能够扩大投资。这个效果能不能实现？

贾康： 减税与缩减开支的关系，确实是非常客观的：政府如果减税，伴随的选择必然是要适当压缩支出或者在扩大赤字的情况下举借公债。理论上的财政"三元悖论"研究的就是这个关系。百姓非常赞成提升公共福利（政府需要花更多钱），赞成政府控制赤字（避免出现过大规模的资金缺口，以及政府举债应该有节制），也非常赞成减税，但是，同时兼顾这 3 项，政府是做不到的。

政府在运行过程中会有一定的行政成本，此项成本不是想压缩就能压缩的，所以在一个年度内，假设行政成本恒定，减税、公共福利支出就要相应减少；如果不减少公共福利支出，就要扩大赤字，进行举债。这就是财政"三元悖论"所阐述的"鱼与熊掌不可兼得"的基本关系。

中国现在要求财政政策更加积极，最大可能性是适当调整赤字率。2018 年，官方宣布的赤字率为 2.6%（这是和 GDP 相比），2019 年提高到了 2.8%。再往上提，就要非常谨慎了。提高赤字率以后，该如何弥补赤字？一般的途径就是举借公共债务。通过发行公债获得资金以后，首先要满足当年还本的需要，剩下可动用的部分用来弥补赤字。从逻辑关系来说，赤字扩大了，举债规模就要扩大。权衡之时，还要考虑努力压低行政成本。如果能够压低行政成本，就可以相应减少财政"三元悖论"的制约。

压低行政成本，就要具体分析在中国能不能按照大部制和扁平化的改革思路动真格。大部制在前面十几年只走了一点小碎步，2018 年开始动真格，给出了大部制新一轮改革的全套方案。率先的动作是国税、地税合并。过去，国税、地税分开是迫不得已。在朱镕基同志主导下，我国于 1994 年 1 月 1 日开始进行分税制改革。当时，必须把国税、地税分开，才能有效防止地方在收入安排方面弄虚作假。将国税、地税分开以后，改革取得了成功。1997—1998 年，国税、地税已经可以很清晰地划分哪些税收归中央库、哪些税收归地方库，能恰当处理税收资金归属的问题，并且信息技术条件也更加成熟，于是出于降低行政成本的考虑，大家开始议论将国税、地税合并。不过，国税、地税合并各自涉及几十万人的征收队伍，如何合理安排税务人员成为难题，合并事宜迟迟提不上改革日程。另外还有扁平化方面。农村税费改革以后，乡一级已经没有财力来源，实际上变为"乡财县管"，乡成了县级预算下管的预算单位，已不能被称为实体层级，因此，中国的五级政府架构剩下四级。以后还要努力通过"省直管县"，将政府架构减少为三级。

现在中国于 17 种正税之外，还有几百种有文件依据的行政性收费。某企业在统计之后宣称，自己面临 500 多种行政性收费。虽然核减之后，降为 300 多种，但行政收费依然沉重。真正使减税取得效果，要结合配套改革来理解。如果配套改革推进顺利，既减了税，又降了税外负担，那么，政府就让企业轻装上阵，进一步调动它们的投资积极性，释放活力和潜力。为造福于人民，打开降负的可能性空间，要靠配套改革冲破"利益固化的藩篱"。

提问 2： 在科技方面，如今我国一些企业受到了美国的限制。我国于 2014 年成立了国家集成电路产业投资基金（被称为"大基金"），这是国家推出的一项产业扶持政策。在发展过程中，国家是不是应该扶持该产业发展，同时还要在减税、让利方面对相关企业进行支持？这是第一个问题。

第二个问题，回过头看，一些成功跨越"中等收入陷阱"的国家，往往科技创新能力都比较强，比如日本、韩国。但是落入"中等收入陷阱"的国家，比如一些南美洲国家，在创新能力和产业能力方面的表现是比较弱的，经济面临发展困境的同时，安全问题也比较突出。科技在发展中涉及经济结构、体制结构等各方面的问题，您认为科技该如何跨过这个陷阱？

贾康： 这确实是很重大的问题。中兴芯片事件对我国的触动很大，感觉被人"掐住了脖子"。问题主要出在科技创新如何与市场对接的机制上。2014 年设立国家集成电路产业投资基金，是因为国家意识到：高水平、大规模的集成电路行业，一定要有突破性的创新。大量使用国外企业提供的芯片非长久之计。

芯片攻关到了体现国家意志的时候，就带有了举国体制的特征。它不是简单靠市场上的一般竞争行为就能引导出来的结果，而是要投入资金，同时国家提供特定的政策导向和规划。这一举国体制之下要解决的实际问题，是要在市场上持续供应高水平、标准化、能被使用方认可的产品。以中兴来说，要维持其在国际上的地位，就必须能形成高水平芯片的有效供给。而实现高水平芯片的大批量、标准化生产，要依靠很多生产工艺的诀窍，要具备有效掌握"Know How"的团队。有专家预测，培养出这样的供应能力，最快也要3—5年，甚至8—10年。这就要求我们在新的形势下，总结经验教训，不是简单配备资金就够了，而是一定要将"举国体制"上升到2.0版，甚至3.0版，以更好地对接全球竞争。在新的形势和新的挑战面前，我们要推进芯片开发在中国形成高质量的产业群。这是一个要耗费若干年才能真正冲过去的关口。

在比较优势原则解释不了的竞争领域，我们要考虑通过"举国体制"2.0版、3.0版去攻关突破，使产业政策成功对接市场机制，同时还要处理好与美国的摩擦。减税可以使企业更好地轻装上阵，但是光靠减税还不够，配套改革能为企业提供高标准、法治化的营商环境。

南美洲一些国家掉入"中等收入陷阱"，体现出的高代价包括财务安全问题、人身安全问题等。中国要避免落入混沌不清、矛盾交织的不良状态，就涉及有效制度供给，它是配套改革要解决的制度体系问题。只有解决了这个问题，才能真正释放科技创新的潜力。

参 考 文 献

[1] 贾康."铁公机"投资中政府的超前意识 [J].上海国资,2010 (3):12.

[2] 贾康,孙洁.公私伙伴关系 (PPP) 的概念、起源、特征与功能 [J].财政研究,2009 (10):2-10.

[3] 商灏,贾康.公众提出质疑和建议是公共财政民主机制的必然表现 [N].华夏时报,2010-03-13 (30).

[4] 贾康.依托公正民主的决策监督机制、开创财政统筹兼顾新格局 [J].财政监督,2008 (15):8.

[5] 贾康.公共服务均等化要经历不同的阶段 [N].中国人口报,2009-11-27 (3).

[6] 黄奇帆.关于建立房地产基础性制度和长效机制的若干思考 [R/OL].上海:复旦大学,(2017-05-26) [2018-02-01].http://news.fudan.edu.cn/2017/0601/43885.html.

[7] 贾康,刘微."土地财政"论析——在深化财税改革中构建合理、规范、可持续的地方"土地生财"机制 [J].经济学动态,2012 (1):11-18.

[8] 阿西莫格鲁,罗宾逊 A.国家为什么会失败 [M].李增刚,译.湖南:湖南科学技术出版社,2015.

[9] 贾康,欧纯智.创新制度供给:理论考察与求实探索 [M].北京:商务印书馆,2016.

[10] 贾康,刘军民.中国住房制度与房地产税研究 [M].北京:企业管理出版社,2016.

[11] 赵燕菁.土地财政:历史、逻辑与抉择 [J].城市发展研究,2014 (1):1-13.

[12] 郑功成.中国社会保障发展报告·2016 [M].北京:人民出版社,2016.

[13] 贾康,刘军民,等.中国住房制度与房地产税改革 [M].北京:企业管理出版社,2017.

[14] 贾康,郭建华.新时代包容性房地产经济制度构建研究 [J].中共中央党校学报,2018,22 (2):119-128.

[15] 贾康,梁季.新供给:创构新动力 [M].北京:经济科学出版社,2016.

[16] 贾康.楼市调控要加快治本步伐 [N].经济日报,2018-04-25.

[17] 贾康."现代国家治理"理念下的房地产税制改革 [J].国际税收,

2014（1）：28-29.

［18］刘克崮，贾康，梁季．新一轮价税财配套改革的基本思路、主要任务和实施构想［J］．财政研究，2014（1）：7-12.

［19］贾康，李婕．房地产税改革总体框架研究［J］．经济研究参考，2014（49）：3-28.

［20］贾康．中国税制改革中的直接税问题［J］．华中师范大学学报（人文社会科学版），2015（3）：1-8.

［21］贾康．我对房地产税五个正面效应的看法［N］．华夏时报，2016-05-02（22）.

［22］贾康．我对房地产税可行性的看法［N］．华夏时报，2016-05-09（34）.

［23］满燕云．借鉴国际经验完善我国房产税制国际税收［J］．2011（5）：11-16

［24］刘伟，蔡志洲．新世纪以来我国居民收入分配的变化［J］．北京大学学报．2016（5）：92-105.

［25］王小鲁．灰色收入与国民收入分配［J］．比较．2010（3）：1-29.

［26］王小鲁．灰色收入与发展陷阱［M］．北京：中信出版社，2012.

［27］白重恩，钱震杰．国民收入的要素分配：统计数据背后的故事［J］．经济研究，2009（3）：27-41.

［28］韩洁，刘红震：中国宏观税负低于世界水平［N］．人民日报海外版．2017-01-17.

［29］赵建华．专家：中国宏观税负水平总体较低［N/OL］．（2016-12-21）［2018-11-01］．http：//www.chinanews.com/cj/2016/12-21/8101036.shtml.

［30］贾康，苏京春．胡焕庸线：我国"半壁压强型"环境压力与针对性供给管理战略［J］．中共中央党校学报，2015（1）：64-75.

［31］贾康．中国企业税费负担的"全景图"和改革的真问题［J］．经济导刊，2017（8）：20-28.

［32］贾康．关于我国国债适度规模的认识［J］．财政研究，1996（10）：2.

［33］贾康，赵全厚．国债适度规模与我国国债的现实规模［J］．经济研究，2000（10）：46-54.

［34］贾康，苏京春．财政分配"三元悖论"制约及其缓解路径分析［J］．财政研究，2012（10）：2-12.

［35］欧纯智，贾康．以PPP创新破解基本公共服务筹资融资掣肘［J］．经济与管理研究，2017（4）：85-94.

［36］贾康．PPP：制度供给创新及其正面效应［N］．光明日报，2015-05-27.

［37］贾康．PPP制度创新打开了民间资本跟进的制度空间［N/OL］．（2015-01-

16）［2016-12-18］. http：//opinion. caixin. com/2015-01-16/100775317. html.

［38］第一财经. 中国社会不平等趋势扩大：1%的家庭占全国三分之一的财产 ［N/OL］.（2016-01-13）［2018-11-01］. https：//www. yicai. com/news/ 4738424. html.

［39］贾康. 遗产税考量上的"价值取向"与其改革设计的"问题导向"［J］. 全球化，2014（3）：12-18.

［40］梁季. 直接税和间接税的理论探讨与实证分析［J］. 中国财经信息资料，2013（28）：15-17，41.

［41］贾康，等. 深化收入分配制度改革研究［M］. 北京：企业管理出版社，2017.

［42］贾康. 纪念改革开放40周年建言实录［M］. 北京：中国商务出版社，2018.